安徽省教师教育协同创新中心资助

REMODELING CHINESE UNIVERSITY ORGANIZATIONAL
CULTURE AND PHILOSOPHY
Based on Investigation of the University Charter of Hong Kong

重塑华人大学组织文化与理念

基于香港地区大学章程的调查研究

尹建锋◎著

中国社会科学出版社

图书在版编目(CIP)数据

重塑华人大学组织文化与理念：基于香港地区大学章程的调查研究／尹建锋著．—北京：中国社会科学出版社，2016.6
ISBN 978-7-5161-8459-2

Ⅰ.①重… Ⅱ.①尹… Ⅲ.①高等学校—章程—研究—香港 Ⅳ.①G649.286.58

中国版本图书馆 CIP 数据核字（2016）第 146155 号

出 版 人	赵剑英
责任编辑	凌金良
责任校对	王 斐
责任印制	张雪娇

出　　版	中国社会科学出版社
社　　址	北京鼓楼西大街甲 158 号
邮　　编	100720
网　　址	http://www.csspw.cn
发 行 部	010-84083685
门 市 部	010-84029450
经　　销	新华书店及其他书店

印　　刷	北京君升印刷有限公司
装　　订	廊坊市广阳区广增装订厂
版　　次	2016 年 6 月第 1 版
印　　次	2016 年 6 月第 1 次印刷

开　　本	880×1230　1/32
印　　张	10.125
插　　页	2
字　　数	262 千字
定　　价	45.00 元

凡购买中国社会科学出版社图书，如有质量问题请与本社营销中心联系调换
电话：010-84083683
版权所有　侵权必究

自 序

　　自读了博士研究生以来，笔者开始感觉到做学术研究工作的重要性和严谨性，故研究工作的每个步骤都怠慢不得，力求完善。这本书是在博士论文的基础上修改而来的，算是自己的第一本出版的学术著作，在感到荣幸的同时，也颇为忐忑，不知在学术上是否把事理说得够清楚，值得大家一看。无论如何，在此期望拙作能发挥其应有的价值，也算心安了。

　　在今日倡导"法治"的国家语境里，及时在大学治理领域引入法治思维，正符合社会发展的潮流和趋势。就这个社会需求而言，出版这本关于大学章程及组织文化与理念的书籍，以飨读者，也算是尽个人的绵薄之力。

　　当然，关于大学章程的研究和谈论已经成为比较热门的话题，相信其能起到增强国人的法治观念的功效。然而，对以研究高深学问、培育德才兼备的高等人才的大学而言，必有其相较于其他社会机构特殊的地方，其法治的观念和模式，必然表现出比较特殊的地方，本书努力在广阔的高等教育知识视野里，发现大学章程如何通过塑造大学组织文化来实现其特殊的法治功能。

　　一个基本的认识是，法治的观念和思维的表现形式总是以一个民族的传统文化为根基的。要了解中国大学章程的法治特征，如何在几千年中华民族文化传统的土壤中生根发芽，确实需要寻找一个较为成功的案例，本书正是从这个立场出发，选取香港地区的大学章程作为研究的对象，期望从实践经验出发，获得较为中肯的理论认识和政策建议，为我国高等教育事业的发展提供智力支持。

期望读者在本书中能获得的启示，在此略作介绍，以节约读者的时间和精力，其大概有这么几点。

一是华人文化与英国等西方文化如何在融合的基础上，成为香港地区大学章程所植根的文化土壤。香港社会的法治模式实际上是模仿了英国社会的，包括大学制度在内，作为外来社会变量，强制性地引入香港华人社会。这其中所引起的社会制度与文化及大学制度与文化的演化，值得深究和探索。

二是香港地区大学章程的法治逻辑是怎样的，如何影响大学的发展趋势，分析其中的优点和缺点。香港地区的大学获得了卓越的成就，其成功必然有内在的逻辑和理由，根据大学章程、办学模式等基本的资料分析，获得对香港地区大学章程法治的基本认识。

三是香港社会的法治模式和香港地区大学章程的强制性引入，如何在华人文化的土壤中，塑造出独特的香港地区大学组织文化。法治是一种硬性的治理模式，只能为软性的治理模式提供制度上的保障，却不能代替诸如组织文化等软性力量发挥功能。因此，大学章程在香港地区大学的实施，如何催生出良好的大学组织文化，从而形成大学发展的精神力量，值得推敲。

四是借鉴香港地区大学办学的经验，辩证地分析包括大学章程在内的香港地区大学制度体系，我们应该获得什么样的关于大学制度改革的认识。借鉴成功的办学经验，成为当前大学制度改革领域的重要一环，通过对香港地区大学章程及办学经验的研究，我们如何制定符合我们民族文化和国情的大学章程，塑造具有华人文化特色的大学组织文化与理念，成为本书最后的研究结论。

本书的出版，在此要感谢崔延强先生的大力支持，也感谢其他好友的关切之情。虽然自己对书稿的修改给予了较高的重视，也付出较多的心血,但限于水平也难免有纰漏之处,其他学术方面的缺憾也在所难免,在此期望各位读者、同人不吝指正。

尹建锋
重庆市渝中区 2015 年 3 月 30 日

目 录

导 论 …………………………………………………（ 1 ）
  一 问题的缘起 ………………………………………（ 1 ）
  二 研究的对象与概念的界定 ………………………（ 4 ）
  三 研究现状及结论 …………………………………（ 8 ）
  四 研究方法 …………………………………………（ 19 ）
  五 研究思路 …………………………………………（ 21 ）

第一章 影响香港地区大学章程的外部因素 …………（ 23 ）
  第一节 英国大学传统 ………………………………（ 23 ）
    一 英国中世纪大学的特许状及章程 ……………（ 23 ）
    二 近现代以来的英国大学制度演变：以牛津
      大学章程为例 …………………………………（ 52 ）
    三 英国传统对香港地区大学的早期影响：
      香港大学的成立 ………………………………（ 59 ）
  第二节 香港政府的政治体制 ………………………（ 61 ）
    一 香港政治体制的特点及其对大学的影响 ……（ 62 ）
    二 香港政府对大学间接治理的中介机构 ………（ 76 ）

第二章 香港地区大学章程的制度逻辑 ………………（ 98 ）
  第一节 大学条例对大学权力的限定 ………………（ 98 ）
    一 政府与大学之间的权力限定 …………………（102）
    二 大学的分权制衡与咨询协调机制 ……………（103）
    三 大学管理规则 …………………………………（112）

第二节　大学条例的治理逻辑 …………………… (123)
　　一　大学决策的"民主自治"原则 ……………… (124)
　　二　执行大学决策的"校长负责制"与
　　　　"权力的转授" ………………………………… (131)
　　三　学术治理的"教授治校"精神 ……………… (136)
第三节　三所大学的大学条例差异与制度差异 …… (141)
　　一　香港大学：英式大学 ……………………… (141)
　　二　香港中文大学：书院制基础上的英式大学 … (142)
　　三　香港科技大学：美式大学 ………………… (145)
第四节　大学条例执行中的组织管理绩效 ………… (146)
　　一　行政管理："民主制"下的"官僚制" …… (148)
　　二　学术管理：学术市场是否可能？ ………… (157)
　　三　香港科技大学的成功之谜及一个理论假设 … (163)

第三章　大学章程对大学组织文化的影响：组织认同
　　　　及其制度执行力 ………………………………… (169)
第一节　大学组织成员对大学章程的"认知—
　　　　认同"机制 ……………………………………… (169)
　　一　"认知—认同"与大学章程文本 …………… (169)
　　二　压力、趋利与信念 ………………………… (175)
第二节　大学组织文化的形成 ……………………… (180)
　　一　法治文化中的"卡里斯玛"型领袖观念 …… (180)
　　二　大学组织文化中的"共享假设" …………… (184)
　　三　大学组织文化的生成要素：传统、
　　　　规则与信念 …………………………………… (188)
第三节　大学组织成员的观念结构、价值取向与
　　　　制度执行力 ……………………………………… (191)
　　一　观念结构理论 ……………………………… (191)
　　二　观念结构的价值取向与制度执行力 ……… (195)

第四章 香港地区大学的章程及组织文化的启示 …………（227）

第一节 香港地区大学的章程及组织文化是塑造华人大学理念的典范 …………（227）

一 香港地区大学章程执行中的组织文化特质：中西合璧 …………（227）

二 大学制度的三元建构：章程、组织文化与理念 …………（241）

三 "华人大学理念"的提出 …………（248）

第二节 基于香港经验对构建中国现代大学制度的设想 …………（252）

一 香港经验：大学章程是构建现代大学制度的基石 …………（252）

二 香港经验的可取之处及其困难 …………（256）

三 中国内地大学章程的"立法"之路 …………（265）

结　语 …………（270）

参考文献 …………（273）

附　录 …………（283）

后　记 …………（311）

导　　论

逻辑开始于推理，而推理主要是意义之间的蕴涵。

——R. 加西亚

大学之发展方向关乎到一个国家的文明之性格。

——金耀基

一　问题的缘起

本书以中国内地旁观者的身份研究香港地区的大学制度。

之所以选择这一研究对象，与当前中国内地大学制度研究的局限性与封闭性有关。目前中国内地大学制度的研究要么就事论事，在大学制度的某个局部问题上纠缠不休，要么将欧美大学经验直接拿来说事或应用，忽视了欧美理论在本土化上的文化障碍。对上述研究的形式和进路的质疑有以下两点理由。

第一，大学制度不应当仅仅是设计蓝图，而应当是大学经验的历史积淀。现代大学是西方中世纪大学的历史产物，与西方宗教文明有着密切的历史关系。"制度是一个社会的博弈规则，或者更规范地说，它们是一些人为设计的、型塑人们互动关系的约束。"[1] 从这种理性选择的角度来看，可以认为大学制度是一种

---

[1] [美]道格拉斯·C.诺斯：《制度、制度变迁与经济绩效》，杭行、韦森译，上海人民出版社2009年版，第3页。

设计，但是，从历史经验上来看，现代大学不仅仅是现在时的存在，而是有长达一千余年的历史积淀。尤其从历史演化的角度来说，现代大学是西方知识传承机制与社会信仰体系历史演化的结果：现代大学制度的框架构造，一方面是西方古老文明的性格决定其原初形态，另一方面是长期的社会历史变迁对制度文化的润化与固化。反过来说，"制度变迁决定了人类历史中的社会演化方式，因而是理解历史变迁的关键",[①] 因此大学制度的历史变迁成为理解近现代大学形成的关键，大学及其制度是一种"历史存在"，当然也是某一民族历史的存在。因此，研究内地大学，寻求突破大学困境的解决之道，不仅仅要从制度框架中获得规范上的认识，更要从本土的民族历史经验中获得大学制度框架的原初形态及其文化内涵上的认识。

第二，大学制度不是仅靠理性逻辑所能说清楚的，本土文化必须嵌入大学逻辑的意义中去。中国自清末以来开始建立西方模式的大学，从制度上来说，一直效法西方，不论是欧美的还是苏联的。但是，由于历史文化的、政治体制的原因，至今仍没有建立起真正生长于中国文化土壤中的"西方"大学制度。自我国开启大学体制改革，建立"现代大学制度"的序幕后，我们仍然使用欧美的现代大学制度理论框架来解释本土大学的现状及其内在机制。我们可以轻易地将西方大学的课程设置、教学制度、教学技术、硬件设备、规章制度的条文及宏观政策等引入我国内地大学的建设中，但是很难引入西方的社会文化环境，而社会文化环境是大学发展的重要外部环境，是大学内部运行的外部变量。如果没有类似西方的社会文化环境，引进的西方大学制度逻辑，要么失去原有的意义，要么在执行过程中变形，异化出其他

---

① ［美］道格拉斯·C.诺斯：《制度、制度变迁与经济绩效》，杭行、韦森译，上海人民出版社2009年版，第3页。

不理想的意义。西方的大学制度理论对现代化的中国来说，固然有很强的解释力，然而，在"拿来主义"的同时，并没有"拿来"大学真正的精神与理念，我们的大学并没有发育成国家文明的策源地。因此，在我们不能照搬西方的大学制度及外部政治、文化环境的大前提下，西方大学制度理论是不能够完整地解释中国的大学经验的，我们需要一套能够解释本土大学经验的大学制度理论框架。

基于以上认识，有必要将西方的现代大学制度理论与经验引入中国传统社会与文化的本土化境遇中。由此，笔者提出关于华人大学组织的大学制度理论框架，以解释华人大学组织运行中的制度逻辑及本土文化处境。

出于这样的理论研究目的，笔者从本土经验入手。首先来看中国内地比较成功的办学实例，比如民国时期的北京大学、西南联大，当代的北京大学、清华大学等办学实力居于世界中上游水平的高校。它们都可以成为研究华人大学的合适对象，但是缺乏达到上述研究目的的适切性。

第一，民国时期的大学在当时社会历史背景中有其特殊之处，他们背负着民族救亡的使命，表现出了卓越的大学精神与民族精神，与当代中国的社会政治、文化背景及经贸全球化的国际环境有着天壤之别。一是当时的大学制度构造过程与机制显然不能用承载当代大学使命的政治理论、大学治理理论来解释；二是当代的大学处于全球化竞争的环境中，尤其在高科技、工商领域，大学的商业化趋势明显。

第二，当代的中国内地大学由于1952年院系调整时期照搬了苏联模式，大学制度框架构造从此开始脱离原有从西方移植的大学制度模式，形成了"政治挂帅"、专才培养、集权统一的大学制度框架，已经无法用西方大学制度理论来解释大学的本质与理念。近几年启动的旨在脱离苏联模式的大学体制转型，由于原有的制度惯性、文化环境束缚等困难，仍然没有从根本上扭转集中统一的"计划"办学模式。北京大学、清华大学，也处在这种模式的羁绊之中，2003年的北京大学体制改革失败就是明证。

另外，香港地区的大学通过短短二十余年的快速发展，呈现出一片繁荣的景象。香港地区已经成为亚洲地区的高等教育枢纽，在世界高等教育市场中占有一席之地；而且，香港地区在英国殖民者一个半世纪统治之下，深受西方制度文明的影响，已经成为现代化的中西文化交融的大都市。香港地区从历史发展阶段上来说，与内地相比已先行一步实现了西方现代制度文明的本土化过程。

从以上两方面来看，香港地区的大学与内地大学相比，是一枝独秀，有着制度与实践上的优势。虽然香港与内地在社会制度、政治体制方面有着明显的差别，但两地在社会文化渊源上是同根同源，同属于华人文化圈，很多方面的文化认同感是相同的。因此，香港地区的大学制度与文化在大学组织中的逻辑，对努力建设现代大学的内地而言，应当具有较高的、较特殊的参考价值。

二 研究的对象与概念的界定

本书的研究对象是以香港地区的中国人为主要构成的大学组织。通过把英国古老大学制度移植到香港地区的历史分析，以及香港与内地大学组织的观念结构比较分析，笔者发现香港地区华人大学组织"中西合璧"的制度特质，具体包括大学的章程、组织文化与理念三方面，构造出三元结构的大学制度理论，并提出"华人大学理念"概念。

已有学者对于"华人大学理念"有明确的认识或认定，主要以民族文化自信与自觉的立场来理解这一理念。在此，笔者对本书所用的"华人大学理念"进行澄清，并界定该概念的内涵。

第一,"华人大学理念"不仅指大学的理念,更侧重于大学中的"华人"理念。本书认为大学是人的组织集合体,华人大学实质上是华人的大学组织实体,该大学的理念某种意义上是华人文化意识中的理念,即华人是文化意义上的称谓。

金耀基教授在《大学之理念》中不但用西方话语方式论及了从英国、德国到美国的大学理念,还站在民族国家的角度,用本民族文化自觉的话语方式论及中国大学的理念:"华人的高等教育在国际化的同时,在担负现代大学普遍的功能之外,如何使它在传承和发展华族文化上扮演一个角色,乃至于对建构华族的现代文明秩序有所贡献,实在是对今日从事华人高等教育者的智慧与想象力的重大挑战。"[①] 甘阳受此启发提出"华人大学理念"的概念,在《华人大学理念与北大改革》一文中有所言:

> 如果综合这四位香港高等教育者的看法,则我认为"华人大学的理念"之核心问题实际已经非常清楚,这就是,华人大学的根本使命在于必须一方面学习西方大学的优良制度和成果,但另一方面,这种学习的目的是要加强中国人在思想、学术、文化、教育的独立自主,而绝不是要使华人大学成为西方大学的"附庸藩属"。

甘阳根据香港高等教育界的主流认识提出这一理念,是对内地大学文化自信缺失的关切。中国大学的文化自觉成为华人大学理念的精髓。香港地区的高等教育界在1997年后,开始

[①] 金耀基:《大学之理念》,生活·读书·新知三联书店2008年版,第155页。

反思香港高等教育往何处去的问题,① 这实际上是香港人对自身文化身份的反观与沉思,而不仅仅是大学发展方向的问题。然而,甘阳认为北大改革方案是背离华人大学理念的:"我们现在担心的问题恰恰是,最近北京大学等的改革方向,是否会导致失去中国大学在思想学术和教育科研方面的独立自主,是否会反而主动自觉地把北京大学等变成西方大学的'附庸藩属'?"② 无论北大改革方案作为西式药方是积极的,还是消极的,甘阳认为这是北大的西化,其就此成为西方大学"附庸",他的这种观点是民族主义情绪的表现。而香港地区对本地高等教育完全西化的担忧,是出于文化身份自我标识的意识,但实质上绝不排斥西方先进的、可借鉴的制度与技术。很明显,以甘阳为代表的内地学者认为,华人大学要"独立门户",在思想文化上、学术上保持自己的独特性,对西方大学制度等"先进的东西"保持一定的距离;而香港地区的学者主要是在经过了近一个半世纪的西化之后,开始反思自身的文化身份。两地由于历史处境的不同,对同样的民族主义意识有不同的认识和理解。然而,甘阳在某种程度上忽视了这种差别。

两地高等教育者的上述对"华人大学理念"的认识是有差别的,核心之处是如何看待西方先进的大学制度,西方大学制度除了逻辑层面,本身是一种文化的形式,这种文化形式在很多方面具有普适价值,如大学章程文本所表达的理性、公平、正义、合理、信念等。"华人"作为文化概念面对西方先进制度,应当在多元化立场上实现世界开放性与自身独立性的融合,否则,"华人"概念会走入狭隘民族主义的死胡同,走向"文化自负",而不是"文化自信"。

---

① 尤其是香港高等教育界在教学语言、学术论文语言方面的中英文之争。
② 甘阳:《华人大学理念与北大改革》,《21世纪经济报道》2003年第7期。

第二,"华人大学理念"以华人大学组织文化作为观念意识的基础。"华人"是众多个体组成的组织集合体,有一定的组织文化特征,因此"华人大学理念"是以华人组织文化为思想基础的理念,这影响到大学的教育方式、学术研究方式以及各种评价方式。甘阳对北大改革方案及对北大等中国内地高校的关切,主要集中在培养人才、学术研究等领域的形式、途径不断西化方面,对以西方为标准的现状表示不满。但是,他所不满的依据仅仅建立在民族主义自我意识基础上,却没有提及中国大学所存在的制度文化方面的诸多问题,尤其是在大学规章、组织文化等方面存在的缺憾,而这种缺憾正是导致大学不断盲目西化而失去"文化自信"的原因,同时又恰恰是西方大学制度所具备的优势。西方大学在组织文化上的优势,就大学的现代意义而言,具有一定的普适性,无论在西方社会还是在东方社会。华人大学组织文化,从理论上应当既有西方与东方所共有的普适价值,又有建立在民族文明多元化基础上的独特性。就内地大学而言,种种证据表明其缺乏学术求真、公平公正、理性合理的学校组织文化氛围;而在香港地区,已经形成了良好的学校组织文化氛围,这值得称道,但同时需要不断反思大学组织文化中民族意识匮乏的问题。因此,说到底,"华人大学理念"应当是华人大学组织文化所指向的世界性大学的理念。

综合以上两点认识,香港地区大学制度的内涵,实际上是西方大学制度(以大学章程为主要载体)在香港华人组织文化中体现出的普适价值;在此开放性基础上,挖掘华人大学组织文化中独具民族特性的大学理念。

需要说明的是,这里所说的香港地区大学主要是指研究型的公立大学。在本研究中,将香港大学、香港中文大学、香港科技大学作为主要研究对象,它们是香港地区最早的三所公办大学,具有典型的代表性。

三 研究现状及结论

（一）大学制度研究的概况

大学制度的研究往往与大学自主权或自治权、学术权力的研究相互糅合在一起。现代大学制度从本质上讲，以大学的自主或自治为基本点，以便实现学术的自由和自治。因此，在梳理相关文献的时候，只能围绕着这几点综合起来进行评述，无法断然分开，各讲其理。

没有一流的大学制度，就没有一流的大学，这是提出"建设世界一流大学"之后，我们应该意识到的一个根本认识。大学之争，实际上是大学体制上的竞争，这是大学制度的根本性问题。大学制度的本质内容，是什么样的学术管理制度环境和学术资源配置政策环境，能够促进学术水平的卓越性提高。这其中，以特定的大学精神、大学理念和大学文化观念为主旨，实质是特定的大学制度体现了的、铸就了的大学自主发展的生命力，这包含大学的理想和功能。因此，大学制度的研究倾向于观念层面和组织管理、权力结构层面。随着时间的推移，研究的重点和维度也随之变化。

国外的早期研究，以大学理念和精神为主要讨论话题的经典论著为代表。纽曼的《大学的理想》[①]成为这方面研究的经典，他的观点强调大学的理想应当是传授给学生全面知识的观念，这决定了一所大学应该有什么样的教育制度。纽曼的大学理想作为传统的大学观念，保留了大学的本源性价值、性质，但是在大学世俗化、专业化的时代背景中，大学必须走向市场化的社会，"走出象牙塔"，在传统、现实和未来理想之间寻求一种平衡。这

---

① ［英］约翰·亨利·纽曼：《大学的理想》，徐辉等译，浙江教育出版社2001年版。

是《大学的理想》为我们研究大学制度奠定的理论出发点——学术自由精神、自由教育精神。克拉克·克尔的《大学的功用》[①]、弗莱克斯纳的《现代大学论——美英德大学研究》[②] 从各自的立场出发,阐释了大学自治、学术自由的大学理念,以此为依据对大学制度有所涉猎。这些研究确立了大学制度之所以能够成立和有效运行的价值理念,并以大学的特殊价值理念为根据。不过,这些研究没有涉及这些价值理念如何实现的现实制度层面,即使有,也只是就事论事的话语方式,没有从系统性的、宏观性的、有所逻辑保证的制度体系的角度来说明相关的问题。在另一个维度里,有许多学者从大学要适应社会的市场价值取向为出发点,研究了国家层面的公共管理政策和大学内部的管理体制,如约翰·范德格拉夫等编著的《学术权力——七国高等教育管理体制比较》[③] 等。综而观之,这些研究属于中观层面,对大学的基本架构做出了有价值的构思,探究了大学在整个国家和社会层面的组织架构、管理方式和政策的决策模式,这为大学制度研究带来了中观层面的理论基础,尤其是制度框架、制度价值等方面。然而,所研究的这些结构性逻辑关系到底与大学内部的知识产出机制有什么样的因果关系,还需要微观层面的探究和实践层面的验证,这是需要新的视角和理论视域的。

近几十年的社会巨大变革,西方大学日益卷入市场价值体系和政府的公共政策中,大学在公共化和商业化的紧张博弈中,获得了国家层面的政策的支持。由此,从政府的公共政策出发并伴

---

① [美]克拉克·克尔:《大学的功用》,陈学飞等译,江西教育出版社1993年版。

② [美]亚伯拉罕·弗莱克斯纳:《现代大学论——美英德大学研究》,徐辉等译,浙江教育出版社2001年版。

③ [加拿大]约翰·范德格拉夫等:《学术权力——七国高等教育管理体制比较》,王承绪等译,浙江出版社2001年版。

随着政府决策过程的这类研究，开始呈现出丰富的成果。德国、英国的高等教育法规方面的研制，如英国的《1988年教育改革法》《高等教育新框架》，德国的《高等教育总纲法》，还有相关的研究成果，如英国的《罗宾逊高等教育报告》。另外，近几年日本国立大学独立行政法人的改革成为国内学者的关注焦点，《促进大学改革新远景报告》便是重要的改革文献，这成为了大学法人治理结构方面的研究热点。以上是将公共政策作为研究大学制度的解释框架，来解释政府对大学积极推动的机制。然而，实施公共政策的前提是大学必须有一定程度的自治权及其组织独立性。

国内关于大学制度的理论成果，始于民国时期的中国现代大学建立时期。当时的中国处于西方思想潮流东渐之势中，中国的大学制度以大学创办者的西学知识背景为介质，效仿西方的大学制度及其理念。当时虽然没有专门研究大学制度的相关理论文献，但是关涉大学制度的文本资料和论述还是比较丰富的，并且颇有研究的价值，突出体现在西方思想在中国大学本土化生存的意义上。1929年，国民政府制定了《大学组织法》，明文规定了大学校长不准兼任官职，确立了校长治理的基本大学制度。北京大学和清华大学作为中国现代大学的先锋，其校长都作为大学理念的领袖人物来建构大学的现代制度，并以与政府的政治权力保持一定距离为特征。蔡元培的《大学令》、梅贻琦的《清华学校组织大纲》等就是在这种大学制度形成的社会环境下出现的，以此形成了他们的大学制度设计及其理念，虽然带有效法西方大学制度的色彩，但也体现了这一代传统士子的教育理想。这一时期的大学制度主要体现了对旧社会、旧思想革新的人文主义色彩，在应对现代社会的科技竞争和市场经济大发展的时代挑战方面，因时代的局限性并没有对其有多少关注。改革开放以后的大学制度研究，一是显现在《高等教育法》《教育法》等法规的制定上，二是体现在市场化趋势中，对原有高等教育计划体制的改革需求。随着建立大学法人制度的理念的确立和对大学自主权贫困、现有体制弊端的广泛社会关注，大学制度的研究开始受到许多学者的重视，开始丰富起来，但是对大学自主权的研究成果相对于大学制度而言比较少，尤其在大学章程方面。

国内学者近些年的研究主要集中于现代大学制度的倡导和研究上，借鉴现代企业制度的产权明晰、经营自主的理念，以大学法人治理结构为核心，来实现大学的法人自治和办学的自主权。具有代表性的著作有张俊宗的专著《现代大学制度》，张德祥的《高等学校的学术权力和行政权力》，胡建华的《现代中国大学制度的原点：50年代初期的大学改革》，熊志翔的《高等教育制度创新论》等。总体上看，这些著作集中在对现代大学制度的历史梳理性的研究，国别比较研究，以及对一些现实问题的制度性诠释，着重于制度框架和制度改革方面。另外还有大量的学术论文和学者的有关言论论及大学制度，多数从形而上的理念上或者具体的策略上，来研究当前中国大学遇到的发展困境。其中关于北京大学改革的论争引起了大量关注。曾参与过北京大学改革的张维迎认为："尽管大学的理念与企业不同，但作为一个由人组成的组织，大学与企业在管理方面也有一些共性。"[1] 张维迎以大学治理的经济观念为切入点，重视学术管理的市场化改革，主张公平性竞争。韩水法的《大学与学术》，从哲学认识和制度文化的层面，对当前大学领域的种种时弊提出了令人深有感触的洞见。《第三部门视野中的现代大学制度》[2] 将第三部门引入大学制度的建构中，认为第三部门可以超越大学的公私分别，从而构建现代大学制度框

---

[1] 张维迎：《大学的逻辑》，北京大学出版社2004年版，第52页。
[2] 王建华：《第三部门视野中的现代大学制度》，高等教育出版社2008年版。

架。第三部门作为一种社会力量的运行机构，在高等教育管理或治理结构中嵌入自身的结构功能，实质上以第三方的中立身份增添了一股政府与大学之外的平衡力，但是如何将这种力量融入大学内部的运行机制中，仍然是个有待解决的问题。胡建华在《大学制度改革论》[①]中提出了大学制度改革的外部动因与内部动因，阐述了制度改革与模式移植的关系，这涉及如何对待西方大学模式及其制度文化的问题。针对中国内地大学所面临的体制困境，很多学者由此开始注意到大学外部的社会体制和文化环境问题，这拓展了大学的研究领域。而实际上，中国的大学问题已经不仅仅是大学自身的诸多问题，而是大学所处的外部条件已经成为大学生存与发展的重要外部变量，需要拓展大学制度的研究领域。这成为跨学科研究高等教育学的依据，如章程立法、组织文化、社会文化环境等跨领域研究。

（二）大学制度研究基于章程、组织文化和本土化角度的解释框架

1. 章程的角度

从大学章程的角度研究大学制度，在西方是比较少见的。因为西方大学已经将大学章程的价值与规范意义，在长期的历史发展中潜移默化地融入大学理念、制度与文化中。章程不过是一种文本，是大学制度的符号载体之一，只在大学研究成果中的部分章节或领域中谈及大学章程。如哈斯金斯的《大学的兴起》以及亚历山大·盖伊什托尔在《欧洲大学史》（中世纪卷）一书中辟专章探讨大学章程；拉斯达尔（H. Rashdall）在其《博洛尼亚大学》一书中，考证了章程的起源与演变。在西方学者看来，大学章程是大学与生俱来的事物，是大学理念与价值的文本记

[①] 胡建华：《大学制度改革论》，南京师范大学出版社2006年版。

载。在西方的大学研究语境①中，大学章程作为法律文本在西方法治社会环境中已经是一个不成问题的问题，不像在我国学术界，由于大学章程的缺失而备受关注。

由于我们缺乏西方自古以来就发挥规范作用的大学章程，因此在学术研究上非常重视大学章程对大学发展的作用，认为大学章程是建构大学制度必不可少的要素。这在近期已经形成学术界的共识，并有一些学术成果产出。譬如，朱家德的博士论文《权力的规制：大学章程的历史流变与当代形态》②以大学章程对大学权力结构的规范作用作为切入点，探究了大学权力运行机制在西方的历史发展过程，并提出我国通过制定章程来实现大学自主发展的政策建议。湛中乐也提出通过章程来治理大学的观点，强调大学章程的强大治理功能，重视章程的制定程序和秩序规则，认为大学章程的演进逻辑是大学自治，它保障了大学学术权力与行政权力之间的平衡，是大学治理的核心模式。③他们关于大学章程的研究主要是对大学权力或自治权在规则逻辑层面的诠释，是章程文本对大学制度在规则层面的一般解释。而这种章程文本与大学制度规则的单一对照关系，并不能反映大学制度的真实面貌，因为大学制度还有文化精神方面的内容。大学章程作为规则体系离不开意识层面的文化表现来实现其价值诉求，否则，规则体系不过是空中楼阁。鉴于大学章程具有这样的意义，需要增加对章程之外的大学理念与价值的研究，以及对章程实施过程中所表现出的文化观念的研究。如此，才会有足够的"景

---

① 西方的大学研究语境，可以理解为西方的大学在有法治色彩的社会传统中的起源与发展，大学制度与治理本身就是法制与法治的结合。而中国没有这样的社会传统，在关于大学的研究中，学者往往会忽略这一点。
② 朱家德：《权力的规制：大学章程的历史流变与当代形态》，华中科技大学，博士学位论文，2011年。
③ 湛中乐主编：《通过章程的大学治理》，中国法制出版社2011年版。

深"还原所研究的对象。

目前,在政府公共政策层面,已经开始着手制定大学章程,出台了《高等学校章程制定暂行办法》,但是,仍然有许多未解决的核心问题,如董事会或理事会的制度安排,以及所制定章程的组织运行效果,有陷入"为了有章程而制定章程"的陷阱的可能,未能就大学章程的核心理念及其实现机制作出令人满意的回答,缺乏对大学章程实质内容(尤其是如何实现大学自治、学术自主管理的部分)的充分解答。

2. 组织文化的角度

有些论著从大学组织的角度来论证大学制度的内生机制。如《大学理念、组织与人事》[1]是通过西方主要高等教育大国人事制度的比较研究,探究人事制度安排与形成特定大学组织,实现特定大学理念之间的关联性,以此来突出大学人事政策及其制度安排的重要性;《我国大学组织内部机构生成机制研究》[2]是从组织发展理论的角度阐释大学组织内部机构的形成与发展对大学组织结构的影响的。

还有学者专门论述大学文化在大学制度发展中的作用和地位。如孙雷以专著[3]的形式,阐述现代大学制度与大学文化之间的关系,认为现代大学制度为大学文化的传承与发展提供了保障,并为大学文化创新提供了突破口,而大学文化赋予了现代大学制度的灵魂。他在阐释两者的关系时,提出了大学制度文化的概念,展示了现代大学制度下的大学文化内容与功能,但是没有深入分析大学制度与大学文化之间相互影响的逻辑关系,缺乏实

---

[1] 陈永明:《大学理念、组织与人事》,中国人民大学出版社2007年版。

[2] 胡仁东:《我国大学组织内部机构生成机制研究》,广东教育出版社2010年版。

[3] 孙雷:《现代大学制度下的大学文化透视》,光明日报出版社2010年版。

证研究，只从组织管理制度、人事管理制度、教学管理制度、日常行为管理制度方面陈述两者的关系，没有具体阐释大学制度中的各种规则如何影响大学师生行为方式的机制。而大学师生的行为方式正是大学组织文化或大学文化的重要体现，也是形成大学制度文化的最基本要素。

3. 本土化的角度

不论是从文化的角度，还是从组织的角度来研究大学制度，都无法回避中国的大学是舶来品，是部分引进西方大学的办学模式与各种制度安排的事实，然而这都面临中西文化在碰撞中是否能够顺利融合的考验。中国在建设现代大学时，我们必须明晰需要什么样的本土化大学文化及组织文化，已有部分研究涉及这个问题。

第一，在大学理念的层面。《西方大学理念在近代中国的传入与影响》[①]通过研究德国大学理念与美国大学理念在近代传入中国并得到一定程度的传播，对中国大学产生的巨大影响，以此揭示了近代以来中西方文化教育交流对我国大学发展的影响进程；《大学理念在中国》以儒家教育思想与西方大学理念传入的相互关系为基础，主张建立大学组织的文化个性；《中国大学理念的文化哲学审视》[②]揭示了大学理念与人类传统文化之间的深刻关系，通过研究中国古代大学、西方大学、中国近代大学理念演化的文化基础，主张中国大学理念的创新需要传统文化根基，守护与承接传统文化的理念。

第二，在大学制度变迁层面。《双重起源与制度生成——中

---

① 张雁：《西方大学理念在近代中国的传入与影响》，浙江大学出版社2009年版。

② 周景春：《中国大学理念的文化哲学审视》，东北师范大学，博士学位论文，2009年。

国现代大学制度起源研究》[1]一书开创性地梳理了中国现代大学制度起源的两条历史主线：本土化的与西化的。两条主线互相交织融合，形成现代的、有传统民族文化渊源的大学制度，而非绝然的"外来移植"。这种思路，采用制度主义中的历史变迁理论来澄清中国现代大学制度中的中西方要素。在此基础上，认清中国大学制度变迁中的民族文化意识存在及其功用，将大学制度的跨地域性与跨时间性结合起来，实现西方大学制度在中国历史传统中的变迁，这是对新制度主义这种研究方法的崭新运用。

第三，在大学组织文化层面。龚波在《大学组织决策过程研究》[2]中提出决策公共空间与大学内部关系网络之间的紧张性，关系网络往往与人际关系、利益关系休戚相关，这些关系所表达的利益格局最终要影响大学决策，尤其在人事决策方面；周玲在《大学组织冲突研究——角色、权力与文化的视角》[3]中提出大学组织是一个充满冲突的实体，这包括大学人员基于不同角色的人际冲突，这种冲突从组织结构上讲，属于组织权力的冲突，具体表现为文化上的冲突，包括学科文化冲突、外来文化与本地文化之间的冲突，而最终的解决之道是大学组织文化的协调及其相关制度安排；博士论文《识读大学：组织文化的视角》[4]提出大学组织文化是大学精神、理念的最终落脚之处，大学需要有组织上的文化个性，需要文化的冲突与融合；《大学文化的传

---

[1] 樊艳艳：《双重起源与制度生成——中国现代大学制度起源研究》，华中科技大学出版社2011年版。
[2] 龚波：《大学组织决策过程研究》，北京师范大学出版社2011年版。
[3] 周玲：《大学组织冲突研究——角色、权力与文化的视角》，中国社会科学出版社2007年版。
[4] 阎光才：《识读大学：组织文化的视角》，华东师范大学，博士学位论文，2001年。

承与创新：云南大学个案研究》[1] 通过追溯云南大学的渊源及历史变革，研究大学的文化与精神、校园景观文化、师生精神面貌等，在此基础上构建大学组织文化体系。无论是从"人际—利益"关系、人物角色的角度，还是从文化个性、校园人文风貌的角度研究大学文化现象，都显示出了研究的透彻性与深入性，能够清楚地透视大学制度的真实性和合理性。在大学制度及文化领域，这是未来研究的新方向。

（三）有关香港地区大学制度的研究

国内对香港地区大学制度的研究，从现有成果上看，有一定的数量，但是在研究深度上不够，大多是对香港地区教育制度的资料整理，如《香港和澳门的教育：从比较角度看延续与变化》《今日香港教育》《香港教育面面观》《走向国家化的高等教育——香港、深圳高等教育通观研究》《香港教育史》等。台湾地区的杨莹通过《两岸四地高等教育评价制度》一书对香港地区的大学制度研究有所涉猎，只是在比较研究的视角内进行制度框架上的阐述，并无实质上的深入研究。以上论著主要概述了香港地区大学制度的基本内容和主要特征，如国际化、大学相对政府的高度自治等，没有就香港地区在历史、地域和文化上的特殊性来解释大学制度的特殊性。而实际上香港地区的大学制度并非简单地移植西方模式，从而沦为泛国际化的产物，它有其自身的独特性和专有性，在西方大学模式下有其"华人大学组织"的族群印记。

（四）结论

整体上来看，国内学者一方面集中于研究国内大学遇到的一些现实困难，积极寻求可行的解决之道；另一方面，关注的研究

---

[1] 张建新、董云川：《大学文化的传承与创新：云南大学个案研究》，云南大学出版社 2006 年版。

焦点是现代大学制度的构建，而且侧重于现代大学制度的相关概念和理念。现代大学制度的研究，对大学制度的实质内容和微观构成的关注显然不够，没有将大学制度的西方意义或者现代意义置于本土化语境中进行研究，而且研究的问题要么大而化之，过于侧重宏观层面，要么局限于细枝末节，缺乏理论上的完备性、系统性，也缺乏对实践层面的深切关注，如大学自主权的具体实践、大学法人治理结构、大学董事会成员、大学产权制度安排、大学章程的制定等。而且，对中国内地而言，大学章程不仅仅是"立法"活动而已，对大学章程所要实现的大学理念与价值目标需要明晰地确定，如大学自治、学术自由。大学章程"立法"之外的配套制度也不够健全，这是需要关注的另一个问题，尤其在社会法治、社会监督与评价机制等方面。研究大学章程不仅要摸清章程自身的规则逻辑，还要分析章程之外体制与文化方面的社会环境。因为在没有法治传统的中国社会，大学章程的实施会遇到陈旧观念与既有利益格局阻碍的困扰。

另外，运用"新制度经济学"或者"新制度主义"理论来研究大学制度的成果开始出现，并成为近期流行的研究视角，但是成果比较稀少，不够成熟和深入。新制度主义的解释框架不但涉及制度理性，更涉及社会文化的因素，而且制度的存在是历史演化的过程，"制度变迁"成为研究制度的重要焦点之一，并且社会文化成为其中必不可少的实质内容，尤其从中国文化如何适应西方制度文明冲击的角度上来说。从这个意义上来讲，大学制度研究有必要介入作为大学发展环境的社会文化内容，大学组织文化由此成为想当然的切入点。香港地区大学制度作为特殊地域的研究对象，研究其特殊的社会文化及在此环境中的大学组织文化，这应当成为探究中西文化要素在中国大学制度中如何融合的恰当路径。具体而言，西方大学的章程与香港地区的华人组织文化如何相互融合与相互作用，塑造独具特色的香港地区"华人大学理念"。西方制度理性（大学章程）与本土文化在香港地区大学组织中的融合进程是西方大学制度实现本土化变迁的过程，这种新制度主义对"西学东渐"式大学制度的解释框架，是以往大学制度研究所欠缺的。

四 研究方法

（一）法律文本的文献分析

文献分析指通过搜集大量的相关文献，并进行资料的鉴别、整理和分类，从中获得有价值的信息，对所研究对象有全面具体的把握。本书通过搜集香港地区大学立法方面的法律文献资料，尤其是对香港主要大学的《大学条例》的文献分析，然后通过结合大学发展状况这些法律文本的分析，掌握香港地区大学立法的法律状况与现实发展之间的因果关系，找出香港地区大学立法的理念及运行机制，以获得对大学制度理性的认识。

（二）调查法与定量、定性的分析法

本书通过深度访谈、问卷测量的调查法来对香港地区与内地的大学组织及其文化进行了解，然后对收集到的资料进行分析、比较、归纳、综合，以获得规律性的认识。在资料分析过程中，采取定量分析的方法，测度两地大学生群体在观念结构上的精确性特征及两地差异，明晰大学组织文化中各种观念要素之间的关联性，进而通过定性分析的方法来认识香港地区大学组织文化的特质，并揭示出大学章程与大学组织文化之间的内在联系。

（三）高等教育学与立法学、新制度主义政治学的跨学科研究方法

当代学科发展呈现高度分化和高度综合的趋势，交叉学科或边缘性学科不断地出现。跨学科研究成为这种科学发展趋势的必然需求，通过统合多学科的理论、方法及研究成果，对特定的课题或问题进行有效的整体研究，以求达到综合性的研究效果。这

种研究方法具有宏观的宽阔视野、全方位展现事物真实性的特点，在研究形式上，表现为方法交叉、理论借鉴、问题拉动、文化交融四个大的层次。

本书是以高等教育学为研究课题，以大学自主发展的大学制度为核心问题，结合立法学、新制度主义理论来研究香港地区大学制度的制度生成和变迁的，以实现跨学科的研究。

立法学是法学的一个分支，主要研究如何合理有效地立法。立法学包括立法权限、立法内容和立法技巧等。立法学相较于法理学比较重视具体的、比较的研究，以期望能在不同国家的立法案例中寻求共同的优点，找到最佳的立法程序和技巧等，使立法更加合理、有效。立法学的研究方法可以分为历史的纵向分析法、比较的横向分析法和法案分析法。通过高等教育学与立法学的跨学科研究，对高等教育立法进行历史的、特殊地区和具体法案的研究，以增加立法的知识和技巧，使高等教育的相关立法更加合理，使法律更好地为高等教育事业的发展发挥强大的保障作用。

新制度主义是当代西方以新制度经济学为肇始，运用于政治学的制度分析理论，是以经验为主要基础的分析范式。新制度主义的三大流派分别是理性选择制度主义、社会制度主义和历史制度主义。理性制度主义的主要观点是，在政治博弈中通过理性计算进行选择。社会制度主义，以社会文化与制度之间的相互构成为基本分析结构。历史制度主义则超越了前两者的理性计算和文化的分析范式，以历史发展的经验为基本分析结构，重视社会中观层面的内部结构的排列组合及其社会效果。研究的焦点集中于制度结构、利益分布和观念结构的复杂互动关系的演化路径，以此来透视社会活动的制度变迁脉络。历史制度主义来源于经济学家诺斯的制度变迁理论。诺斯在研究制度经济学的时候，提出"道路依赖"的问题，历史制度主义基于"道路依赖"的哲学基础来厘清制度变迁中各种社会变量之间的动量关系和结构性因果关系。历史制度主义对于当前处于转型期的中国现实来说，具有比较特殊的意义。历史制度主义的"道路依赖"对于中国重"礼"和不重"法"大传统有着特定的意蕴。在本书中，建设大学治理的法律制度，本身无法脱离厚重的社会文化传统这一宏观的"道路依赖"。寻找推动事件进程和对制度结构变迁有重大影响的因果逻辑关系，成为这一分析范式的主要理论价值，也是当前我国研究立法、政策和管理等方面的重大现实课题。

五 研究思路

从研究的整体架构来看，通过研究香港大学章程这一制度现象，对章程的产生、发展、运行机制及其大学组织文化效果进行分析，以探究如何通过大学章程来保障大学的自主发展，实现华人社会的大学理念。首先通过文献分析等方法来梳理香港地区大学制度的英国背景及其发展历史，分析香港地区大学发展与社会发展之间在制度、文化方面存在的关系，尤其是在大学与政府（港英政府与后来的香港特别行政区政府）之间（第一章）存在的关系。

其次运用法学理论和治理理论分析港台地区大学章程的制度逻辑，对大学章程这一制度现象的产生可能性进行逻辑分析，来研究香港地区大学章程的合理性和科学性，并归纳出其中的大学治理观念是如何通过大学组织管理来主张的，并提出大学组织文化的问题（第二章）。

在弄清楚大学章程制度逻辑的基础上，探究大学章程在这种逻辑上的动力机制，那就是大学章程的理性规则动力。从新制度主义理论的观点看来，制度不但是理性的存在，在某种程度上无法脱离当时的社会文化，如观念、信念、习俗等，并且在制度变迁过程中，制度理性往往会推动人们心理的内部变化，进而影响人们的行为方式，直至文化观念上的结构性改变。由此，对大学制度的研究有必要进入文化的视角,对香港地区大学章程进行组织文化向度上的研究,其落脚点是:香港地区的大学师生在章程规范的规则中具有怎样的组织文化及其形成机制是怎样的(第三章)。

最后,基于上述研究的分析过程及主要结论,提炼香港地区大学组织文化在中西文化比较角度上的特质,其能否在世界文明中塑造具有中国华人特色的大学理念,即"华人大学理念"能否成立,如何成立(第四章)。

第一章 影响香港地区大学章程的外部因素

香港自从被英国政府殖民管治之后,开始纳入英国君主立宪的宪政统治之中。虽然香港作为殖民地与英国本土在政治上有着不同的地位和特点,但是香港整体社会制度深受英国本土的历史传统影响。英国的西式近代社会制度与华人社会的传统法律和习惯相融合,形成了英国殖民政治统辖下的香港华人社会。在有东方文化传统的香港华人社会,本土大学的制度是港英政府从西方移植过来的。面对这段历史,对香港地区的大学及其制度的考察,需要从英国大学的古老传统说起。制度移植的历史背景,使香港地区大学自身有英国大学的传统文化要素和制度要素。为了更好地理解香港地区英式大学的理念与制度,对大学的古老渊源及香港地区大学治理模式的英国传统有一个清晰的认识,有必要从英国大学传统和香港地区政治体制两个方面来探讨。

第一节 英国大学传统

一 英国中世纪大学的特许状及章程

(一) 特许状

一般认为,世界最早的大学源于中世纪的西欧,比如意大利的博洛尼亚大学和法国的巴黎大学。由于最早的大学在西欧实际上是国际性大学，因此英国的很多学者在巴黎大学从事研究活动。1167年，英格兰国王亨利二世将那些在巴黎大学从事研究工作的学者召回，开始形成了牛津大学的雏形，英国古典大学由此发端，并秉承了西欧古典大学的基本传统。大学的英文表达是 university，其前身是"universitas"，一开始是指由教师与学生组成的团体或者组织，后来的主要含义是"学术性行会"组织，或者说"由学者组成的行会"。① 而"stadium"，指教育教学的场所，可以翻译为学校、学苑，特指具有教育性质的场所。由此可见，大学的本质意义倾向于组织的意义，它是规范和管理教学和学术研究活动的组织实体。由于大学本身发源于行会组织，所以具有行会的某些本质特征：通过制定明确的章程，确立自己的管理制度和运行规则，通过组织内部平等、民主的制度化过程，形成一定的自律和自治特性。这种学者行会形式与其他行会一样，尤其在当时的意大利，是依据罗马法传统建立起来的，具有合法地位及其法律权威，具体而言，"需要制定章程，明确组织架构、规定组织成员的权利与义务、确定活动范围、规范行为准则，选择组织首领，对内实行民主管理，对外争取各种特权以实现某种程度的自治，等等"②。从法律的角度来说，大学的形成以官方的认可为标志。一开始，在法国和英国，大学在主教及其代理人的主管下开展教育活动。随着形势的发展，教师及其学生与主教（Chancellor 或 Scholasticus）③ 之间开始发生权力争斗，焦点集中在教师资格证书的发放权上。在1209年的巴黎地区，这种争斗的结果取决于教皇的圣谕。1215年，教皇使节库松（Robert de Coucron）制定了关于教师资格认证的"章程"（Stat-

---

① 张磊：《欧洲中世纪大学》，商务印书馆2010年版，第14页。
② 同上书，第52页。
③ 主教一般是各自教区的教育主管，可能本身就是教会学校教师。

ute)。主教最终服从教皇的命令，不但认可大学拥有"大学章程"的制定权，而且巴黎主教放弃了对教师资格证书发放权的垄断专权，改为教师团体在符合规定的考试条件基础上推荐出候选人，主教对此予以认可。实际上，主教仅仅履行了形式上的认可程序。除此之外，无论在巴黎还是在英国，大学师生与当地市政当局及其市民发生的残酷暴力冲突，引发大学师生的罢课、迁校等反抗行为，如1229年史称"大撤退"的巴黎大学师生离开了巴黎，还比如1209年的牛津大学与当地市民的冲突。中世纪的大学正是在这些激烈的斗争中，不断争取自身的合法行会地位及其自治权利，同时得到最高政治权威授予的特权。具体体现为大学师生成立具有强大组织力量的"universitas"，并得到教皇的特别许可，拥有了诸多特许权，使得大学拥有自己的人事任命权，而独立于主教，同时拥有其他特权而独立于市政、国王等地方权力，大学因此拥有了名副其实的"自治权"。这种大学被最高法律权威（在当时尤其体现为教皇，有时体现为地方君主，这要看教皇与地方君主进行权力斗争的状况）的许可，在法律文书上体现为"charter"，可以翻译为特许状（证书）、设置许可证、许可令等。Charter在英文里有宪章、特权、特许的意思，宪章的实质意义是权力的来源，即权力的特许、授予和分配予以制度上的规定。中世纪大学的生存便是在教皇或皇帝的最高权力特许下，拥有诸多特权，有力地与地方世俗权力或地方教会势力作抗争，取得了应当的学术自治权及其组织的自治管理权。这是包括英国在内的西欧中世纪大学作为行会组织的制度化进程和成熟过程。

英国古典大学的成立都是以特许状为主要标志的，也意味着大学拥有了高度学术自治的政治地位，我们可以从英国主要古典大学的形成和发展中得到这种认识。英国最早的古典大学是牛津大学，在1096年就开始有某种教育形式了。到了1209年，牛津大学的一些教师与当地市镇市民发生冲突而逃到剑桥，之后逐渐发展为日后的剑桥大学。自此，牛津大学与剑桥大学共同成为了在英语世界历史上最悠久的大学，也成为保有古典神韵、浓郁人文传统和独特精神气质的英国古典大学。两所大学从一开始只是一些教师的行会组织，并没有明确的法律地位，早期学院主要依靠教会的"哺育"。两所大学自产生就伴随着争取大学自治和自由的斗争历史。"在历史上，还有剑大校长将剑城市长踢出教会的妙事。"①剑桥早期充满了学生与当地市镇的战斗。② 在这种争斗中，剑桥大学获得了教会及皇室的各种眷顾，使其得到了生存发展的某种政治依靠：③

  早在1233年，格列高利九世（Gregory IX，1227—1241在位）就于6月15日发布了特许状或教令，于是剑桥镇的学园得到了教皇的承认。授予校长（chancellor）和大学（universitas）的学者以特别豁免权（ius non trahi extra），也就是，不受伊利主教教区之外法院起诉的权利，只要他们准备提交到校长或者主教那里进行裁决的话。

1290年，教皇尼古拉斯四世正式承认剑桥大学为 studium generale，④ 从这一点来看，剑桥大学在法律意义上得到政治权威

---

 ① 金耀基：《剑桥与海德堡——欧游语丝》，辽宁教育出版社1995年版，第70页。
 ② 最严重的一次，是在1381年，剑城市场率领市民，攻入剑桥大学。金耀基教授在他的著作中描述：浩浩荡荡，携弓带剑，攻打剑大，毁屋焚书，犹如战争，而剑大的历史档案就在市集的熊熊烈火中被焚烧一光。
 ③ ［英］伊丽莎白·里德姆-格林：《剑桥大学简史》，李自修译，山东画报出版社2007年版，第5页。
 ④ 王英杰、刘宝存：《世界一流大学的形成与发展》，山西教育出版社2008年版，第108页。

的承认并获得了大学的特权,早于牛津大学,这也是剑桥大学自认为其诞生日期比牛津大学早的原因。剑桥大学由于这种教皇的认可,发展渐趋成熟,从剑桥大学存档的大约1250年的法典,可以看出此时剑桥大学在特权许可下的发展状况:①

> 假如像 M. B. 哈凯特神父所说的那样,它是一部官方法典的话,那么,它也是欧洲所有大学中最早的法典了。其他学者认为,这些手稿可能是受私人委托完成的汇编,夹杂着官方法规和准官方"法案"。它的十三个章节说明了大学管理人员——校长、院监(rector [s])、学监(proctor [s])、持杖官(bedell [s])、剑桥摄政院硕士教师(regent master [s])以及他们的校务委员会、司法程序、学位服饰和校纪、宿舍和租金、葬礼和赞助人纪念仪式等事项。这些资料确凿地表明,在成立后的40年里,剑桥的学者建立了绝非源自牛津的某些机构,特别是教习法庭。
> 说到教会当局,正是伊利主教有权委派校长事宜,标志着教习们取得自主地位的第一次努力。事实上,从13世纪早期起,校长就由教习们来推举了,但是校长的选举必须由主教认定,同时还要求校长宣誓效忠教会。

与剑桥大学发展轨迹有所区别的牛津大学,被教皇认可和特许的过程也经历了一些周折。"1201年,牛津大学由一位中世纪教师 Scolarum Oxonie 主持,1214年他被授予荣誉校长职位……1214年,牛津大学的主体机构由林肯主教任命的荣誉校长负责管理,该机构按照教廷特命大使,即 Tusculum 的 Nicholas 枢机

---

① [英]伊丽莎白·里德姆-格林:《剑桥大学简史》,李自修译,山东画报出版社2007年版,第7—8页。

主教授权的条款创建,……对于林肯主教而言,承认由牛津大学教师自己选举的荣誉校长已成为一项惯例。"① 1231 年,牛津大学作为法人团体(universitas)或法人(Corporation)得到了教廷的认可。而实际上,"最初牛津大学是根据反映习俗或惯例的普通法律而成立的非营利性法人社团,而后根据章程正式组建。牛津大学既没有创立人,也没有任何成立的特许状,而所属学院几乎都是根据特许状而成立的……"②

1571 年,牛津大学和剑桥大学依照成立法案正式成立,以较高的法律层次再次确立了两所大学的法人地位。在法案的导言中申明了两所大学来自特许状的高度自治的特权地位:

> 任何一所前面提及的两所大学经女王殿下及其最高贵的祖先所御赐、恩准和确认的各种古老特权均应该得到更高程度的尊重,并拥有更强的力量……

英国大学高度自治的传统,从教皇谕令到近现代法案,通过法人地位的确立走上了法治道路。现代英国大学主要分为三类,分别由不同的法律形式来确立。第一类是根据特许状而设立的大学,一些古典大学都拥有这种皇家特许状;第二类是根据公司法注册而成立的大学,如伦敦政治经济学院;第三类是通过议会法案而设立的大学。拥有皇家特许状的大学享有高度学术自治的权利,可以依据特许状赋予的权利,根据大学自身发展情况和需要来制定大学章程,经过英女王批准后生效,并且拥有修改的权利;没有特许状的大学没有制定章程的权利,只能制定条例和规

---

① 马陆亭等主编:《大学章程要素的国际比较》,教育科学出版社 2010 年版,第 82 页。

② 同上。

章等文件。

  颁发特许状是比较古老的法令形式，始于13世纪，是由女王根据枢密院的建议而颁发的。皇家特许状和不拥有特许状的大学章程必须得到枢密院的批准才能生效，其废除和修改都需要枢密院的批准才能获得法律效力。相对于特许状而言，枢密院同样古老，是英国政府的组成部分，是君主的咨询机构，当时由君主委任的贵族、教士和重要官员组成，再由立法、行政和司法等领域提出建议，以供参考。现在枢密院成员由国王委任和解职，国王可以通过枢密院的建议下发枢密令（Order-in-Council），以此种方式行使行政权。在教育行政领域，枢密院可以以颁布特许状、条例、法令的形式参与高等教育方面的管理事务。枢密院拥有批准大学授予学位的权力，有权任命大学治理机构成员，可以控制大学治理机构成员候选人中妇女和少数民族成员的比例。

  从英国古典大学的起源到现代高等教育管理制度，说明在英国大学制度传统里，大学的创建同宗教和政府的政治权威密切相关，当时的政治权威承认其高度的自治特权。宗教文化色彩和自治特权，使大学成为一种具备特殊地位和功能的组织机构。从1158年教皇弗雷德里克一世为博洛尼亚大学的创立颁布的敕令（敕令，旧时君主发布的减免罪行或赋役的命令），到1208年英诺森三世的特权敕令对巴黎大学的承认，[①] 欧洲中世纪大学的这种特许状赋予了大学的各种特权，使大学成为一种具有某种特权的机构。这些特权都是大学师生为了争取合法权利，在长期艰苦卓绝的斗争中获得的，主要包括：居住权、司法特权、罢课和迁徙权、颁发教学许可证权、免税和免役权。剑桥大学与当地市民

---

  ① 最早的大学章程是《巴黎大学章程》。1215年，教皇特使库尔松（Robert De Courcon）为巴黎大学制定了第一个章程，取消了圣母院主事对学校的控制权，巴黎大学获得了正式的法律地位。

和市政当局的争斗，就体现了大学在居住权、司法豁免特权、罢课和迁徙权方面的特殊性。特许状赋予的以上特权从政治权力上规定了大学与教会、政府和市民社会之间的法权逻辑关系，确立了大学的外部权力框架，如保护居住、财产等的基本政治权力，在此基础上，能够确保以教学为主的学术自由权力，如教师的资格认证和任用。

在这种特许状的权力赋予下，推动了大学高度自治的发展，并形成合适的自治组织及其制度规则。在长期的发展中，大学形成了自我民主管理的能力，调整组织结构的机制，同时形成独具特色的大学文化传统和惯例，使之传承几百年至今，尤其英国的古典大学，具有这种人文传承特色。在中世纪的这种大学发展传统中，英国的古典大学传统结合英国君主立宪的特殊宪政制度，最终确立了大学存在之根基和荣誉——高度自治和自由精神。大学的知识（或精神文化）传播和创造的功能在政治权威保障其自治权的条件下进行，否则真正意义上的大学要么无法生存，要么成为政权的附庸。中世纪以来，英国大学的这种高度自治和学术自由的传统惯例支撑了现代大学的自由精神。

如果用逻辑来诠释大学理念之机理的话，大学的一个根本逻辑是：大学的本质是拥有体现自由精神的大学自治权、学术自由权，这种特权来自最高政治权威的授权及其法律权威保障的这一逻辑前提，这一切的核心标志是大学特许状（Charter）、大学章程（Statute）、条例（Ordinance）、规章（Regulation）等。

（二）英国中世纪大学的理念及章程

剑桥大学的训导长（procter）班斯坦先生在他的一本书中讲过这样的一个趣事：

> 话说一个夜晚，一间学院的学生偷偷从寝室爬出。他的一只脚已经跨入剑城的街道，另一只脚还留在学院大门里

面。这个学生不止想夜行外出，居然还没有穿上学袍。就在这个紧要关头被巡街的剑大训导长撞见。按照校规，这个学生该罚款六先令八便士。但这位训导长非常客气地通知学院当局，他说他只罚该生三先令四便士，另外一半则听由学院自己处置，他认为这样做是最公道的。

"这则妙事，最形象化地说明了学院的独立主权。学院之主权是由学院的规程而来，而规程是由英王及国会核准的。"① 金耀基评论这个故事的时候，使用了"独立主权""学院规程"和"英王及国会核准"这三个短语，巧妙描述了英国大学的理念、章程及治理方面的实质内容。

1. 大学理念

大学理念，从近代大学的著名学者纽曼在《大学的理念》中提出的"自由教育"到德国大学的"科学研究"转向，再到现代克尔提出的"综集"大学概念，都讲到了大学作为一个实体的活动内容，从中抽象而来的一种理念。如果再深入一层思考大学理念的基质的话，我们发现，无论何种内容，其发生发展的纯粹之精神是自由思考。自由思考是否可以称得上是一种大学理念，要看大学自在自为的实质。大学是由一部分特殊的人物组成的，主要是教师及与之相伴的学生，他们在大学的本质活动说到底就是自由地思考各种人性之所关心的问题，以求真实的知识。自由思考或者说精神的自由活动，在知识求真与创新的诉求中，应当是一个不可论证的"公理"，除非进行试验心理学的证明，这就超出这里的探讨范围了。

"独立主权"实质上是精神活动上的独立主权。大学最开始

---

① 金耀基：《剑桥与海德堡——欧游语丝》，辽宁教育出版社1995年版，第23页。

是依靠并服务于宗教权威的，主要体现在大学首要的功能是神学院的研究与教育机构，以及提供宗教人才，"经院哲学"就体现了这种特点。如剑桥大学对教皇的"忠诚"，以及早期的"寺院性格"。金耀基在剑桥大学的游历中曾谈到这种特色的痕迹：[1]

> 在二十世纪七十年代的剑桥，我们在街上，在庭院所看到的学袍就是"和尚"的"道"服演变而来，而学院共宿同餐的制度，也可溯源到中古寺院的习俗。至于不久前院士空房独守，不许结婚，自然更是清规冷戒的遗物了。

可见，从这些历史传统的遗迹中，可以看到大学在伊始同宗教的各种活动有着紧密的相生关系。如在巴黎大学，有讲授和研究托马斯·阿奎那的正统神学的课程，法学院讲授教会法，巴黎大学成为"教会的第一学校"。虽然教皇对大学的一些学术自由进行过各种打压，如禁止讲授亚里士多德的学说和罗马法，但是，大学的学术自由及其组织自治管理的程度，始终是由大学的章程来明确规定的，也是由教皇颁布的命令来认可的，这使大学的自治权无论其限度如何，始终有明确的范围。当然，大学为争取自身的学术自由，不断跟包括教廷在内的各种权威和势力作各种抗争。在当时的社会条件和时代背景下，大学实现了在学术研究，尤其在神学的研究方面能够自由思考，能够为自由思考而必须维护的组织管理和师生生活的自治。它的这种自治权力，主要针对世俗的王权及当地城市的行政权力，有以下史实可以证明：

> 1322年又发生了类似的恶意破坏事件，这或许是由大

---

[1] 金耀基：《剑桥与海德堡——欧游语丝》，辽宁教育出版社1995年版，第70页。

学当局1317年特许状中的一项条款所引起的。特许状明令市长和执行官在任职时，必须当着校长的面宣誓维护大学的特许权利。[①]

在大学和市政当局之间争夺主宰权的斗争中，这只是件最富有戏剧性的事件，是几个世纪以来大学可以呼吁更大阵营支持的一场斗争。到1381年底，除了取得的其他特权以外，大学还达成了一项协议：市府和大学代表需要每隔五年商定一次房租，还取得对主要食品供应和价格以及保持街道清洁措施的控制权。校长被赋予了裁判一切涉及学者及其仆人案件的权限，但戕害或者谋杀除外，而这些应有国王审理。校长还享有处以罚金，判处暂时或永久驱逐或者监禁以及在某些情况下逐出教会的权利。[②]

从当时大学在市政、君主和教会这样的权力地图中所确立的地位来看，大学俨然成为"独立王国"了，拥有主要权力领域的"独立主权"。

大学这种以神学为纲的哲学活动，具有自由独立的精神属性，如当时的大学校长拥有宗教上的精神审判权。大学当时还是专门从事知识生产和传播的主要组织机构，受到宗教和世俗政治权威的认可和可资利用之考虑，因为这种行业部门的社会生产的特殊性，为教会提供宗教人才，如教士；为国王提供行政管理人才和外交人才，如剑桥大学为英国国王培养了大量的治国人才。出于这些考虑，不得不授予特别的权力，以实现大学卓越的教育功能。但是问题是，特许状的这种授权并不是统治权意义上的授

---

① [英]伊丽莎白·里德姆-格林：《剑桥大学简史》，李自修译，山东画报出版社2007年版，第9页。

② 同上书，第11页。

权，如国会的立法权、皇室的政治权力，或者领地、殖民地的统治权等，实质上应当是为实现自由精神而存在的独立思考之授权，这自然连带了大学在组织管理权、财产权上的独立自主，以致形成了"独立王国"式的自治领地，如同"国中之国"。当然，到了现代，由于大学组织和社会组织的技术复杂性，这种独立自主在组织管理和财产权利上仍要受到政治权威的宏观控制或局部控制。这正是"独立主权"的实质所体现出来的大学理念，就是思想精神上的"独立主权"，大学作为一种行业部门在功能上拥有"独立主权"，而非领地统治上拥有"独立主权"，虽然在形式上具有学院围墙内的统治权。① 因此，剑桥大学的学院"独立主权"由两部分组成：精神活动的"独立主权"及其衍生的组织管理"独立主权"。具体而言，这种权力根据学院规程而确立，其权威由国王及其国会授权而生效，形成了"一墙之内"的独立王国，哪怕像这则故事里描述的：活生生的一个人被"分而治之"了。②这可以视作有英国传统的大学之理念，而这种理念的源头可以追溯到中世纪大学的起源与发展，以及大学的近现代化进程。这种传统的延续，主要线索是标志大学特权和权力运行规则的特许状及其授权制定出的具体而明确的大学章程。

2. 大学章程

学院的"独立自主权"可以如此显赫，其依据是国王授权的大学章程及其学院规程。英国古典大学的学院制度，在世界大

---

① 如此说明，是因为这里隐含着政治权威对大学组织政治信任的状况，这是政治权威授权的前提。大学要与政治权威形成良好的权力互动，即授权与用权。如此一来，才能更好地实现大学功能之目的，大学才能成为整个政治组织的知识策源地。

② 在英国，剑桥大学是由各种学院组成的联邦团体。学院拥有较大的自治权，包括内部行政管理、财政权等，尤其在学术活动领域，有自己的自主权力。大学在某种程度上是虚设的，学术活动的实权多被学院掌握。这种书院制度在英国流传了1000多年，形成了特有的观念和文化。

学视野中，具有独特的人文传统和教育理念，而今，已经在传统与现代之间取得恰当的融合和平衡。其中的联邦体制作为一种大学的制度理念，体现在大学章程和学院规程里，其保存着悠久的古典大学理念。

很明显，"独立自主权"的实现，需要大学章程这种权力授予和具体规定的形式。大学的自治权威，从中世纪到近现代，主要系于自身特权同教会权力、皇家及其政府的权力之间的较量，得以确立各种特权，虽然其全部是来自授予的。下面以牛津大学的章程演化进程为例，来分析这种权力较量的历程。

（1）从屋舍制度到学院制——学院章程的历史演化

牛津大学从场所的意义上来讲，始于中世纪的"屋舍"——学生学习和生活的场所，在牛津大学被称为"厅堂"（halls），剑桥大学被称为"宿舍"（hostel）。这种形式是源于巴黎大学的"寄宿制度"，由一群有志于学习和研究学问的学生以类似今天俱乐部的形式生活在一起，所在场所是租借来的房屋。他们自发组织起来，自发管理他们自己的生活秩序，实现了比较完全的原初的民主、自治。这种民主、自治的性格，集中体现在学生们自发选举屋舍负责人上。

在后来的历史发展中，屋舍负责人同教师、大学校长、女王、市民等人员或权力机构之间产生了比较复杂的权力关系。整体的趋势是屋舍负责人这种来自自发的"草根权力"逐渐受到校长、女王等权力的制衡和牵制，甚至被置换为授权（特许）。其演变的主要部分如下。[①]

a. 1489 年，大学教师和各屋舍负责人共同制定的"寄宿生规约"（Aularian Statute），从制度上确认了教师直接参与屋舍管

[①] ［英］海斯汀·拉斯达尔：《中世纪的欧洲大学：博雅教育的兴起》，邓磊译，重庆大学出版社 2011 年版，第 108 页。

理的事实。教师与学生的这种组织和制度的结合,成为牛津大学在学院制领域中的较早自治传统。

b. 大学校长作为大学的领导者,自然要接管寄宿生管理。在接管的时候,大学校长制定了"委托管理制度",确立了校长通过委托这种授权的方式间接管学生和教师的团体生活的制度。具体情况是由校长委托一名寄宿生为全体舍生的管理者,明确管理者与寄宿生团体的权力关系。校长还有任意罢免委托管理人的权力,有否决负责人制定屋舍管理的条例的权力,甚至还出现过校长直接颁布屋舍的相关管理规定的情况。另外,校长还对屋舍成员和委托管理负责人的资格进行了详细的规定,譬如,以颁布条例的形式,禁止本科以上人员担任管理负责人。

c. 随着屋舍制度的进一步发展,其逐渐成为一个不可忽视的大学机构——由大学教师和学生组成的学术组织。英国国王开始利用其至高无上的皇权对屋舍团体的自治权进行干涉,主要通过发布诏令的形式来授权管制。如1421年,英王亨利四世曾颁发诏令,让所有寄宿学者都必须通过校长及屋舍负责人的审核。

d. 居住在屋舍的学术团体在经济关系上,主要是租借当地市民的房屋,这种现实使得屋舍团体在权力关系上不得不与所在市区的市民有所关联。这与巴黎大学等其他欧洲中世纪大学一样,有这样的一个传统:由教师与市民组成理事会,负责制定大学学术团体的纳税义务规则。

从以上的历史演变进程中,我们可以清晰地看到,屋舍团体的自治权力,在内涵和形式上发生了怎样的变化。学院的这种原型组织机构,在大学和社会的大背景下,被编织在权力的纵横制衡网络内,各种特许状、法令、章程和条例,从不同层级的分类中构成这种编织的原材料,形成的成果便是学术团体的自治。大学校长在这种编织进程中起到了关键的作用,这是因为校长通过章程等法令将这种习俗规范化、常规化了,从而形成正式的大学组织机构。

从屋舍制度发展到后来的学院制,在历史的传承中有比较核心的传统因素一直没有断裂,那就是自治传统。可见,屋舍自治制度的原始动力是比较强的,"在中世纪后期的一些大学中,学舍机构决定了大学或者学院的组织和管理"。[①]

从整体上看,虽然因为受外界各种权力的制约和规定,从原初的纯粹自治变为现在比较相对的自治,但是,自治的理念依然清晰,尤其在学术自由和组织的自主管理方面。这种传统的核心要素主要体现在多个方面,在牛津大学早期各个学院的创始中可以发现其中的奥妙。

a. 财产的独立自主性
b. 制定自治管理制度的自主性
c. 人事权的自主与委任相结合的特点
d. 学术自由的自治性
e. 外部权力的监督与控制
f. 学院最高权力机构(全体人员大会)的民主性

在此,需要重点分析的是学院治理结构的特征,其自治性是通过内部权力与外部的制衡和一定程度的隔离来实现的,比如对某种权力在不同性质和阶段上进行分治,以达到分权的目的。几个主要学院的权力结构和治理结构,通过对照就可以发现其中的共同特点。

通过以上的比较性归纳和分析,可以发现学院章程的以下几个特点。

a. 学院的法理地位或权力(自治权)的来源,很多时候是

[①] 希尔德·德·里德-西蒙斯:《欧洲大学史》,张斌贤等译,河北大学出版社2008年版,第128页。

来自学院章程的确立，有时候是与法令、特许状相结合发挥法律的权威功能的。通过章程规定的各项规则对学院的外部权力关系给以清晰的界定。

b. 学院章程对学校内部组织管理机构的设立，以及管理权力的形成、运行进行了详细的规定，特别是在组织的程序上，如发起与推荐、选举、监管、认可、罢免、任期等一系列程序。另外，在各类人员的资格限定上，也规定得比较明细。

c. 对学院在研究和教育活动领域的规定比较明细。比如在学位制度上，从入学的条件、程序开始到课程设置及至获得学位的资格，都有具体清晰的规定。

d. 学院章程的具体化和明细化，体现了不同学院的办学特色。章程内容的规定及其贯彻实施，使各种风格的教育模式形成各自的优势和特点，虽然也有许多不足和缺憾之处。

e. 学院章程的制定本身，体现了学院自治的制度特点。学院创始人或负责人，根据实际情况和经过反思的传统习俗制定章程，以及更多的时候通过全体人员的商议、然后投票的民主方式，确立新章程和修改章程，都体现了显著的民主性格和自治特征，在人事推选的过程中，也体现出了这些特征。

综合上述论述，可以发现英国古代学院的独特性和历史重要性，为英国近现代大学的发展奠定了历史基础：

> 学院的建立是牛津大学走向繁荣的标志，因为牛津最富有特色的特点之一就是学院制。导师制和寄宿制都是建立在学院制这个基础之上的。牛津和剑桥大学的组织结构、教学管理和学生生活都是以学院为基础的。[1]

---

[1] 曹汉斌：《牛津大学自治史》，新华出版社 2006 年版，第 59 页。

此外，给我们印象比较深刻的，就是学院章程本身的规定比较细则化、明确化，适合法治的实现，而且非常具有法律的权威性，能够得到良好的贯彻。如皇家授权或教皇的特许，还有主教、大主教等权威机构的监管、巡视。在最高权威的授权下，章程自身的功能导向，得到非常明确的确立和施行，比如神学、教会法学都是在王权或教皇的特许或法令下施行的，同时还有其他相关教育课程。一方面有政治权威规定的教育内容；另一方面有学院根据传统和自身的喜好，规定自主的课程或学位。学院章程对这一教育价值的诉求，突出了大学及学院的学术自由的核心。正因为如此，章程对其他内容，如行政、人事、财务等的规定，通过教师与学术的民主意见的表达，其内容正好能够切合这一教育价值的正当要求。教师和学生由此在这种制度过程中，能够拥有足够的话语权，并有合适的权利来保障制度的施行，以及良好的古老习俗、观念氛围来保障这种权利的实现。以上的这些学院章程特征，保障了学院与大学之间的松散关系，其并不像法国巴黎大学那样具有集权特征。可贵的是，学院章程的高度自治权支撑起英国大学的博雅教育理念、以本科教学为中心的大学理念，随着历史的传承，这一切都成为"约定俗成"的惯例，最终成为近现代英国大学的法令。

实际上，大学的主要成员并非仅仅像寺院里的僧侣那样完全脱离了世俗的世界，沉浸在学问的"象牙塔"里，而是与他们周围的各种利益集团有着千丝万缕的关系，甚至矛盾与对抗。比较重要的领域就是大学同教会、城市的关系，尤其与教会的关系是非常错综复杂的。

（2）大学自治权与教会、城市之间的关系——大学章程的历史演化

大学与教会、城市之间复杂而矛盾的关系，主要维系在大学校长与这些权力机构的权力关系上，换一个角度讲，就是大学自

治权与这些权力之间的竞争关系。大学校长实质上拥有怎样权力，意味着整个牛津大学处于什么样的社会地位，能够获得多少合法的利益。从另一个层面上来讲，这也是国家（或教廷）如何治理大学，如何通过大学校长或其他大学权力机构来治理大学内部的教育事务的问题，这是一个大学治理结构的权力体系。我们需要从权力顶端而下，来梳理中世纪的大学权力之脉络，而这一切都以大学章程文本的形式被确立起来，这也是我们能够研究久远历史中的大学，能够从中获得颇多教益的可信依据。

早期的牛津大学，一开始与教会有着亲和的关系，在与市民的历次斗争中，总能得到教皇及教会的支持。当然，这与大学的起源有关，无论从权力上，还是从生存的物质条件上，教会对大学而言，都可以称作"衣食父母"。包括法国的巴黎大学，同样与教会有着难以割舍的关系，"学校的组织建构却无法与其他的主教座堂学校区分开来"。①

从某种意义上来说，欧洲早期的大学是"教会的大学"，这种说法是不过分的。"巴黎大学具有浓重的教会性格——该大学不仅由教会权力机构进行督导，并且还几乎完全将学者身份等同于教士神职。"② 英国的大学模仿了巴黎大学的这种模式，大学校长一开始由主教委任代理人来担任。但是，后来的历史发展使大学校长的权力和职位角色发生了巨大变化，这个变化是一个逐渐演变的过程，也是大学谋求自治权力的过程。拉斯达尔的历史研究阐述了这样的整体概况：③

---

① ［英］海斯汀·拉斯达尔：《中世纪的欧洲大学：在上帝与尘世之间》，崔延强、邓磊译，重庆大学出版社2011年版，第5页。
② 同上书，第2页。
③ ［英］海斯汀·拉斯达尔：《中世纪的欧洲大学：博雅教育的兴起》，邓磊译，重庆大学出版社2011年版，第5—6页。

当我们对大学章程有所了解时，就会发现牛津的教授和学者都是处于大学校长的管理之下；校长由教授选举产生，但权力却是来自于林肯大主教，与牛津城的任何修道院或牧师教堂都毫无关联。即使牛津诸学院曾与圣弗里茨瓦德（S. Frideswide's）或奥森奈有所联系，毫无疑问不久之后它们也会通过激烈的斗争以挣脱修道院的桎梏。但无可否认的是，虽然牛津在后来获得了彻底的宗教赦免权，却也难免留有一些残余的修院痕迹和宗教气息。

……

在北欧，所有学校也一向都是处于当地教会势力的直接监督之下；而在牛津，大学教师却率先享受到了实质性的独立地位。尽管牛津诸学院最终仍然需要接受一些宗教法规的约束，但他们的领导人还是通过自行选举而产生的。更为重要的是，经由民主选举产生的牛津大学首领只臣服于远在异地的林肯大主教，对于其他权威机构的命令完全可以置之不理。

可见，牛津大学校长的身份角色及其产生过程，意味着校长的权限及其法律地位。大学校长先由主教委任的代理人来担任，而且受到教皇特许诏令的确认，到后来先由大学教职员选举出校长，再由主教认可，到后来的发展中，主教的认可仅仅成为一种形式上的程序，没有多少意义的实权。而且，这种权力行使的形式渐渐成为一种习俗和惯例。大学校长的权力来源从民意的角度来说，实质上来自民主选举，虽然名义上，或者说荣誉上是源自大主教，直至教皇。大学校长在当时的政治权威结构里，处于从教皇到大主教、主教的等级底层，校长起先不过是个代理人，但是这种代理，却是真正的权力代理，拥有足够的宗教权力，即主教的宗教权力授权。校长在教会的等级中，带有权力神授的特征，所以在历史上，校长拥有不可忽视的宗教裁判权。可以说，校长的权力，是一个比较复杂的混合体：一方面拥有来自大学外的政治权威授权及其实际的各种宗教权力，另一方面拥有来自大学民主选举的授权及其实际上的大学管理权，这是一种世俗权力。从整体上来看，外部的专制权威对大学自治的干涉，除了相关的赦令、特许状等，主要从大学校长这里体现出来，一个是大学校长的权力是否被干扰和剥夺，再一个就是大学校长的职位是否被政治权威认可。在历史上，曾经有过国王对大学校长职位的干涉，甚至罢免的事例。

相对于巴黎大学来说，复制巴黎大学制度的牛津大学有着自身的独特之处，这与牛津所在的特殊社会环境有密切的关系。巴黎大学比牛津大学早在几个世纪以来一直受到教会权威的统治，尤其是其与巴黎圣母院这样的教会相距如此之近。而牛津大学，由于牛津与林肯相距120英里，有一种天高皇帝远的地缘上的政治优势，不在主教的视野之下，牛津大学能够首先从主教，然后依次从大主教甚至整个英格兰枢机主教的统治下脱离出来，这种优势起着决定性作用。[①]

直到1254年，主教与大学之间第一次产生了嫌隙。大概是由于亨利主教对大学自由进行横加干涉从而引起了教师们的不满，他们设法从教皇英诺森特四世（Innocent Ⅳ）那里获得对牛津大学章程的再次肯定。1257年，国王亲自拟定了一份协议，为牛津大学的治理秩序做出了详细的安排，对此争端做出了规定。1258年不久之前，牛津大学便开始将那些不成文的习俗修订为成文条例，但遭到了亨利主教的坚决反对，出现了激烈的对抗。

---

① [英]海斯汀·拉斯达尔：《中世纪的欧洲大学：博雅教育的兴起》，邓磊译，重庆大学出版社2011年版，第70页。

但是，大学教师们利用自主制定章程争取自治权的行为，取得了一定的成功。这足以表明他们进行权力斗争的有力工具，是设法获得大学章程的制定权和章程的法律权威，他们巧妙地求助于教皇，用远在罗马的教皇权威来巩固自身的合法权利，甚至特权。

在这次争端中，牛津大学校长始终坚持了大学的治理权，而没有屈从于主教的权威，这是巴黎大学所不能做到的。并且，在国王和教皇的支持下，扩展了更多的特权。

在某种意义上，这种特权是授予大学教师和学生的，而不针对校长，校长仍然是主教在宗教审判权方面的代理人，站在主教与大学之间的中间人。因此，校长从权力上仍然保持着与大学内部机构的距离。但是，其从主教授予而来的精神审判权（宗教审判权）在主教、教皇等较高权威的支持下，硬是"夺"过来了，最终实现了大学的自治。校长已经从主教的附庸式代理人身份（从主教可以任意撤换校长这一意义上来说）转变为拥有自我决定意义上的独立身份（由大学教师选举产生），脱离了主教权威的绝对控制。

校长对精神审判权的夺权成功，只是在长年"夺权"过程中形成了惯例、习俗，并没有可靠的合法的权威基础。最后在更高一级的宗教会议上，在枢机主教的支持下，校长的权力获得了认可（或特许）。

随后主要围绕在校长的产生是由大学"选举"还是由主教"任命"的问题上，这实际上是两种权威的区别与对抗，也意味着校长权力的两种不同授权途径——世俗的与神圣的、专制的与民主的。这种对抗直到50年后才得到最后的解决。实质上，校长由大学自主选举产生，而主教最后只剩下形式上的、"名存实亡"的任命权，在校长认证程序上走过场，在这种权力格局下，校长的罢免权最终属于大学当局，而不再是主教。

至此，大学校长在成功"夺权"的过程中，大学几乎也完成了对教会权威的某种"背叛"，至少从原初的法理上来说。大学起初不过是教会的一个神职机构，如同神学院的最初状态。在宗教管辖和审判权上，教师或学者完全置于教会的权威之下，并得到教会从物质到各种权力的"父母"般的保护和支持。这种"背叛"的动力实际上是来自大学教师或学者的学术活动的性质，教师主要从事哲学和法学方面的研究，以此作为训练基础对神学开展研究，而非如僧侣或修士一样单纯地去研究《圣经》的烦琐教义，思想的自由总要突破宗教的各种严格戒律和思想禁锢；再一个原因是教师都是世俗人物，对教士有一种习惯性的厌恶，从而产生抵触情绪。从教师自身的精神独立的意义上来说，"背叛"实际上是为获得人格尊严和独立的"抗争"，这种具有现代政治意义的举动，符合大学的原初理念：追求学术自由的权利及其由此衍生的各种应当的权益。反抗专制权威压制的勇气和毅力，使教师和学生们赢得了大学的真正声誉，实现了大学的真正使命。

那么，在专制的社会里，是否因为君主或教皇的仁慈而顺利获得这种抗争的胜利呢？他们的"仁慈"不能作为充分的依据，应当有其他的各种因素共同构成这种结果的出现：中世纪英格兰社会的各种制度及古老的传统和惯例。从上述的历史文献和相关的历史研究成果中可以得到几点结论：英国君主专制下，保证地方自治的传统；大学成为教会各阶层人物的知识之家，许多人借大学的资源获得升迁或发展的智力资源；教皇有赖于大学对神学的贡献，大学的哲学、神学、教会法学、罗马法学、文学等对宗教发展起着不可或缺的作用，同时君主也有此种考虑，即大学与统治权威拥有"共同利益"。

在后来的历史中，大学的自治权一度达到了顶峰，随后跌入低谷，受到了严重挫折，主要原因是威克利夫主义在大学的发展，宗教权威为了自身的切身宗教利益，不得不对大学采取了高压管制和学术审查的措施，对威克利夫主义进行打压。校长及教师虽然极力反抗，但在王权的专制镇压下，不得不屈服，大学的特权一度被取缔。但是，后来的大学依然保留了许多特权，1490年，校长办公室获得核准本校牧师在英格兰任何教区布道的权利，直到现代。

从以上史料的分析来看，英国大学的思想自由、学术自由的传统发端于中世纪，但是，大学师生从一开始就没有停止过对专制权威的反抗，甚至付出了血的代价。英国大学在历史上的漫长"夺权"过程，如图1-1所示：

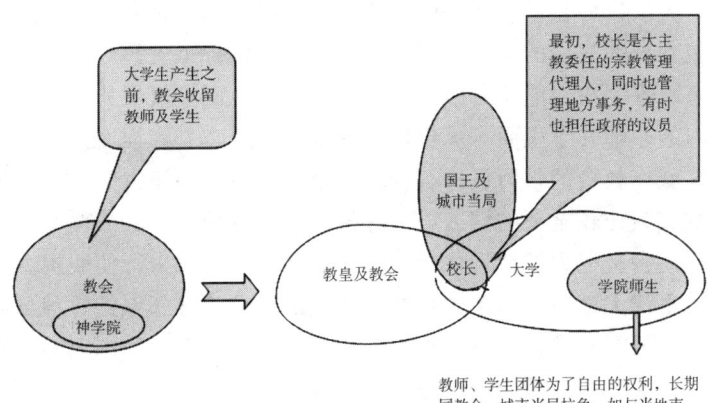

图1-1 英国大学与教会关系之演变

大学与城市的关系，主要体现在君主、市政当局两个世俗机构权力与大学的权力斗争的关系上。

国王在当时是专制君主，对大学始终有权力干涉，不过由于当时的历史原因，国王对大学的干涉并不是那么顺利。这是因为大学毕竟是教皇认可的神职机构，可以认为是教会所附属的

"神学研究院",这是大学最原初的意义和地位。英格兰皇室与罗马教廷始终存在统治权的竞争,地方教会权力成为欧洲社会最高的统治权威,与王权形成互相排斥与不得不相互妥协、配合的状况。1124年,英格兰国王向教皇屈服的这一年,罗马教廷随即颁布了谕令,对牛津大学予以特许,通过政治权威授权对大学赋予了逾越地方世俗权威的权力和地位。很明显,神圣宗教权威对世俗当局的对抗,使大学据此拥有了神圣的宗教权威从而获得了合法权利。1209年牛津大学同当地市政当局的冲突,正是这两种权威对抗的结果,正是源于两种权威的相互妥协,大学确立了在世俗社会中的地位和权力。

大学权力在世俗社会中所处地位的确立标志是大学校长的宗教裁判者的身份的合法。实际上,校长是代替了主教对其辖区行使宗教管制权,能够对市民行使这种权力,而不仅仅只是对大学校内的教师和学生而言。出现这种权力格局,一定程度上是因为牛津城离教会的权力机构有较远的距离,而且牛津大学成员在牛津城成为比较重要的辖区成员。校长因为这种地理上的便利,或者行使宗教权力的地理优势,而代劳了主教的权力行使职责。另外,牛津大学与当地市民存在社会生活、经济等领域的各种自然联系,而且经常产生各种冲突和矛盾。校长在教皇和国王的权威支持下获得了处理以上事务的部分世俗权力。

校长权力在宗教与世俗的交叉中,显得比较混合,权力的范围既有大学成员又有当地的市民,在权力的性质上,既有宗教权又有世俗权。这种混合局面的形成与国王的世俗权和教会的宗教权存在交叉有关。

可见,国王的世俗权威对大学依然有很大的影响力。有时候国王的干预一定程度上加强了大学在世俗事务上的权力,具体而言就是由国王向院长授权。

教会与国王之间的权力之争,体现在大学领域,就是校长在权力上的此消彼长。校长通过宗教裁判权对牛津城世俗事务实施影响，是通过主教授权来进行的，主教成为校长权力的最大"后台"。基于这种授权上的权威优势，校长权力开始扩张及其身份开始出现演变，主教将自身的权力让渡为大学权力，校长真正成为大学权力的代言人：

> 牛津大学校长是选举出来，再经过主教任命的，而巴黎大学的校长却是由主教直接任命的。牛津大学的校长有权管理全体教师，有权召集和主持教职员大会，而巴黎大学却无权召集教职员大会。所以，牛津大学的校长职位是一个特殊的设置，他被看作是"主教的人"。校长一职而有三任：其一为副主教，其二为大教堂学校和教堂学校的校长，其三为大学的总监。校长的职位刚刚设立，林肯主教就举行正式仪式使校长拥有宗教裁判权，并且指定校长担任大学的牧师。这样，校长就成了大学的领导者、审判官和执政官。①

大学校长能够实现这种权力上的优势，一是因为上级权威的授权，二是因为实施权力的途径是通过普通教会法的法治来实现的。

校长逐渐由宗教裁判的代理人转变为对大学实施间接管辖的实际领导人，这是由于校长对大学的依赖性越来越大，开始从大主教的权威中独立，将原先的宗教权力和后来从大学及牛津城取得的世俗管辖权融于一身，实现了华丽的转变，大学校长的权力身份开始独立起来。校长的身份及权力，最终化身为大学的自治权或特权的象征和实质意义，因为大学同外界权力的关系之路，通过校长这一权力机构，几乎是唯一的途径，并且校长权力为大

---

① 曹汉斌：《牛津大学自治史》，新华出版社2006年版，第66页。

学建立起了获得自治免于外来干扰的屏障,从而大学内部的一切组织由此获得自发的内部自治。这是对专制权力实施分割的结果,分割的标志就是校长及其拥有的权力:

> 中世纪时期,校长的宗教职责是主教在大学的代理人。他本人就代表大学,他对全校的成员都有精神裁判权。他最重要的权力是颁发教师资格证书。不过,要经过评议会的同意。校长还拥有民事裁判权。这个权力是1244年5月10日由亨利三世签署的特许状上写明的。[1]

通过以上的论述,使我们明白了这样的一个权力事实:大学的自治权,通过长期的权力竞争,维系在校长的权力中,这种权力的特征主要体现了大学相对于外部权威,如教会、城市,具备了高度自治性。但是这种自治权力从某种意义上,是教皇或国王的一种恩惠,大学并没用足够的权威挑战当时的专制权威,威克利主义被残酷镇压便是证明。但是无论如何,大学校长确实获得了令其他平行的权力机构所羡慕的审判权,即使就现代权力观而言,也是超乎想象的。

虽然大学校长拥有了可观的权力,但是大学校长对大学的内部治理而言,谈不上是权力的垄断者。这是由校长的特殊身份和权力决定的:大学校长作为大学主持者以及大主教代言人的双重身份,大学校长在大学的权力行使(宗教的或世俗的),必然因为作为主持者的身份而受到来自大学内部权力的制衡,而这样的权力结构往往是通过大学章程限定了的:[2]

---

[1] 曹汉斌:《牛津大学自治史》,新华出版社2006年版,第67页。
[2] [英]海斯汀·拉斯达尔:《中世纪的欧洲大学:博雅教育的兴起》,邓磊译,重庆大学出版社2011年版,第31—36页。

留存至今的牛津章程事实上给予了我们一个清晰的启示：校长最初只是大学的校外管理者，而非教师行会专有的执行者。大学的训导长（proctor），而非校长于1253年被赋予了执行遵守和平誓言的权力。同样数年后也是训导长被赋予了对违反和平法令者执行停职宣判的权力。在某种程度上，几乎都是训导长在负责召唤全校职工的集会。时至今日，也是训导长在监督着所有的誓约和宣言、在治理大会上为大学祈祷、同时也在所有的集会上统计投票结果并宣读最终的决定。

牛津章程在某种意义上可以说是代表了巴黎章程一种颇具特色的自主衍生模式，其是在完全不同的校长—教师关系基础上对原型做出的修改。的确，在联合王国及其政府机构设立以后，巴黎大学章程在牛津得到了移植，但是唯一共同主事人制度的最终确立、各学院和教师团高级学科机构（拥有办事人员、法规以及单独的印信）的设立却改变了原有的巴黎特质。在牛津，大学从来不认为自己需要一个地位超然的领导人；因为在这里，历任校长皆是抱着友善的态度相继为这所大学鞠躬尽瘁地进行服务。

可见，牛津大学章程规定的特殊之处，就是在学院与校长之间设立了权力缓冲机构，那就是人文系科（或称为人文学院）及训导长。训导长在整个中世纪大学的权力中枢里，拥有一种"关键机关"的地位，以至于这种传统经久不衰，训导长发挥着大学内部自治的权力枢纽功能。然而，两个教导长可以联合起来否决任何一条既成的法规，以制衡训导长的行政权力。牛津大学章程对大学内部治理规定的另一个独特地方，是权力行使人员在资格上的分类：摄政人员与非摄政人员。这种分类，相当于现代大学内部的行政人员与非行政人员教师之分别。

另外，大学组织成员之间存在一种协调机制：在不同的机构交叉任职。譬如，当时的牛津大学共有三种独立的集会来分别行使大学权力：文科摄政人员的集会、所系科摄政人员的集会和摄政人员与非摄政人员联合组成的集会。[①] 最后一种集会是大学的最高权力机构，各科系的教员有否决权。

牛津大学章程规定了内部的权力结构框架，确立了学院与校长之间的权力空间，避免了校长权力对大学教师和学生专断式的管理，也阻断了外界权威意图通过校长权力干涉大学教师和学生的学术生活，从某种意义上说，这就是当时的学院生活。这是牛津大学章程有别于世界最早的大学章程——巴黎大学章程——的独特之处。

从以上的历史文献可以看到牛津大学章程对大学内部治理的体系性规定，其整个权力运行逻辑如图1—2所示。

对中世纪牛津大学章程的考察，除了让我们认识到牛津大学从诞生之时就具备了自治的资格外，如上文对大学自治权的历史考察，我们还获得如下三点认识。

一是大学章程确立了大学民主管理的原则。大约在1302年或1303年，牛津大学颁布了一项新的章程，规定两个以上的系科行政机构的联合提议，再加上多数非行政人员的首肯，就可以为整个学校制定永久性的规章条例，多数学院的一致决定就能够为整个大学制定法令。另一个被确立下来的民主原则是：校方支持"少数服从多数"的投票原则。[②]

[①] [比利时]希尔德·德·里德-西蒙斯：《欧洲大学史》，张斌贤等译，河北大学出版社2008年版，第138页。

[②] 同上。

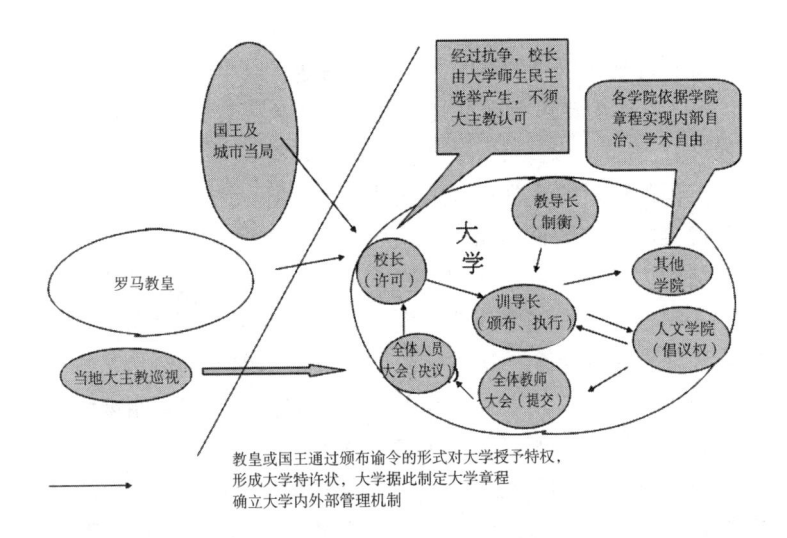

图1-2 牛津大学的治理与权力运作

二是大学章程（法令）的制定程序比较规范。就像图1-2所展示的一样，有一套严密的、复杂而公平的操作程序。

三是大学章程形成于已有的不成文习俗惯例。中世纪英国大学章程的一个显著特色：对习俗或惯例的尊重，如同法规一样具有效力。

从对"习俗"的描述中可以看到，在1571年牛津、剑桥两所大学成立法案的导言中也有对习俗认可的类似语句，可见这种历史传统是多么的悠久，有着多么强大的生命力，流传到现代的社会制度中，成为英国这个有政治特色国度的文化基因。在下文要谈到的中国香港地方政治体制中，也能够发现这种文化基因的存在。

二 近现代以来的英国大学制度演变：以牛津大学章程为例

（一）近代英国大学制度演变：《劳德法典》与《牛津大学法》

英国的中世纪大学的一些历史传统，很大程度上决定了近代和现代英国大学章程的制定，决定了大学依法治校和学术自由的治理结构，形成经过历史积淀而来的大学治理的主体结构。虽然在许多细枝末节和重要环节上发生了些许变化，但是大学自治的传统和理念流传至今，比如学院制，其中不乏中世纪学院自治的传统和历史痕迹。大学自治在形式上的演变，体现在制度的变迁上，具体来说，体现在各种法律文件上。

16世纪的《劳德法典》开始从制度上改革牛津大学的自治权限和内部权力格局，使学院、大学的自治权形式发生了变化。重要变革就是成立"每周校务会"，由校长和学院领导每周讨论大学事务，并纳入法典确立法律权威，这改变了大学内部的治理结构，在形成大学自治的权力分配上，加强了学院的自治权。这种权力格局的改变，缘于校外权力的干涉，大主教和皇家章程对大学制度和机构设置上直接干预，但是大学仍然有法律上的独立性。大学对外来权力干预一直怀有抵触情绪，颇有社会影响力的布莱克斯通男爵曾给予同样的建议：

> 我们认为，未经学校成员接受、同意和确认，在最初成立法案之后，国王的特权或其它权力并没用赋予国王强加给牛津大学任何法规或章程的权力。我们同样认为，大学没用权力将其制定完善法规或章程的权力委托给任何主体，甚至是国王：任何未经大学教职员全体会议同意或确认的由上述

委托而制定的章程，均是无效的。①

大学教职员全体会议仍然拥有大学最高的实际权力，尤其在制定大学章程等大学法规的"立法权"上是至高无上的，这是来自大学广泛成员的权力。但《劳德法典》给大学权力结构还是带来了重大变化，那就是每周委员会连同皇家确认函（相当于特许状）对抗教职工全体会议和高级教职员会议，形成新的权力制衡机制，如图1-3所示：

每周委员会
（校长、院长）
日常事务

全体教职工大会
（最高权力机构）
制定章程

制衡

学监
（监督）

高级教职员会议
（大学治理）

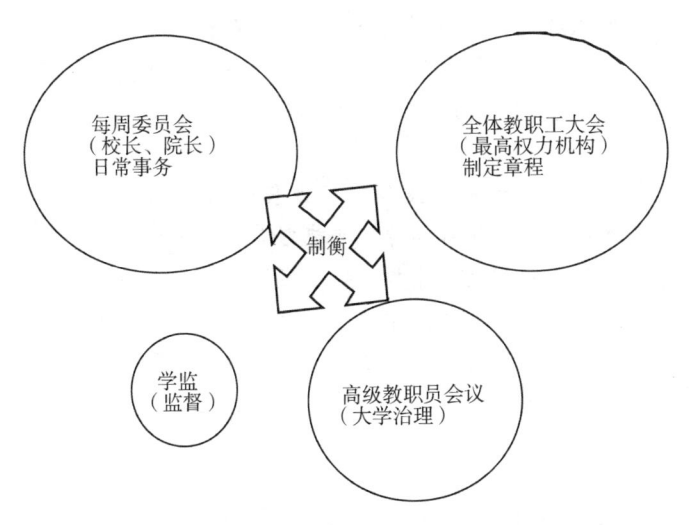

图1-3 大学权力制衡机制

《劳德法典》造成的一个后果是高级教职员全体会议在大学的影响力近乎消失，把握实际权力的每周委员会导致学院权力过

---

① 马陆亭、范文曜：《大学章程要素的国际比较》，教育科学出版社2010年版，第85页。

大。"各学院成了高度自治且秘而不宣、不受监督的机构,学院在资产方面享有一定程度的特权和控制权力。"① 在随后的改革中,在所难免要进一步对权力架构的平衡性进行调整。1854年,以皇家委员建议为主要内容的《牛津大学法》获得通过,每周委员会被取消,由经过选举产生的每周校务会(the Hebdomadal Counil)取代。每周校务会使大学权力架构产生了新的变化,《牛津大学法》作出规定:每周校务会享有规范内部议事程序而制定规则的权力;每周校务会监督校长支持教职员全体会议成员的新一轮入选登记;每周校务会颁布的章程必须提交给教职员全体会议商议,大学教职员全体会议仍然保留为最高的法规制定机构。② 大学仍然保留了自身一定的自治权,即

> 大学和学院有废除或修改任何根据对《牛津大学法》制定的章程,正如同他们有权修改任何其他章程一样;但是由皇家委员制定的章程不能被废除或修改,除非得到英国枢密院的批准。牛津大学在经过英国枢密院批准的前提下,经授权同样可以修改《牛津大学法》中的章节,该法案为每周校务会和高级教职员全体会议的设立、权力和程序作出具体规定。③

《牛津和剑桥大学法》于1877年通过,该法案不直接对大学和学院强加新的法规,只是进行授权和规定一些程序,"赋权根据法案任命的皇家委员会,让他们按照法定程序制定大学及学

---

① 马陆亭、范文曜:《大学章程要素的国际比较》,教育科学出版社2010年版,第86页。
② 同上。
③ 同上书,第87页。

院章程，要求将皇家委员会制定的章程提交英国枢密院以获批准，枢密院批准之后还应提交议会审议"。[1] 这是国家权力对大学进行外部治理的新机制及其程序，权力实现的途径是制定大学及学院的章程。可见，大学及学院章程的制定权成为大学自治权力的核心要素，这种权力处于这样的授权程序：国王成立皇家委员，皇家委员会提出报告形成大学法案，然后提交枢密院核准，大学法案授权皇家委员会按照法案规定程序制定大学及学院章程，然后提交议会审议，最后授权（特许）大学对章程规定予以实施。这是大学外部治理的权力运行机制，至于大学内部的自治权力，也通过法案的规定，对外部权力进行制衡：大学及学院保留修改皇家委员会制定的章程的权力，但是要得到枢密院的批准，否则修改内容无法律效力。[2]

(二) 现代英国大学制度："女王会同枢密院章程"

大学章程的制定、修改在后来的历史演化中，逐渐走向了现代化，开始显现现代大学制度的特征，这与大学发展需要适应现代社会的发展有关，大学开始与现实社会产生越来越密切的各种联系，大学不应局限于"象牙塔"内；从国家利益来说，政府不断显示出对大学治理进一步干预的需求，主要通过章程制定的部分权力，实现宏观或局部的控制，这决定了对大学治理的控制是相对的、有限的、部分的，是分权制衡式的决策，绝不是"包办"的垂直领导。如1923年的《牛津和剑桥大学法案》，规定皇家委员会再次得到授权制定两所大学及所属学院章程和法规，形成了皇家委员会章程的惯例，即"女王会同枢密院"章程，同时伴有大学本身制定的章程，形成了章程制定的分权格

---

[1] 马陆亭、范文曜：《大学章程要素的国际比较》，教育科学出版社2010年版，第88页。

[2] 同上。

局，格局的结构如图1-4所示。

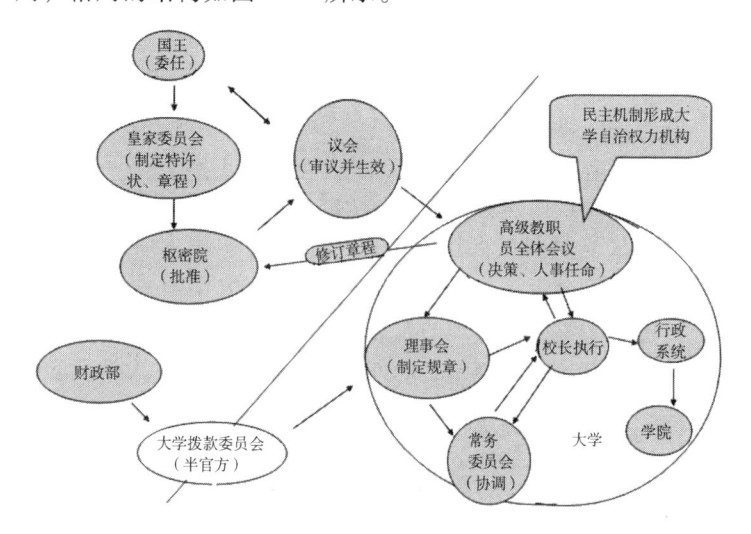

图1-4 国王会同枢密院制定大学章程程序

无论国家对大学的权力何等干涉，大学保留了自身的特有权力——自治权，那就是大学及学院拥有修改和制定章程的权力，在法案中均有具体的规定：

> 第7节（1）规定，影响大学发展的由皇家委员会或其它机构制定的章程，可由大学参照根据法案制定的新章程进行修改。若修改章程影响某所学院，则必须事先得到该学院的同意。第7节（3）规定，必须遵循适用于皇家委员会制定章程的程序，并将章程草案提交英国枢密院以获批准。[①]

---

① 马陆亭、范文曜：《大学章程要素的国际比较》，教育科学出版社2010年版，第89页。

牛津大学在 Franks 委员会建议下改革章程，于 1969 年生效的新章程，有如下主要改革内容。[1]

a. 赋予高级教职员全体会议制定、修改或废除章程的权力，不再处理大学治理事务。

b. 大学教职员全体会议不再拥有制定法规的大学"立法权"，但如果高级教职员全体会议出席成员投赞同票少于 2/3，需要把章程和选举结果呈交给大学教职员全体会议。

c. 对章程分类，"女王会同枢密院"章程与其他章程的区分；对非"女王会同枢密院"章程，大学无须经英国枢密院批准而自行通过修改及废除部分章程。

1988 年的教育改革法案到 2002 年大学章程的大学制度改革形成了大学的现行权力格局，每周校务会与综合学部合并为理事会；授权大学每周校务会以及理事会拥有根据"女王会同枢密院"章程制定、修改或废除次级章程和各种具体事务的规章制度，如关于考试的法规，并有权授权任何其他机构或人员办理相关制度制定的事宜。

至此，牛津大学章程已经发展成为从国家权力到大学权力及部门权力的一整套法例法规体系，形成了完整的权力结构体系。从纵向到横向，以及权力形成、执行的不同阶段，已经演化出比较合理的分权制衡的权力运行机制及其结构，有利于整个大学的运行，呈现给我们的是英国现代大学制度的完善性。

笔者将以 2002 年牛津大学章程为例分析牛津大学的内部治理结构，以此透视英国现行大学内部治理的分权结构体系。牛津大学主要权力分散在教职员全体会议、高级教职员全体会议和理事会三个主要权力机构之间，其权力的治理结构如图 1-4 所示。

---

[1] 马陆亭、范文曜：《大学章程要素的国际比较》，教育科学出版社 2010 年版，第 89—90 页。

从对牛津大学章程的分析中，足以发现英国大学在法律上的决策分权化，但决策的权力机构也比较精干，权力相对集中，主要集中在理事会；校长负责行政执行，实现政策的贯彻执行；高级教职员全体会议对理事会权力施以制衡作用。

通过整体的观察和归纳，英国大学的内部治理特征主要有以下几个方面。

a. 广泛的社会参与。通过顾问委员会发挥政策咨询的机制来实现，主要成员来自大学外部的顾问委员会提出报告或建议，由理事会做最后决策。这种机制使大学的最高决策能够容纳广泛的、基层的、外来的意见，防止决策失误或决策武断，提高决策的社会民主性。

b. 学术实现自治。大学成立学术评议会，成为最高的学术权力机构。学术评议会成员多为知名教授、学术带头人，大学校长只在其中发挥执行权，其他行政人员在学术领域基本没有发言权。

c. 财务事务实现监管分离。大学章程一般规定，大学理事会应学术评议会或大学秘书长之请，要求校长制定各种规则，实行财务管理，以完成大学的各种发展目标；另外，主要由审计师负责大学校内财务监督的职责，通常由大学理事会任命一名或多名审计师来完成。此外，大学教职员全体大会也有对大学财务完全实行监督的权力。

d. 人事管理实施程序公平。校长、学术人员的应聘、解聘都有明确的操作程序，章程有专门的违纪处理程序规定。在处理的程序中，规定了投诉、调查或听证、上诉，设立相关的特别裁审团和专家组。

概而言之，英国大学章程的发展演化，始终有一条主线，保持着鲜明的分权制衡机制：

决策权、执行权和监督权既相互制约又相互协调，与英国国家政治体制有同构性，以校长等高级行政管理人员为核心，实现三权相互协调沟通。任命校长作为首席执行官管理公共经费，提高大学的管理效能。尊重大学自治组织地位，赋予高校学校充分的办学自主权。学术权力和行政权力既适度分离又相互交融，学术事务管理相对独立，学术权力得到充分尊重。[①]

三 英国传统对香港地区大学的早期影响：香港大学的成立

（一）筹议过程中的英国政治背景

1872年，教会的传教士郝清臣（Rev. A. B. Hutchinson）牧师建议建立一所香港的大学。这是文献资料中所能查到的较早提出在香港建立大学的人士。虽然没有多少证据显示，宗教人士在香港大学的筹办中起到了举足轻重的作用，但是，宗教人士的这种对高等教育的关注，足以说明香港的高等教育在文化渊源上，有着英国教育的宗教传统及情怀。

此外，从早于香港大学就存在的基础教育来说，有大量的学校是教会学校。基于这种特点，香港教育对于中国教育界而言，是一个独有特色的教育文化体系。在成立后的香港大学内部，也有教会性质的书院。从这种证据上来看，教育或高等教育对当时的香港殖民政府而言，是一种带有宗教情怀的社会公益事业。就此意义而言，香港大学的成立注定其出身的渊源是社会公益事业，避免了大学成为权威政府的"官学"机构或附属机构。

早在1880年，香港总督任命一个教育委员会来研究中央书

[①] 马陆亭、范文曜：《大学章程要素的国际比较》，教育科学出版社2010年版，第107页。

院升格为大学的可行性，但是"1882年报告书"认为，"不符合经济原则，加之中央书院办学质量较低，尚不具备升格办理的条件"，[1] 因此而作罢。在香港大学成立之前的时代，正是英国综合性大学纷纷成立的年代，是现代大学开始发力于西方社会的年代。从史料上来看，曼彻斯特大学及利物浦大学成立于1903年，利兹大学成立于1904年，谢菲尔德大学创立于1905年，布里斯托尔大学成立于1909年。此外，中国国内也成立了重要的高等教育机构，如1898年的京师大学堂，成为北京大学的前身；1911年创立了清华学堂，成为清华大学的前身。英国和中国国内的教育形式为香港的大学创立提供了条件和政治氛围，港英当局开始认为有必要和有条件创办一所香港的大学。此外，一个更重要的背景是，当时的"日本加紧了对中国大学及学术领域的渗透和控制"，英国政府当局对同是殖民帝国的日本不得不防范，尤其是在文化教育这个领域上。出于这种重大的政治需求的考虑及其他方面的因素，英国政府及舆论媒体都对在香港建立大学表现出巨大的热情。[2] 这种办学的政治目的，带有明显的殖民化色彩，但无论如何在客观上推动了香港高等教育的开创进程。

1907年12月，港督卢押首次提出创办香港大学的设想，这个意见立即获得了各方人士的响应。1908年，港督卢押建议以西医学院为基础组建香港大学。如同英国早期学院一样，香港大学成立时的办学经费很大一部分来自社会捐赠。

（二）香港大学的英国体制

第一任校长是查理·埃利奥特爵士，是牛津大学的学术神童之一。最初模仿英国利物浦大学的制度，重理工、轻人文，起初只有医学院、工程学院和文学院，当时的文学院没有开设社会学

---

[1] 方骏、熊贤君：《香港教育史》，湖南人民出版社2010年版，第210页。
[2] 同上书，第210—211页。

和哲学等人文课程。大学实行三级管理：大学—学院—学系。"大学一级设立校董会、评议会和校务委员会。校董会有41位成员，评议会有17位成员，校务会则由副校长、助理副校长、教授、全职讲师及教育司组成。"① 另外设有校监，作为大学的首席主管人。香港大学的这种组织架构，由香港立法局通过的《1911年香港大学条例》明文规定。可见，香港大学的成立完全传承了英国大学的传统，这是由当时的港英政府制定的香港大学章程来决定的，英国人向香港的第一所华人大学灌输了英国的大学制度与文化。

从这段历史来看，香港确实从体制上沿袭了英国大学模式，以英式教育为蓝本，为香港地区高等教育事业的未来发展奠定了基础，形成大学制度发展的原初路径。香港大学至今在某些方面仍保留了成立之初的风格，如采用英语为教学语言，培养精英人才。不但如此，20世纪50年代成立的香港中文大学，也一定程度上传承了英国的传统，从《香港中文大学条例》与《香港大学条例》在条文上的相仿规定中，就可以看出两者同属于英式的大学，只不过香港中文大学有摆脱英国殖民化而振兴民族文化的文化性格。

第二节 香港政府的政治体制

通过上一节的研究，让我们深刻理解了英国大学自创始至今的大学传统、理念及制度的变迁特征。英国大学的治理制度同英国国家政治体制本身存在难以割舍的同构关系，同时也是两种权力在竞争、协调的历史过程中形成的现行权力关联。明晰这样的一个历史事实和逻辑关系，有利于我们了解香港地区的大学在英

---

① 方骏、熊贤君：《香港教育史》，湖南人民出版社2010年版，第212页。

国的文化传统里，一定程度上移植了当时英国大学的一些传统。这样的观点是否成立，需要分析香港的政治体制同英国政治体制存在怎样的移植关系，探析英国的政治体制在以华人为主体的异域文化土壤里如何实现、发生了怎样的变化。有殖民色彩的政制通过什么途径实现了对大学的治理，或以什么样的方式同大学的自治权保持了距离，并促进了大学的卓越发展，这是本节要说明的核心问题。

一 香港政治体制的特点及其对大学的影响

香港因不平等国际条约成为英帝国的殖民地，经历两次世界大战，到20世纪80年代，出现了享誉世界的经济发展奇迹。虽经过一百多年的历史变迁，但香港依然"根据一个基本上和形式上保持其十九世纪时的原貌的宪法来管理其事务"。[①] 香港这块帝国殖民地的早期政府管理机构的"活化石"能够至今保持基本制度的旺盛生命力，定有其合理之处，当然也有各种不足。经过百余年发展而成熟的管理体系，究竟有哪些值得人们知晓的奥秘，这正是我们需要探究的地方。这样更有利于我们理解香港高等教育制度的发展状况，理解香港地区大学制度及章程在整个政制体系中的处境和其中的合理之处。

（一）政府自治

港英政权是一个权力源于英国女王所颁布敕令的政府机构。敕令作为宪法成为香港能够实现地方自治的法律保障。中国与英国自1842年以来签订各种不平等条约，香港成为英国的殖民地。接着，女王会同枢密院颁布了三项敕令，成为香港最早具有宪法性质的最基本法律文件，依据英国的法律明确了香港地区成为其

---

① [英]诺曼·J.迈因纳斯：《香港的政府与政治》，伍秀珊、罗绍熙译，上海翻译出版公司1986年版，第1页。

领土的法律事实。

"敕令只是规定香港的领土范围及港督和立法局的法治权限。至于香港政府的具体结构，则在《英皇制诰》和《皇室训令》中都有规定。"① 但是，这两部文件是十分简短的宪法，将权力集中于港督的手里，并没用详述市政局或布政司署等组织的具体规定，"因为它们的活动完全可以由立法局通过法例来调节，或者可以由港督发布的行政命令来调节。假如需要立法的话，立法局的官守议员可以在一次会议上以多数票在各个阶段通过一项法例"。② 因此，从香港成为殖民地的伊始，就以法律文件的形式，确立了香港政府相对自治的政治格局。英王较少在具体事务上干预香港的行政事务，更多的是确立政府的政治架构，主要途径是通过宪法文件的颁布来实现统治，这在某种程度上延续了英国国王保障地方政府自治性的悠久的政治传统。对香港政治有深度研究的学者给出了这样令人醒目的说法：

> 英国甚少介入香港的日常行政事务，因而描述管治香港的方法几乎不用提到英国名义上的统治权，这是可能的。③

香港政府的自治性主要体现在港督的权力运行机制方面，女王对港督的完全授权及港督对政府各种机构的适当授权，成为政府能够实现自治的基础，来自基层的意见能够得到充分的表达。《紧急条例法案》第241章规定："在港督认为紧急或对公众有危害的任何情况下，他可以颁布任何他认为符合公众利益的法

---

① [英]诺曼·J.迈因纳斯：《香港的政府与政治》，伍秀珊、罗绍熙译，上海翻译出版公司1986年版，第80页。
② 同上书，第81页。
③ 同上书，第86页。

令。"这些条例凌驾于任何现行法律之上,虽然这需要获得立法局的同意。① 港督的最高权力一方面对香港本地来说带有"独裁"的意味,另一方面对于英国伦敦与香港之间的权力关系来说,带有香港殖民地的高度自治性意味。港督的"独裁"权力如何实现香港的自治,对香港来说是一个独具特色的政治体制:"行政吸纳政治"的方式化解了"独裁"的行政权力,却不具有民主的真正性质,因为在政治权力运行中鲜有选举的形式存在。这种特殊政治体制与政府决策或权力运行的程序及其机构框架有着重要的关系,一种自治架构决定了香港殖民地时期的政治性格。这是港英政制的第一个特点:自治性。

香港政府的自治性还体现在与英国议会的关系上,港府只需要根据女王的《英皇制诰》和《皇室训令》的规定来行使统治权,据此制定各种几乎相当于一个国家所需要的法律,俨然是一个"准国家"的政制体系和法制体系。虽然英国议会有权通过对香港有约束力的法律,但没有行使,这也是一种惯例。

(二)政府惯例

英国是君主立宪制国家,有着悠久的政治文化传统。在国家政治领域,有着几百年君主与议会的协作传统,在合作与斗争当中形成了大量惯例,使国王、内阁及首相、议会各自的法律权力得以确立,形成完善的议会内阁制,使君主立宪政体得以实现。这种在妥协与抗衡中实现的惯例精神,同样体现在英国的习惯法制度上,可以说英国的立宪政体与习惯法是在历史发展过程中建构出来的。这种惯例的政治精神,被英国殖民者移植到了香港地

---

① [英]诺曼·J. 迈因纳斯:《香港的政府与政治》,伍秀册、罗绍熙译,上海翻译出版公司1986年版,第81页。

区，通过颁布法令来实现：①

《英皇制诰》和《皇室训令》里规定的宪法地位和实际情况之间最重要的区别在于英国政府极少行使其法定权力，就香港内部事务的管理方法给予具体的指示。议会有权通过对香港具有约束的法律，但是根据惯例，只有当英国仍然在国际上负有责任的殖民帝国的所有残留殖民地都需要一致的法律时，才这样做。国务大臣可以建议女王否决立法局通过的任何法例，但这项权力自1913年以来一直没有行使过，假如今天重新行使的话，可能会使人感到非常惊奇。实际上，假若英国政府对任何法例有所不满的话，香港和伦敦之间就可以进行具体的谈判，直至达成一项可为双方所接受的妥协方案为止，然后向香港立法局提出一个修正案。英国政府在法律上有权管治本港的立法机关，然而根据惯例，英国政府采取说服和争辩的办法来进行管治，而不是靠公开运用英王的特权。

当简悦强爵士任立法局首席非官守议员时，他指出非官守议员通过投票来减少或废除为被委任者的薪俸提供的财政拨款，试图以此来影响港督作出的委任，这是不恰当的。他又指出，利用权力去投票通过或拒绝大学拨款委员会的拨款，作为一种手段来影响大学所作出的内部分配，以此破坏大学具有独立性的惯例，这将是错误的。

简悦强爵士尊重大学独立性惯例的这一事实证明，政治权力的斗争应当一定程度上遵守优良的各种惯例。从英国政治及

---

① ［英］诺曼·J. 迈因纳斯：《香港的政府与政治》，伍秀珊、罗绍熙译，上海翻译出版公司1986年版，第85—86页。

大学权力斗争的发展历史来看，惯例的形成，正是在权力博弈中形成对话、稳妥和达成共识的观念，矛盾双方有着共同价值观念和理念，这对良好传统的延续是非常重要的，不至于出现相互猜疑和推诿的现象，甚至形成具有破坏性的僵局。这种带有"惯例"风格的政治运作同样在香港有效施行。举例来说，香港财务委员会与立法局之间就有一种平衡的惯例：由非官守议员行使决策权的财务委员会对财务开支提案有最终否决权，这一权力能够有效，是因为立法局虽有权以官守议员的大多数优势推翻财务委员会的否决，但不会轻易使用这一权力。而且，还形成一条补充惯例，财务委员会中的非官守议员（在立法局、财务委员会、行政局中能够兼职的非官守议员）不能为此故意妨碍行政局的决议。[1] 然而，这几条相互联系的行政惯例，暴露出非官守议员是一股弱势的政治力量，并不是真正的民主力量，没有形成强有力的反对。香港市民仍然处于殖民主义者的专制性质的统治之下。

但是，惯例所具有的非对抗性、协作妥协性在管制方面具有积极的一面。譬如，大学要保持一定的独立性，是大学、国王、政府、立法机构通过趋向合作的妥协过程，共同达成观念共识，使大学制度在历史发展中形成诸多惯例。这可以追溯到中世纪后期国王所颁布特许状的规定：对大学古老习俗应予以充分的尊重。对大学独立这种惯例的尊重，不仅是出于传统的政治认识，也是出于大学本身所具有的独特属性：大学是追求真知、创造知识的场所，需要独立之精神来完成。具有英伦风格的大学政治观，以一种历史的厚重感，被带到了香港的高等教育政策中，很多具体政策的形成，正是出自各种被历史经验证明非常有效的惯

---

[1] ［英］诺曼·J. 迈因纳斯：《香港的政府与政治》，伍秀珊、罗绍熙译，上海翻译出版公司1986年版，第179、198页。

例，无论是在程序上，还是在实质内容上。

(三)"行政吸纳政治"①

对港英政治体制的具有普遍说服力和具有广泛认同性的描述，是香港中文大学教授金耀基于20世纪80年代提出的"行政吸纳政治"。"在他（金耀基）看来，行政吸纳政治是一个过程，在这个过程中，政府把社会精英或精英集团所代表的政治力量吸纳进巨大的行政机体中，建立一个以精英为骨干的政治体。"②实现这个过程的途径有两个，一个是通过以太平绅士、非官守议员为代表的社会精英进入行政局和立法局获得发言权；另一个就是通过各种法定机构和公众团体及其这些机构所设立的委员会，将以社会精英为主要成员的社会大众吸纳进行政系统的政治决策中来，逐渐形成政府决策的咨询性民主。这些机构或委员会很大程度上起着咨询和顾问的参政意义，为政府提供民意，使政府行政机构被赋予了一定的合法性和合理性，"从而一个松弛但融合的政治社会便得以建立"③。

非官守议员的参政活动在权限上是比较有限的，但是起着非常特殊的作用：社会政治监督。在香港地区主要大学的校董会成员中也有若干名立法局的非官守议员，他们从政治意义上来说，就是代表社会对公办大学办学活动的监督。非官守议员成为香港政制中来自非政府权力的重要社会政治力量。举例来说，财务委员由立法局的非官守议员，加上布政司、财政司，以及一位由总督提名的官员组成，其中的几名官员不参加投票，由此可以认为

---

① 这种说法首现于金耀基著《行政吸纳政治：香港的政治模式》中，见邢慕环、金耀基合编《香港之发展经验》，香港中文大学出版社1995年版，第86页。

② 周平：《香港政治发展：1980—2004》，中国社会科学出版社2006年版，第44页。

③ 同上。

财务委员会的决策权由非官守议员行使。① 但是，财务委员会的权力仅仅是一种最后否决权，无权提出新方案或意见，并且根据立法局的"议事规则"第60条第7项规定，允许官守议员在立法局全体会议上提出动议，"要求批准事前未曾获得财务委员会同意的开支"。② 从历史上看，这种立法局对财务委员会否决权的再否决，只在1956年行使过一次，是关于为提高大学学术竞争力而向香港大学拨款100万元的事情，有半数的非官议员不同意拨那么多款，希望减少30万元，无奈之下只得提交立法会决议。③ 从这一案例可以看出，非官守议员通过这种议事的行政程序来监督政府部门的行为，其虽然不是最高决策者，但是最终能够对政府的行政行为产生一定的政治影响力。布政司、财政司曾在《香港立法局议事录》中，分别阐述非官守议员的特殊贡献：

> 非官守议员的任务不是反对而是参与制订政府的政策，将提交给他们的提案加以完善，以及监督其有效实施。他们保证政府不致于脱离现实或迷恋于自己的计划，以致影响所及胜于市民的需要对它的影响。④
> 在实施我们这个制度方面，由于它立足于持续磋商和辩论过程，我认为政府与一般社会人士之间已发展了一个十分独特的协作关系。⑤

另一个"行政吸纳政治"的方式，是由政府成立并且主持

---

① [英]诺曼·J.迈因纳斯：《香港的政府与政治》，伍秀珊、罗绍熙译，上海翻译出版公司1986年版，第178页。
② 同上书，第179页。
③ 同上。
④ 同上书，第198页。
⑤ 同上书，第215页。

的咨询委员会。虽然这种委员会不具有行政权力，但有时是法定机构，而且能够发挥有效的决策、咨询、协调作用，甚至某种程度上可以替代政府机构的某些行政职能。有研究者对这种政府部门之外具有咨询性质的机构进行了深入研究：

> 政府事务并非全部都由在政府各部门和各司署中工作的公务员负责处理。有些贯彻政府方针的组织并不属于正式政府机构。它们的职员可能全部都是，或者部分是，或者全部都不是公务员，它们的经费也可能完全依靠，或者部分依靠，或者完全不依靠政府，政府可以通过派驻官员或委托某些人对它们的活动直接进行控制，也可以间接在财政上施加压力或通过能做到的制裁来进行威胁以资控制。这些公共或半公共的团体形式繁多，其间的差别无法详叙。有的是依据立法局法令成立的法定机构，有的是政府对之发生兴趣的公司，还有些是私人机构，其活动的经费全部或部分由政府补贴。这些机构之所以成立或受津贴的原因各不相同。总的来说，政府似乎认为，由不受政府日常管制和《公务员条例》束缚的机构来办事，可以少花钱而效率高。因此这些机构能较灵活地运行。[①]

可见，无论法定机构还是一般的公众团体，既与政府保持一定的联系，又保持一定的距离，无论在人员方面还是在资金方面，但是它们发挥职能的机制和效果是非常独特的，对社会事务的管理起到显著的增强作用。

房屋委员会、鱼类统营处和蔬菜统营处及两个处各自设立的

---

① ［英］诺曼·J. 迈因纳斯：《香港的政府与政治》，伍秀珊、罗绍熙译，上海翻译出版公司1986年版，第134页。

咨询委员会，都是类似政府部门的法定机构。还有些法定机构受政府的直接控制比较差一些。比如，生产力促进局、贸易发展局、香港旅游协会以及消费者委员。这些机构成立之初可以借调一些公务员，如香港科技大学筹备委员会的许多办事人员都是从政府部门借调的公务人员。虽然这些委员会成员包括一些政府官员，但是非官守成员占多数。①"总督有权对上述机构发出指示，不过只有在无可奈何的情况下才会行使这种权力。"② 这些机构具有相对的自治性，比如，都可以自聘职员，但薪水待遇不能高于政府部门。香港地区的几所大学、考试局等都属于依据立法局成立的法定机构，地位相对于贸易发展局、香港旅游协会以及消费委员等机构的地位，受政府的直接控制比较少，具有较高的独立性。大学的这种独立性，还有比较特殊的地方，就是通过中介机构来实现政府对大学的间接控制：

> 为了维护教学独立，两所大学和一所理工学院都通过大学及理工教育补助委员会获得政府资助。委员会处在政府和学府之间，每隔三年商谈一次，政府审批补助金的数目和分配，根据学校的计划和发展展望，以及政府能给多少与需要多少做出估计。③

这是香港政府实现行政管理的特殊之处，通过法定机构或公众团体来吸纳行政机关之外的社会层面的各种政治意见，来间接实现对具体领域或社会组织的管理，从而形成一套完善的决策咨

---

① [英]诺曼·J.迈因纳斯：《香港的政府与政治》，伍秀珊、罗绍熙译，上海翻译出版公司1986年版，第135页。
② 同上。
③ 同上。

询制度。决策咨询制度不但反映了民间需求，而且提高了决策的合理性、可行性，这两方面的因素最终提高了决策的管治效能，从而使港英政府在历史发展过程中形成了对管治有效性的高度重视。这种特殊制度的优势不但体现在社会事务的许多领域，而且在高等教育领域也有明显的效果，并且更具有特殊性。

这种"行政吸纳政治"的实现途径，是政府成立各种各样的委员会，如上述的各种委员会，实际上也是某些法定机构自主设置的（咨询）委员会：

> 其中有的是为了协调政府内部之间的意见，有的则包括了代表外界利益的人士，政府认为与这些人士合作很有必要，可以减轻自己工作负担和为公众提供更有效的服务……其中有些是永久性的，有些则为处理一个特殊问题而设立的，任务一旦完成，委员会即解散。①

香港科技大学筹备委员会就属于临时性的委员会，教育委员会就属于永久性的。政府成立这些委员会的目的有许多种，其中比较重要的有：政府必须加以控制的领域，需要专家的意见；为了更好地采取政治上有困难的决策，但又希望避免一些责任，如反贪污委员会、首长级薪俸常务委员会、公务员薪俸和服务条件常务委员会等；"为了保证同那些代表政府提供服务的志愿机构的合作而设立的"，② 如教育委员会。其中最后一种对政府的决策最具有影响力，如教育委员会，很多基础教育是慈善机构属下的学校提供的，政府不得不在决策上要听取这些机构的意见。在

---

① ［英］诺曼·J.迈因纳斯：《香港的政府与政治》，伍秀珊、罗绍熙译，上海翻译出版公司1986年版，第138页。

② 同上。

这些委员会中，其成员的来源比较多元，有官方人士，还有来自公众的人员，当然少不了某个领域的专家或专门人才。这些人员在委员会的比重根据委员会要处理事务的具体情况来定，但是专家类的非官守议员却对政府的决策有着非同寻常的影响力：

> 因为其中的非官守成员很可能是专家，具有浓厚的事业或专业兴趣，他们要肯定政府不会办错事，或至少所办的事对他们自己最便利。如果他们感到不满意，他们能够通过公开批评使政府难堪。所以一个部门主官通常总是小心谨慎，使委员会高兴并在提出任何变更时要先获得委员会的同意。委员会的支持在使布政司和行政局批准该项提议时发生十分重要的作用。[1]

委员会组成人员的多样性及专业性，决定了委员会对政府决策具有较大影响力。委员会在行使顾问或咨询职责的时候，如何保证高度的公正无私、不偏不倚，是一个具有政治意味的问题。这是"行政吸纳政治"最具实质意义的地方，不能保障这方面的公正性或民主性，委员会最终会成为虚设的机构或成为政府权势机构的附庸，受其直接的控制，或成为某些利益集团牟利的政治工具。香港政府在委员会的设置和运行上做出了相应的规定或形成了一定的惯例。

委员会成员都由总督正式委任，实际上相关部门的主管通过与部门的官守成员或有事务联系的非官守成员进行商议，然后提出人选。还有其他的途径，如选举的方式（在港英政府期间比较少见），或者机构团体提名，如立法局的两名非官守议员就是

---

[1] [英]诺曼·J. 迈因纳斯:《香港的政府与政治》，伍秀珊、罗绍熙译，上海翻译出版公司1986年版，第140页。

通过机构团体提名产生的。民政司有备选委员会人员的名册，可以提供针对某一委员会列出名单，其提名原则是：这些人对某一委员会的事务没有业务上或专业上的兴趣，因此可以代表广大公众的利益。委员会会议通常不对外公开，会议的文件和相关记录处于保密状态。如果委员会的决议被布政司否定，需要说明理由。通常情况下，除非因为经费困难，很少有被完全否定的情况，这也可以称为一种政治惯例。

从以上论证的结果来看，一方面，委员会并不是实质意义上的民主机构，也不能够代理民主的政治资格，只是一种特殊的、带有较多业务性的协商机构。无论在政治原则上，还是在群体意见合理性上，委员会有着自身的局限性，其根据是组成成员的来源缺乏宽泛性，委员会的决议不具备行政权力，没有足够的权力效力，无法形成权力制衡的权力格局。但是，在另一方面，委员会具有自身独特的价值，一是一定程度上促进了公众参与政府管理或决策，主要通过来自公众或相关业务领域的非官守成员的发言权来实现，使政府决策能够贴合社会实际情况和基层公众的利益；二是专家或专门人才提供的专业知识，为政府部门的决策提供了合理化的、具有科学性的参考意见，具有很大合理性与影响力，使决策趋于合理化。香港政府白皮书中曾这样记述：

> 公众参与管理公共事务业已实现而且在很大程度上是通过一个高度发展的咨询机构网来实现的，这是香港舞台的一个重要和典型的特色。[1]

---

[1] [英]诺曼·J.迈因纳斯：《香港的政府与政治》，伍秀珊、罗绍熙译，上海翻译出版公司1986年版，第140页。

委员会这种良好的政治作用，只能说在一定程度上可以肯定地认为具有较高的民主性，但在性质上还是要打上很大折扣的。虽然委员会制度具有先天性的不足，但是从实际的社会效果来看，这种制度的正当性是一点也不能忽视的。

这种委员会制度对香港的高等教育而言，具有特殊意义。那就是各种教育领域的委员会，为政府在大学治理领域的决策与大学自主发展之间的紧张关系提供了合理有效的管道。举例来说，香港科技大学筹建之初，由港英政府成立了"第三间大学筹备委员会"，具体来说，这个委员会是由兼任行政局和立法局的首席非官守议员钟士元，与港督尤德共同邀请香港本地的学界和工商界的知名人士组成，换句话说，是由港督委任来组成这个委员会。此外，其成员还包括海外委员，主要是英联邦同类院校的重要人士，如几所著名大学的校长或副校长。[①]

教育领域的委员会作为一种管道使政府对大学实施行政管理的权力控制效应得到了很大程度的缓冲，即不直接干涉大学的内部事务，通过委员会的决议，实现政府的意志与包括大学领域在内的广泛社会公众的意志共同对大学进行宏观管理和控制，如大学教育资助委员会、教育统筹委员会等。这些委员会对大学实现治理作用的具体机制，将在下面的内容中详细论述。从以上对香港政制"行政吸纳政治"特征的解读中可以看出：具有这种特征的政治体制，对大学的自主发展能够产生社会体制意义上的、宏观管理意义上的重大影响力。

（四）自由主义的政府政策

香港政府的放任政策与管制政策相互结合，运用得当。自由企业，自由贸易，一般政府对此不予干预，不采取保护性的、津贴行政性的政策。而在公共领域，允许自由竞争，只有一些例

---

① 吴家玮：《同创香港科技大学》，清华大学出版社2007年版，第13—14页。

外，如住宅楼宇实施租务管制，认为有管制必要，采取灵活策略，收放各有其度。受到这种特殊管制的领域，还有股票交易、大米管制。这成为"最少限度的干预"，"但依靠市场力量来促使经济增长这个基本态度并没有多少改变"。[①]

香港这种自由主义的经济政策，成为香港社会稳定体制的突出特点，包括电力、煤气、电话和公共交通运输也均由私营公司提供。这种体制允许自由竞争，能更好地驱使法人团体（尤其是公司法人）根据自身的优势和对香港社会的适当判断，来决策自身发展的方向，寻求更适当的实现途径。对于这一点所体现出的理念，同样适合大学的发展，因为大学本身是法人团体，这保证了自身发展方向合理化的决策权，同时也带来了在教育领域因自由竞争而带来的生存压力。香港政府这种自由主义的经济政策特征延伸到了高等教育领域。虽然高等教育是由政府提供的重要社会服务，但是政府对许多社会事务的放任态度，也延伸到了高等教育领域，除非这个领域有非得政府不得不管的状况出现，否则政府没有必要直接去干涉或者予以特别的管制。这种状况，为大学的高度自治提供了政策上的条件。另外，在高等教育领域形成自由发展、自由竞争的大学生存环境，为大学的发展带来一定压力。虽然政府采取放任的态度，但是在带有公共性色彩的领域，政府进行了必要的管制或控制，一般是通过社会事务立法的形式，对大学实现法治化的管理，如大学的建筑事务、教师薪俸或退休事务等。还通过立法成立大学教育资助委员会、研究资助局、学术及职业评审局等中介法定机构，来宏观控制或促进大学的发展。

---

① ［英］诺曼·J. 迈因纳斯：《香港的政府与政治》，伍秀珊、罗绍熙译，上海翻译出版公司1986年版，第722页。

二　香港政府对大学间接治理的中介机构

香港的社会管理依靠完善的法制体系来完成。在英国管治条件下，一方面香港是一个具有专制性质的行政管理体系，体系的运行依靠完善而规范的法制系统；但是另一方面这种行政管理系统又是开放式的，有一个重要形成决策的开放方式。这种管理体制的特殊性既有别于专制社会的专制管理，又有别于高度民主政体的完全开放的管理方式，这种特殊性的政治模式，使香港社会建立在诸多惯例形成的"行政吸纳政治"基础上，成为一个特殊的结合体，既是一个现代化的资本主义性质的、自由开放的社会，又是一个充满殖民主义的专权和没有民主的、依法行政的专制社会。法制对行政管理来说，某种意义上是专权性质的，但法律制度的产生又是一个咨询性民主的过程。总的来说，香港是一个高度法治的社会，"法律相当完备，几乎对港英政治制度的各个组成部分，对各种企业、行政、机关、团体，对各种事务或各种经济关系、社会关系都有原则性或具体的规范，都有法可循。在此基础上厉行法治，坚持法律高于一切、司法独立的原则"。[1]

香港政府对教育领域的行政管理，正体现了香港的法治和开放式管理的制度特征。教育行政事务主要是通过《教育条例》规定了的。条例的第四条规定："署长须监督与本港教育有关的事宜"，以及"署长须促进本港市民的教育，管制及指导教育政策"。教育署及署长对香港的教育负有法定的责任和权力。但是署长的权力在20世纪80年代的《教育条例》中做出了限制性规定：

第二条规定教育条例不能用于本港两间大学和香港理工

---

[1] 刘曼容：《港英政府政治制度论》，社会科学文献出版社2001年版，第475—476页。

学院，香港大学由香港大学条例管辖，中文大学由中文大学条例管辖，理工学院由1971年香港理工学院条例管辖，教育署无权过问的。只有大学及理工大学资助委员会，在拨款方面有权做出决策。①

由此可见，政府对大学的治理并不通过直接的行政管理，而通过一种间接机制来实现。这种机制就是政府成立各种委员会或法定机构对大学实施治理，间接机制体现了开放式的管理原则，具有咨询性民主的性质，这在上面的内容中已经探讨过。那么具体而言，各种委员会如何行使职能，体现法治原则、开放式管理原则和咨询性民主原则，进而促进了大学的自治及其发展呢？这就是下面所要集中研究的，香港政府通过设立各种性质的机构来建立管治的缓冲机制，以这些机构作为中介，实现间接治理。

（一）教育统筹委员会

根据1984年的国际顾问团②的调查报告书《香港教育透视》的建议，港英政府成立了教育统筹委员会，属于非法定组织，有别于作为法定机构的各个大学。当时的顾问团认为：政府依据教育条例及其则例对香港教育给以过度的管制，造成教育策略管理上的僵化，缺乏足够的策划工作。为应对这种教育管制的短板，加强长期教育发展的策划和整体规划，顾问团建议成立了"教育统筹委员会"。

1984年，教育统筹委员会发布的《第一号报告书》中，认

---

① 香港教育资料中心编：《香港教育面面观》，广东人民出版社1988年版，第50页。

② 国际顾问团由港英政府于1981年聘请四位分别来自英国、美国、澳洲和西德的教育专家，对香港教育制度进行全面检讨，收集香港教育界人士及社团的各种意见，书面意见书52份，参观学校21所。后来又邀请六位来自其他国家的教育专家进行广泛的辩论，1982年形成报告书。

为委员们的意见"必须把教育策划成为一个灵活的体系,以配合不断变化的环境与需求",相信这些意见对教育体制和社会发展有很大功效。① 该报告书同时明确了委员会的职权:

> 界定教育整体性的目的,制订教育政策,并按可以动用的资源而对执行各项方案的先后缓急次序提出建议;统筹及监察各教育阶段的策划和发展工作;推动教育研究工作。②

教育统筹委员会的具体工作,是收集来自教育委员、职业训练局和大学及理工教育资助委员的建议,经过研究讨论后,向"港督会同行政局提供综合的意见"。③ 教育统筹委员会作为一个咨询组织具有"准行政"特征,与其他咨询组织相比具有不同的性质,"带有政策性和统筹策划工作的行政"。从组织架构及运行机制来说,教育统筹委员会处于教育政策形成和施行的枢纽位置。教育统筹委员会在整个教育行政管理、教育政策形成和施行中拥有实际上的权重,④ 如图1-5所示。⑤

教育统筹委员会的这种枢纽地位,可以从其成员组成上看出来。委员会成员最初有六位非官守成员⑥,分别是教育委员会主席、职业训练局主席、大学及理工资助教育委员会主席,以及三位社会知名人士,其中一位社会人士担任主席;还有四位官守成员,由社会事务科、财政科、经济科各派一名代表,"另一成员

---

① 见《教育统筹委员会第一号报告书》,第5页。
② 同上书,第1页。
③ 黄浩炯、何景安:《今日香港教育》,广州教育出版社1996年版,第83页。
④ 香港教育资料中心:《香港教育面面观》,广东人民出版社1988年版,第38页。
⑤ 见本书第87页。
⑥ 不在政府任职的人员。

教育统筹科的代表则为行政成员"。① 教育统筹科在委员会中起着秘书处的作用。从成员组成来看，来自不同权力机构的代言人通过在委员会的各种会议上行使发言权和投票权，教育统筹委员会的权力被分割，这从内部运行机制上防止了教育统筹委员会的专权或官僚垄断的可能。平衡教育的各个领域、各个机构和各个阶段，同时各要素之间形成信息和意见的有效沟通、协调，进而使全香港的教育与社会、经济文化发展形成长远的适当规划。

教育统筹委员会从1984年至1997年共发布了第一号至第七号共七部报告书，使香港教育在20世纪90年代前后的大发展中起到了决定性作用。首两部报告书作为1984年国际顾问团报告书的延续，对香港教育进行全局性的检讨，后来的报告书都是专题检讨，其中的《第三号报告书》就是高等教育专题检讨。教育统筹委员会作为独立性很强的、具有一定权重的咨询组织，使大学与政府之间建立起权力的缓冲区或隔离带，从第三号报告书内容中，可以发现对大学的管理的这种状况。这是关于是否设立公开大学的问题而形成的各种公文。

《第一号报告书》的附件（三）《大学及理工教育资助委员会就设立香港公开大学提出的报告书》中有这样的一段话：

> 教育统筹司曾于一九八三年七月十二日致函与大学及理工教育资助委员会主席，请求委员会"详细考虑在本港设立一所公开大学的问题"，并附上一份参考文件。这份文件列出政府心目中的公开大学的定义……②

从文字的表达上，可以看出，教育行政机构对重大的高等教

---

① 黄浩炯、何景安：《今日香港教育》，广州教育出版社1996年版，第83页。
② 见《教育统筹委员会第一号报告书》，第93页。

育决策问题，虽然可以提出动议，但需要向咨询机构提出咨询意愿，以"请求""详细考虑"来表述，并提出咨询所附带的参考条件，即公开大学的定义。教育统筹委员会在行政机构与高等教育领域的咨询机构之间架起沟通桥梁和协调场所。《第一号报告书》的附件（二）《向大学及理工教育资助委员会提交在香港成立公开大学的参考文件》中就体现了教育统筹委员会的这种协调作用：

> 当局根据行政局的意见，决定对本港成立公开大学的可行性进行研究，并向大学及理工教育资助委员会征询意见。为避免有任何混淆之处，因此须要拟备一份文件，以供该委员会参考。①

教育统筹委员会在设立公开大学商议中，为参与各方提供参考意见，以对各方的教育决议形成"指引"作用，发挥咨询功能。教育统筹委员会与大学及理工资助委员会作为比较独立于政府的咨询机构，在重大高等教育决策上，有比较明确的发言权，能够自由地发表自己的意见，甚至是反对意见。譬如，大学及理工教育资助委员会就是否需要设立公开大学向港英政府提出主要建议：

> 经过审慎考虑后，大学及理工教育资助委员会不赞成香港发展一所模仿英国公开大学的高等教育院校。所谓公开大学，是指致力于以遥读方式提供高等教育的院校。
>
> ……
>
> 虽然大学及理工教育资助委员会不赞成设立一所英国公

---

① 见《教育统筹委员会第一号报告书》，第89页。

开大学模式的院校，但却赞成尽早将发展公开教育一事排在优先实行之列。①

从上面引述的教育统筹委员会报告书的部分内容看，可以明确认识到：大学及理工教育资助委员会可以忠实地发表自己的意见和主张，并合理地说明理由，提出中肯的建设性意见。大学及理工教育资助委员会是政府对大学实施管制的主要管道，从拨款到评鉴，都是由该委员会负责，可见该委员会的独立性，其与政府保持权力上的距离，甚至是抗拒，为大学的自治真正地建立起坚固的屏障。当然，大学及理工委员会并非完全独立于其他权力系统，而独自做大，实际上它由教育统筹委员会统辖：大学及理工教育资助委员会形成的咨询决议，要经过教育统筹委员会的研究，才能提交给政府当局。

教育统筹委员会不但在教育政策上对行政机构、教育机构和其他咨询机构进行"指引"，而且对教育行政机构的管理体制，也有政策咨询权威。1998年的《教育署检讨》文件中就清楚地表达出这种情况：

教育统筹委员会（教统会）在一九九七年十月发布的《第七号报告书》建议检讨教育署的管理架构，以便更有效地推行有助提高教育质素的新措施，政府采纳这项建议；行政长官在一九九七年十月八日发布《施政报告》时宣布政府将会进行检讨。②

虽然教育统筹委员会的职权范围比较广，提出的建议有的也

---

① 见《教育统筹委员会第一号报告书》，第94页。
② 见香港教育统筹局于1998年7月发布的《教育署检讨》，第1页。

比较深刻、具体，但不具备行政命令的性质，这对行政机构固然如此，对大学或高等教育方面的咨询机构，同样如此。在很多促进教育制度改革的报告书等咨询文件里，多有这种具有咨询性质，但建议的分量又比较重的语言表述，现摘抄教育统筹委员会2000年发布的咨询文件《教育制度检讨改革方案》部分语句并归纳如下：

1. 我们建议大学逐步推行院校和学系间灵活互通学分制，使学生的选择不须再局限于第一间院校的某一个学系所提供的学习单元。

2. 我们知悉各大学在促进院校间的学分互通上，已展开讨论和取得初步的进展，我们促请各大学进一步加强有关的合作，尽快研究和订定机制。

3. 我们促请各大学尽快改革现行的收生机制及宣布各学系的收生准则和要求。

4. 我们认同有关检讨有助于促进大学的质量，并建议教资会与有关院校考虑一下问题。

5. 我们建议在教资会下成立小组，和教资会保持联系，跟进包括推动私立大学的发展及促进大学与其他高等教育机构的衔接等建议，并深入研究实施有关建议所需解决的问题和拟定具体的方案。

这些公文的表达，多以"建议"和"促请"字眼作为语态，体现了教育统筹委员会对大学及高等教育咨询机构的管制风格，保持大学的自治性质，代替了行政机构往往表现为行政"命令"、行政"要求"的管治风格。这是大学能够自主发展，又能接受政府的宏观指导，而免于被外来权威施加不合理压力的有效方式。大学与相关咨询机构如何做到这种协调，能够很大程度上相互接受各方意见，并平等进行协商而不出现互相"顶牛"的现象，这是在下面的研究中需要说明的问题。需要明确的是，这种咨询制度能够妥善运行，一定程度上与这些咨询机构、教育机构的组织架构有关。它们的权力核心都是由来自社会组织各个方面的人士组成，即使在政府机构的某些组织里，也有部分的非官守成员来自政府之外的领域；此外，还有香港社会在长期发展中形成的特有惯例和习俗，也对此有重要影响。

可以说，教育统筹委员会是香港最重要的教育咨询组织。从1984年设立到香港特别行政区的成立，一直发挥着卓越的咨询作用，大多数的建议被政府所采纳并加以实施。新时期的教育统筹委员会面对新的教育形势和外部条件的变化，2009年确立了新的工作目标，将致力于（香港教统会，2009a）：

1. 就各教育范畴或阶段一般关注的问题、教育事项的跨界别影响，以及香港教育的长远发展，向政府提供意见；

2. 与政府合作统筹和监察整顿整体教育的计划和发展：教统会将会根据由其他教育行政和咨询组织拟备的政策报告和政府拟备的进度报告，就主要教育措施的推行情况提供意见；

3. 与教育界及社会人士维持紧密联系，鼓励公众对各项教育课题发布意见，集思广益。教统会亦应协助确保其他教育行政及咨询组织的意见及建议互相配合；

4. 不断学习，以瞭望香港及世界各地在教育及其范畴，包括社会经济及政策方面的最近发展。

(二) 大学教育资助委员会

大学教育资助委员会的前身是大学及理工教育资助委员会，简称"教资会"，由港英政府于1964年参照英国的模式成立，以英国的一个相同名称的组织为蓝本。该委员会负责就香港高等教育院校的设施和财政需求的拨款方案，以及高等教育发展策略等事项，向政府提供咨询意见，并商定各院校的招生人数，具体来说，商讨各大学及学院的经费如何分配和问题。经费拨款对象是由该委员会资助的八所大学及学院组成的，包括香港大学、香港中文大学、香港科技大学、香港城市大学、香港理工大学、香港教会大学、岭南大学及香港教育学院。大学教育资助委员会成为政府向各大学及学院拨付经费的中介机构，避免了因政府行政机构直接拨款而导致的对各院校衍生的行政影响力和不良干预。而且，大学教育委员会的成员来自世界各地和香港本地的专家学者及杰出人士，"没有政府代表，纯属一个专家团体，其运行具有很高的独立性"。[①] 基于以上委员会所具有的属性，保证了大学自治及学术自由。这是对大学教育资助委员会的最基本认识。

香港各大学大部分的经费来源于政府，学费收入只占办学成本的18%，私人捐款只有3%—4%，而政府的拨款占到80%左右。可见，大学在财政方面对政府有强烈的依赖性。在投入力度上，香港政府不遗余力地投资于高等教育，高等教育经费占财政预算的比例和高等教育投入占整个教育投入的比例，从20世纪80年代末的不足15%和20%，提高到2004年的18%和30%。从总额上来看，数额巨大，2002—2004年的三年期拨款总额达350亿港币之多。大学教育资助委员会负责对各院校提供"总额拨款"，每三年一次。每一次拨款前需要一定的磋商和规划，"教资会与各院校详细讨论学术及其他方面的机会和发展机会，政府与教资会以曾就可动用的资金及社会的需求进行磋商，但总额拨款的数目一经决定，各院校对该

[①] 刘洪一、刘佳：《走向国际化的高等教育——香港、深圳高等教育通关研究》，北京大学出版社2004年版，第116页。

笔款项的用途有相当大的自主权"。①

"总额拨款"就是经常补助金,以整体拨款的形式直接发放给院校,由院校灵活使用。以2009—2012年的三年期拨款为例,整体拨款分三部分:教学用途拨款(占75%)、研究用途拨款(23%),以及专业活动用途拨款(约2%)。第二种经费拨付方式是非经常补助金,此经费支付院校的基本工程费用,主要用于对基本工程计划和改建、加建、维修及改善工程,每年通过向政府申请而取得拨款。此外,还有教资会下辖的半独立研究咨询组织研究资助局为学术人士提供研究资助及研究生的各类奖学金。资助的前提,要经过研究评述和资助申请评审,然后下属四个学科小组按照学科分类分别进行评审。

"所有受教资会资助的院校都必须向教资会呈交其研究成果,以做评审。这项研究评审工作按三年周期进行,评审结果会作为教资会评估院校经常性补助金的基准之一。"由此可见,教资会对大学的发展影响力权重之大,将学术评鉴与经费拨款进行连接,建立了有效的激励和指导机制。香港城市大学学者关誉纲在《香港高等教育院校之组织绩效》一文中,通过对香港七所大学教员的问卷调查,得出的数据分析结论表明:"这现象可反映在教资会对大学监管的三项机制②中,由于研究评审是唯一与拨款直接挂钩的,故此它的影响力也最大。"③大学教育资助委员在学术水准方面,完全参照国际学术标志和通行惯例,提出意见,以此监察各院校的学术水准。

虽然香港政府通过大额办学经费对大学的资助,在财政命脉

---

① 见1996年大学教育资助委员会报告《香港高等教育》部分第11页。
② 三项机制包括研究评审、教与学质素过程检讨及管理检讨。三项机制中,只有研究评审主要以统计数据来表示,其他两项以文字描述为主。
③ 关誉纲:《香港高等教育院校之组织绩效》,《教育学报》2002年第2期。

上具有天然的支配性，但是各大学在接受经费之后，如何具体使用自主权，没有受到政府的直接干预。政府如何放心地将大额资金拨付给大学，并且保证大学合理运用资金，产生应当的教育效益，是政府对大学管制的关键之处。一般来说，政府对公办大学的管制，有三种模式：中央集权、权力分散、集权与分权相结合。① 早期的港英政府选择了分权的模式，这与英国管理模式有关，香港显然移植了英国的这种分权模式。分权模式的核心之处，就是大学资助委员会很大程度上"分"了政府的决策权，然后又将具体的权力分配到各大学及具体部门，这是一个完整的高等教育分权管理体系。除了在财政上依赖政府外，各院校均享有不受约束的学术自由和相当大的院校自主权。政府只关注经费预算、增减学额、监督办学质量，对大学的内部运行从不干涉，如学校的发展政策、具体制度、教学事务、措施、人力、资源分配等。政府的有限管制职能，某种程度上是由大学教育资助委员会来执行的，具体而言，就是听取和采纳委员会提供的系统化合理建议。一般来说，大学教育资助委员会的一些报告，是由政府委托撰写的。基于这样的咨询要求，教资会对政府推行的一些教育政策进行研讨（如学位课程的额度），"分析其成败得失，并就进一步的扩展是否恰当或可行提出意见"。②在法律责任方面，政府仍然对拨款负有当然责任：大学教育资助委员会秘书处为教资会提供各种支援，秘书长对教资会掌管的拨款负有法定责任。③

由于政府是大学的主要资助者，大学对经费如何使用及其效

---

① 刘洪一、刘佳：《走向国际化的高等教育——香港、深圳高等教育通关研究》，北京大学出版社2004年版，第124页。
② 见1996年大学教育资助委员会报告《香港高等教育》前言部分。
③ 杨莹：《两岸四地高等教育评鉴制度》，高等教育文化事业有限公司2010年版，第63页。

益如何，肯定要对出资人负责，就是对政府及其背后的社会纳税者负责。由于这个原因大学无法绝对脱离政府的管制，除了经费使用之外，在社会人力需求、办学成效、办学用地等方面，大学无法脱离政府的宏观控制。政府对大学的这种有限控制关系，如图1-5所示：

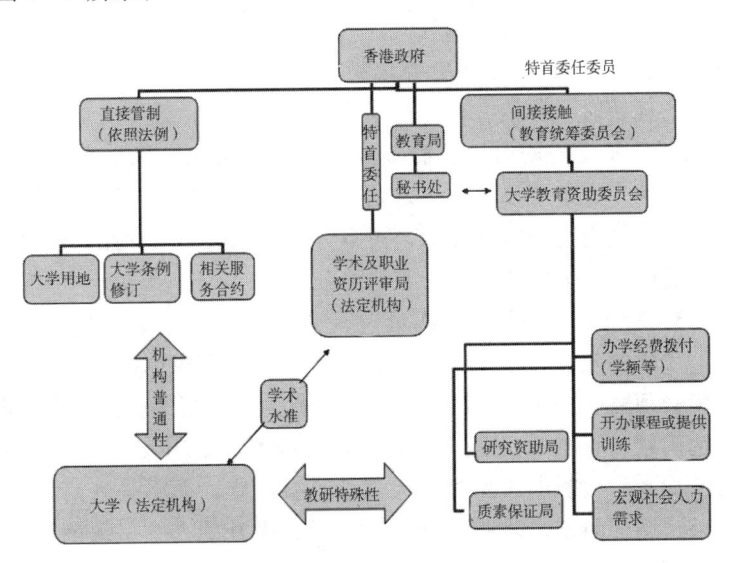

图1-5 政府与大学的关系

香港政府与大学之间的管理关系是分权性质的，分权管理意味着大学自治权的实现，其表现有以下几个方面。

1. 大学自主分配办学经费

对大学的拨款事由，由大学教育资助委员会全权处理拨款是否合适，绩效如何，由各大学向委员会负责，然后由委员会向政府负责。对大学的拨款包括指定或指示用途的经常补助金和指定用途的非经常补助金，除此之外的经费，由大学自主分配，自行对资金的具体安排制定预算，并不受大学教育资助委员会及政府的审查。大学教育资助委员会只对大学自主分配和使用资金,以"事后追踪"的方式进行控制。①

2. 大学自主确定研究计划、学术标准和课程内容

政府对大学不施行直接拨款的控制权,在资金使用的具体去向方面,不直接干涉大学。由此,大学不但可以自主决定经费使用用途,而且在确定研究计划、学术标准和选择课程内容方面,有很大的自主权。"当政府要求高校接受某一科研项目,并给以相应的经费时,若校方认为该项研究不宜接受,就可以拒绝接受政府的要求。"② 同时,政府不能因此去限制大学接受其他的项目。此外,大学可以自主决定是否接受企业或社团资助的研究项目。大学认为有需求和能力,可以开发新课程和新专业,前提是要完成政府对大学要求的宏观教育任务。

3. 大学自主聘任教职人员

大学的发展关键在于人才,具体来说是教职员的聘任问题。大学必须要有自主选择的聘任人才的权力,否则无法谈论大学发展的问题。香港的大学可以自主确定聘任、提升或任免的教职员,如大学校长的任免是由大学董事会决定,而不是政府机构。此外,聘任教职员时所要确定的数量、提升的人数、薪酬标准,大学拥有高度的自主权,这有利于大学根据需要调动大学人员的积极性。大学联合薪金委员会,对符合资格的大学员工,就其薪金调整问题向政府提交经过议定的意见书。"在理论上,其他薪金及工资以至有关的服务条款和条件,均可由各院校自行酌情确定。"③ 香港立法会财务委员会,每年要审批受资助非政府机构

---

① 刘洪一、刘佳:《走向国际化的高等教育——香港、深圳高等教育通关研究》,北京大学出版社2004年版,第122页。
② 同上书,第121页。
③ 同上书,第124页。

的薪酬调整。另有香港的特别规定：法定机构（如大学教育机构）等非政府机构人员的制定薪金级别及其条件均必须紧随但不得优胜于政府薪级和惯例。

院校在人事关系上的这种自由，为院校吸纳人才带来了某种优势。"院校与政府之间的关系，应该维持现状，使世界各地有才干的学者都会因为相信政府的干预极少而被吸引，来港工作。"[①]

4. 大学自主录取新生

大学自主招生，在香港体现得尤为明显。政府规定了与拨付的经费总额相匹配的招生总数，但是招生名额在大学内部的分配计划，完全由大学决定。大学也完全可以超出政府根据经费规定的学额来扩大招生，政府不加干涉，只是不再另外拨付经费。

在大学的评鉴方面，大学资助委员会通过研究资助局与质素保证局对其资助院校的科学研究与教学分别进行评估，以促进各大学能够改善教育工作。而且这些机构提出的在质素方面的意见，较容易地受到各大学的重视和采纳，在有些情况下，可以督促大学落实相关意见。研究资助局，通过经费资助的形式，评审和激励大学的学术研究。研究资助局将研究分为"学术研究"和"合约研究"两类，"学术研究"又分为"基础研究"和"应用研究"。值得说明的是，合约研究通常是由特定的客户赞助或提供研究资金来支持大学的研究工作，特定客户可以是私人、公司、公共机构，也可以是政府。研究资助局下辖的四个学科评审小组的各组成员，大部分来自香港及海外学者。在评审研究资助申请项目时，小组主要参考审阅人员的意见，小组委员会按需要召开会议来审议，而审阅人员都是有关学科被公认为专家的香港及海外的学者。审阅者的名称在某种程度上是处于保密状

---

① 见 1996 年大学教育资助委员会报告《香港高等教育》前言部分。

态的,但审阅意见可以公开。另外,研究资助局每年六月的会议期间,要到各院校探访,实地考察和了解院校的研究能力和具体表现。另外一个评鉴组织是质素保证局,一个半独立的咨询组织。该局于2007年成立,其工作目标一是确保受资助院校的学士学位及学位课程的质素得以维持一定水平,并有所提高而具有国际竞争力;二是推动各院校在教育质素方面有更加卓越的表现。以上两类评鉴组织可以说是参照了英国RAE与QAA模式,就研究和教学两个大学工作目标实施评量工作,以促进受资助院校的教育拨款达到理想的成本和效益。

(三)学术及职业资历评审局

1987年,港英政府为了建立香港自己的学术认可制度,决定成立学术评审局,它是一个独立的法定机构。并且于1990年立法会通过了《学术评审局条例》,据此正式成立学术评审局。2007年,学术评审局依据《香港学术及职业资历评审局条例》进行组织功能上的改革,并改名为香港学术及职业资历评审局。该局具有较大的自主权,可以厘定其他职责范围的角色与职能,如可以提供香港境外的评审服务,发布评审工作报告,以及提供内部事务管理的自主权。在学术评审方面,具体而言,评审局通过同行评估将香港及国际能够认可的学术水准做比较,为院校的学术发展提供参考意见。最初,在1991年至1995年,评审局代表教资会对香港9所院校共进行八次学术评审和再评审;后期,主要大学相继获得自行评审、自主颁授学位的资格,而评审局的"愿景在于成为本地、全国、亚太地区及全球公认的高效率、创新及具透明度的质素保证机构,致力提供学术和职业评审及评估服务",[1] 提供专业性意见,使学术及职业资历保持优质的水平。

---

[1] 杨莹:《两岸四地高等教育评鉴制度》,高等教育文化事业有限公司2010年版,第574页。

评审局与大学的这种关系,体现了大学学术的自主精神与大学教育质素保证机制的并行存在。

(四)大学的外部监督机构:立法局、法院、廉政公署和审计署

1. 立法局

立法局对大学的监督并不是直接的监督,一是发生在经费拨付过程中所起到的一些作用中;二是对制定和修订大学条例提案的审议。

经费拨付方面,在港英政府时期,政府的财政开支,包括高等教育开支,并不是由某一个部门单独决定的,而是由几个权力机构实行分权制衡制度,共同完成财政开支的施行过程。政府开支受到必要制衡的主要形式是政府体制内的某些结构有利于抑制开支的无节制增加。具体而言,就是某些机构对财政支出的检查,"检查寓在三层结构中:布政司、立法局及财务委员会"。[1] 涉及增加经费的提案必须经过财政司的审议;财政预算的重大开支计划,由行政局决策,财政司制定具体的执行时间表;立法局的财务委员会是抑制开支的最后组织,"该委员会[2]由全体非官守议员组成,负责审查政府的一切新开支项目,决定批准还是拒绝"。"非官守议员可以提议削减开支,但不可要求增加经费",各机构的争执由总督做出最后决定。

因此,对大学的拨款,并不被某一个权势部门所掌握,而被整个政府的权力体系共同分权掌握,如大学所有工程项目的建议都会先由教资会评审,经过挑选合适的项目,呈交立法会做拨款

---

[1] [英]诺曼·J. 迈因纳斯:《香港的政府与政治》,伍秀珊、罗绍熙译,上海翻译出版公司1986年版,第1760页。

[2] 主要由立法局的非官守议员组成,该官守议员由港督提名的社会知名人士来担任,另外还有布政司、财政司及一位由总督提名的官员加入。布政司为委员会的主席,但委员会的官方人员在会议表决时不参加投票。

审议；再具体而言，基本的工程计划甄选过程有一重审程序，要经过政府内部的甄选程序进行重审。[1] 同时，这些部门都能依据法定权力监督大学经费的使用情况，可以对大学使用经费的效果进行适当的评价和干预。基于教育经费的使用，处于高度自治地位的公立大学始终要面对政府各相关机构的审视和经费管制，而不是完全脱离了政府及社会人士的监管视野。对香港大学增加拨款的一个事件体现了这种状况，具体经过如下所述：

> 在1956年，财务委员会不同意批准一项增加香港大学100万元的请求，该请求目的在于使香港大学能支付具有较大吸引力的薪金。这一笔金额是一个独立调查委员会建议的，他们发现该大学不能吸引有足够学术成就的应征者来担任某些教授职务以及其他空缺职位。财务委员会内部显然也不一致，有四人支持这一请求，另外四人则希望将数额减少30万元。由于当时只有八位非官守议员，而身为委员会主席的布政司又无权参加表决来打破这一僵局，政府别无其他选择，只得将问题提交给立法局全体会议，在会上拟用官方多数通过增加该大学拨款的全数。但是官守议员又分组表决为四比四。[2]

再如，香港科技大学初创时期，建校资金大部分来自非政府部门（香港赛马会）的捐赠，但"不管钱从哪儿来，都算是政府拨款。怎么拨，拨多少，牵连到财务问题，政府必须让立法局

---

[1] 杨莹：《两岸四地高等教育评鉴制度》，高等教育文化事业有限公司2010年版，第566页。

[2] [英]诺曼·J.迈因纳斯：《香港的政府与政治》，伍秀珊、罗绍熙译，上海翻译出版公司1986年版，第179页。

审议"。① 根据《明报》的一篇评论文章的内容，可以发现立法局对法定机构的一些监督机制：

>　　加强公营机构的问责和透明度，应该有助改善管治。问责方面，除了涉及官员要尽责监督，机构的理事会或董事会成员，不能把工作视作名誉或礼节性任命，必须具备相关专业知识，并不吝于投放心力，履行监督管理层的责任，透明度方面，法定机构可以仿效香港金管局，定期到香港立法会报告，介绍工作进度，接受议员质询。总之，要提升公营机构的管治，完善其组织结构和运作，才有望减少以至杜绝流弊，使公帑用得其所。②

大学作为法定机构，其董事会理应受到上述机构的财务监督，主动向立法会报告，介绍工作进度，接受议员质询等。

在大学条例的制定和修订方面，从条例及规程的起草方面来说，大学具有较高的自主权，可以通过相关机构提出草案，但是最终的生效，必须提交立法局并表决通过。大学条例及规程和其他法例一样，属于香港法律系统的一部分，具有与其他条例一样的法律效力。

2. 法院

香港是高度法治的社会，在社会文化中有浓郁的法治精神，司法机构是高度独立的，不受其他任何机构的干涉，只以法律的规定为准则。而且，法治精神在香港是一系列的信念，贯穿于整个法律体系的每个环节和机制中。香港各大学都是依据大学法例

---

① 吴家玮：《同创香港科技大学》，清华大学出版社2007年版，第288页。
② 《公营机构流弊不绝，审计署长捉之不尽》，2009年11月，《明报》（http://cn.reuters.com/article/hkBizNews/idCNnCH005627120091126）。

成立的法定机构，完全按照内容严密的大学法例及其他法律规定，照章办学，法例在内容上规定得比较具体且具有很强的操作性，而且在有些教育法例中有处罚方面的规定。因此，在具体的办学事务中，司法机构依照法例使大学人员面临着法律诉讼的压力。在这样的法治环境里，大学必然依法办学，许多办学举动都要在法律规定的权限内进行。司法的独立性保证了司法的公正和理性，具体体现在公开的审讯制度，即法官必须保持中立并获得公众的信服。"例如在一宗涉及大学的诉讼中，主审法官的是大学校董会的成员之一，尽管主审法官在案件中完全保持中立，但他的判决仍可能被上诉庭推翻，因为在这种情况下，公众人士未必能信服他的中立性。"①

3. 廉政公署

大学像其他公共机构一样，接受廉政公署的例行监督和检查。廉政公署是香港的一个非常特殊的部门，专门打击行贿受贿的腐败行为。"香港当局认为，要有效地推行肃贪倡廉，必须成功地拘捕那些贪污分子，把他们依法监禁，甚至将他们的财产充分冻结，否则，纵使有广泛的宣传、严厉的法制和广大的权力，一切希望和理想均属于突然的。"② 其不但对政府部门，也对公共机构和私营机构有同样的管辖权。公共机构是依据"《防止贿赂条例》第二条规定的香港政府以外的行政局、立法局、市政局、各区议会，和由港督或港督会同行政局或其代表所委任的各项委员会（机构），以及《防止贿赂条例》附表所载的其他机构"。公共机构自然包括由港督或行政长官委任的教育统筹委员

---

① 陈弘毅、陈文敏、李雪菁、陆文慧编：《香港法概论》，香港联合书刊物流有限公司2009年版，第67页。
② 聂振光、吕锐锋、曾映明：《香港廉政》，中华书局（香港）有限公司1990年版，第98页。

会和大学教育资助委员会，以及作为法定公共机构的大学。譬如，2006年香港某大学的一位来自内地的博士研究生，为顺利取得博士学位向指导教师行贿，该教师转告学校，由学校举报，结果这个研究生被廉政公署抓获，并被判处刑罚。在香港大学，受访学生反映：大学教师对学生赠送的一般礼物非常谨慎，担心被廉政公署侦查。能够出现这般"防腐拒变"的心理，一定程度上应归功于廉政公署的执法极其严格，不徇私情，不受外部权势的任何影响。"只要接到举报，发觉举报事项值得调查，任何人都不能出面调解、恳求商量不采取调查行动。任何想不作调查的举报，廉政公署执行处本身无权决定，均须由审查贪污罪举报咨询委员会讨论通过，以示公允。"[1]

廉政公署比较重视预防工作，对大学内部运行的进程，要进行例行的检查，对贪腐不端行为防患未然。廉政公署在执法中具有非常高的独立性，只向港督或行政长官负责。"廉政公署条例第五条规定，除港督外，其不受任何人指挥与管辖。"[2]但是，廉政公署的特别权力及其高度独立性并非没有滥权的嫌疑，实际上，在香港通过设立咨询委员会来防止这种现象的出现，那就是邀请普通市民担任这个委员会的委员，为工作提供参考意见，以及批准相关事项，如对相关举报不作调查的批准。廉政公署反贪拒腐的最终权力，最终属于特别行政区长官和社会大众。

4. 审计署

审计署有与廉政公署同样的高度独立性，依据专门法例行使职权。《1971年核数署条例》规定了核数署署长（审计署署长的

---

[1] 聂振光、吕锐锋、曾映明：《香港廉政》，中华书局（香港）有限公司1990年版，第107页。

[2] 同上书，第21页。

曾经名称)的任命、任期、职责、权力。这一条例几经修订,至今还是审计署署长行使职权的法律依据。审计署署长只向行政长官负责,并每年向立法局提交审计报告,确保公共资源得以有效率及有效益地使用,以提升香港公营部门的问责性。该条例规定了审计署的薪酬由行政长官的命令决定。这样,审计署署长可以完全自由地严格审查各种账目,可以查阅政府部门任何资料,也可要求任何公职人员做出解释,不受任何个人和团体机构的控制。该署审查的账目除政府一般收入和政府管理的基金项目外,还包括房屋委员会、五个营运基金、六十多个法定和非法定基金的账目,以及审查受政府补助机构的账目。受香港政府资助的各大学属于受政府补助的法定机构,所以香港各公立大学的账目也在审计署的核查范围内。审计报告分为两类:一类是审核账目是否妥善的工作,另一类是衡工量值式审计工作。衡工量值审计基本上依循国际公认的最佳绩效审计的做法,并参照英国国家审计署的工作方法,就任何须受审核的机构,在履行职务时所达到的节省程度、效率和效益进行审查,工作量约占审计署整体工作的2/3。审计署署长无权质询政策目标的利弊及制定方法,但是可以对这些方法的节约程度、效率和效益,提出质询。审计报告提交给立法局的政府账目委员会(非官守议员组成)审批,该委员会就财务支出的浪费及损失,向相关部门的负责人或机构提出质询并提出改正建议,相关负责人要做出回应,并记录在政府账目委员会的报告书中。

大学在学校内部有非常自主的资金使用权和分配权,但是资金使用的详细情况,尤其是资源的有效节约,产生应有的工作效率和教育效益,要接受审计署的"事后审查"。如香港科技大学初建时,当时的核数署认为香港科技大学的一些建筑"超标",造成浪费,并被媒体报道,最终引起了一场大学的纠纷。审计署的工作虽然只是一种"事后审查"方式，但是通过发布"衡工量值报告"的形式来批评相关机构的不恰当作为，能够为政府其他部门对法定机构的监管提供财务状况依据。

第二章　香港地区大学章程的制度逻辑

香港地区大学在上一章所阐述的宽松外部环境中，获得了充分的自主发展空间，而这种自主性一方面是香港政府遵照沿袭自英国历史传统的惯例，以授权的形式给予大学高度自主的办学权；另一方面通过法例的形式，限定了大学的自主办学权，尤其是内部自治的权力运行规则。香港地区大学以大学条例及其规程的形式，作为创立大学的依据和运行的组织规则，就是我们通常所说的大学章程。香港地区大学章程的这种法定性，为大学的法治奠定了基础，形成了治理上的严密逻辑，并在这种架构下形成香港地区特色的大学组织行为模式。本章要研究的一个核心问题是：大学条例的规则性，形成怎样的治理逻辑，又如何影响大学的组织管理行为。

第一节　大学条例对大学权力的限定

香港地区的大学都是法定机构，依据专门的法例而设立及运行。整体上来看，各个大学的条例及其规程在主体框架上规定了比较一致的大学权力框架，同时各有其独自的特点。从香港地区大学的发展历史来看，香港中文大学处于承上启下的阶段，并且融入了有中国传统的书院制。因此，《香港中文大学条例》的内容在某种程度上体现了香港地区大学权力的框架，笔者就以该校为例来考察大学条例对大学权力的限定。

香港的殖民主义者为巩固统治，推行"分而治之，培养买办特权阶层，吸引最优秀的青年参加政府的工作，培养社会领袖人物"的统治纲领。① 在此背景下，1963年9月18日香港立法局通过了《一九六三年香港中文大学条例》（亦有称《一九六三年香港中文大学法案》，均依据英文文本翻译而来），成为香港中文大学成立的法律依据。由于香港特别行政区的成立，于1997年6月30日废除该条例，新的《香港中文大学条例》生效（该条例为汉语文本），被列为香港法规第1109章内容。新旧两部条例除了一些名称和条文有所改动，主要内容所规定的各种规则基本不变，随后几年又有局部的修订。该条例及其规程（附属条例）从条文上来看，其内容结构如下。

引言
第1条：简称
第2条：定义
第3条：设有成员书院
第4条：香港中文大学的法团地位的延续
第5条：主管人员
第6条：大学董会、教务会及评议会的设立
第7条：大学董会的权力及职责
第8条：教务会的权力及职责
第9条：评议会的组成人员及职能
第10条：委员会
第11条：教职员的聘任
第12条：学院等

---

① 香港专上学生联会、香港中文大学学生会：《香港教育透视》，香港华风书局1982年版，第197页。

第 13 条：规程

第 14 条：校令及规例

第 15 条：学位及其他资格颁授

第 16 条：荣誉学位委员会

第 17 条：文件的签立及认证

第 18 条：地税

第 19 条：（已失时效而略去）

第 20 条：废除

第 21 条：《香港中文大学条例》及规程的废除

第 22 条：保留条文及过渡性条文

附表 1：香港中文大学规程

规程 1：释义

规程 2：大会

规程 3：香港中文大学成员

规程 4：监督

规程 5：副监督

规程 6：校长

规程 7：副校长

规程 8：司库

规程 9：各原有书院的及逸夫书院的院长

规程 10：秘书长及其他主管人员

规程 11：大学校董会

规程 12：财务程序

规程 13：行政与计划委员会

规程 14：教务会

规程 15：学院及研究院

规程 16：院务委员

规程 17：学系

规程18：评议会
规程19：教务人员
规程20：教务人员及高级行政人员的聘任
规程21：荣誉及荣休讲座教授
规程22：某些主管人员及教务人员的退休
规程23：辞职
规程24：免职、罢免成员身份或免任
规程25：学生及特别生
规程26：学位及其他资格颁授
规程27：考试
规程28：引称
附表1：
附表2：（已失时效而略去）
附表3：原有书院的书院校董会的章程及权力
附表4：逸夫书院的书院校董会的章程及权力

从上面罗列的条文纲目及其内容来看，《香港中文大学条例》对大学的各种权力关系做出全面系统而逻辑严密的规定。这些规则可以分为大学外部的权力关系与内部的权力关系。外部关系主要是指大学与政府及社会之间的关系；内部关系主要是指内部决策、行政执行、学术管治，以及人事、财务等方面的权力关系。权力规则实际上是大学权力的具体分配及其运行的程序性规定。从形式上来看，需要由不同功能的组织机构及其所具有的职责与权限来实现。这是该大学条例的核心内容。至于这些组织机构如何分享大学权力，从而行使职权，实现大学的使命，根据条例文本可以归纳为几个方面的内容。

一 政府与大学之间的权力限定

在引言部分,明确规定:香港中文大学是根据1963年的《香港中文大学条例》设立并成立为法团,成为一所联邦大学。法律规定了该大学的法团地位,即法定机构。从法律上讲,中文大学是具有独立法人资格的机构,不隶属于政府的任何行政系统,政府与大学的关系完全是依据法律来界定权力关系的,即依据大学条例的相关规定来界定的。法团在香港法律中,仅受其成立时所依据的法律的约束并依此运行,同时,法团管辖范围的人员要受到法律的保护。因此,从法理逻辑上来说,香港特别行政区政府与大学是平等的法律关系,这意味着它们的权力关系,是建立在平等意义上的。法团的法律定义,使中文大学的名义、财产或股份具有法人地位,该条例第四条规定:"香港中文大学是永久延续的,该名义起诉与被起诉,并须备有以及可使用法团印章,亦可接受他人馈赠的不动或可动产业或购买不动或可动产业,并可持有或批出该等产业或将其批租或以其他方式处置。"同时规定,不得由香港中文大学向任何大学成员派发股息或红利,或馈赠或分配金钱。法律的这些规定,明确了大学在财产上具有完整的独立自主权,可以依法自主处置,以确保大学自主办学的权力,并对自身财产的增减状况负责,即自负盈亏,这暗示大学如果经营不善、有破产的可能,要为此承担法律义务。

同时,条例也明确规定了政府与大学仅有的法权关系,那就是大学的监督是大学的首长,而监督由行政长官出任。监督作为政府权力的代表来影响大学的权力,条例第五条规定其职权:"可以香港中文大学的名义颁授学位";监督可以委任副监督,代其行使规程确定赋予监督的任何权力,执行规程规定的任何职责。监督还有其他重要职权,如批准校董会订立的规程,在盖有大学印章的文书上签署而加以认证,决定中文大学举行大会的时间、地点及程序并主持大会。

规程4、规程11详细规定了监督的职权：

（a）要求校长及大学校董会主席就任何关于香港中文大学福利的事宜提供资料，而校长及校董会主席由责任提供该等资料；及（b）在接获上述资料后，向大学校董会建议采取监督认为适当的行动。

由监督从大学校董会的提名中委任出1名校董会主席，并指定6名人士成为校董会成员，这些成员可以由校董会提名为校董会主席。

可见，行政首长作为政府的权力代表，对大学行使了宏观上的监管权力，如校董会主席的最终委任权，规程批准权，以及学位颁授权，在福利方面的监督权等，而对于大学日常的具体办学事务，监督及其他政府权力机构都不予干涉。这种有限干涉或监督大学办学事务的原则充分地体现在中文大学条例的具体规定中。有限干涉原则，是一种"保底"管治机制，对人事的最终认可权（而不是提名和推荐），以及委任6名校董以间接参与大学的决策事务，对大学的战略发展有所掌握而同时承担责任，以行政首长的身份向社会民众负总责。其他的香港地区的大学也都设置了这种"监督"的大学主管人员，从国际范围来看，具有其独特性，这一定程度上是受英国古典大学的影响。在英国中世纪大学的发展历程中，大主教一开始委任校长作为代理人，并对大学进行巡视，后来对大学选举产生的校长进行认可（有时候大主教本身就是大学的首长），只不过后来由于大学为了争取自治权而奋力抗争，大主教仅剩下巡视权，对大学校长的任命权也变得愈加形式化。

二　大学的分权制衡与咨询协调机制

条例第6条规定，香港中文大学设立大学校董会、教务会、校友评议会三大权力组织机构,"其个别的章程、权力及职责为本条例及规程所订明"。这三个不同的组织机构,分别履行决策、学术管治、咨询的职能,共同发挥大学治理功能。在香港科技大学,有同样的机构设置及其职能:校董会、顾问委员会和教务会。这种大学治理的模式,已经形成香港地区大学的特色:分权制衡与咨询协调两种机制同时运行。校董会是大学的决策机构,也是大学的最高权力机构,批准教务会的管理事务;教务会是大学教育业务的主管机构,具有实际的学术管理权力;校友评议会是大学的咨询机构,为大学的权力机构提供有益的意见。这种权力结构的设置,体现了分权制衡的治理原则,决策权与执行权实现分权并制衡,决策权、执行权在咨询机构建议权中得到充分协调。不同的机构拥有不同性质的权力,不同机构的组成人员的产生、来源有不同的渠道,不同机构的工作事务内容有不同的领域和层次分类。这些分类性和层次性分别在条例规定的权力和职责及各种制度中体现。

(一)三大权力机构的权力及职责

1. 校董会

《香港中文大学条例》第7条对校董会的权力及责任作出了明确的规定。

> 在符合本条例及规程的规定下,大学校董会——
> (a) 是香港中文大学的管治及行政机构;
> (b) 须管理和控制香港中文大学的事务、方针及职能;
> (c) 须控制和管理香港中文大学的财产及财政事务,包括各成员书院的财产,但大学校董会就任何原有书院或逸夫书院的任何不动产行使上述控制及管理权时,如没有有关书院的书院校董会事先同意,则不得更改任何该等财产的用途;(由1986年第59号第4条修订;由2007年第18号第5条修订)
> (d) 须为香港中文大学做出其认为适当的委任或聘任;

(e) 有权批准香港中文大学就认可课程所收取的费用；

(f) 须就香港中文大学印章的保管和使用做出规定。

以上引文只是该条例对校董会权力及职责的基本规定。在规程 11 中，对校董会的组成人员、组织程序、举行会议程序、议事表决机制、任期、选举程序、人数、详细权力及职责、秘书长职权等都做了明确清晰的规定。这些规定，使校董会对大学所有事务包括教学、科研、人事、财务等在内的活动的决策权和审批权能够得到具有可操作性的、合理性的施行。

校董会作为大学的最高决策的权力机构，为实现决策的民主性、科学性和公益性，校董成员是关键的要素之一。规程中规定，大学校董由主席（监督根据校董会推荐而委任）、校长、副校长、司库、校董会委任的终身校董、各书院校董会选出的两人、各书院院长、各书院院务委员会选出委员 1 人，以及监督委任人员、立法会、教务会、校友评议会、社会人士、其他大学职员方面的代表组成。

表 2-1　　香港中文大学校董会成员组成

监督委任	立法会	教务会	行政与计划委员会	校友评议会	书院	学院与研究院	社会人士	其他
主席、6 名社会人士	选出非官守议员 3 名	选出 3 名成员	校长、副校长	不超过 3 名校友评议会成员	各书院校董会选出两名成员、各书院院长、各书院院务委员会选出委员 1 名	各院院长	由校董会选出 6 名	司库、校董会选出的终身校董

可见，校董会成员涵盖了大学内外部的各方面的代表，真正实现了大学的公益性质，全社会的大学由全社会来支持、监督。从组成人员的数量上来说，大学成员占有重要分量，这有效保障了大学的自治性，同时兼顾发挥特别行政区政府及香港社会对大学的监督作用。

实际上，有香港人士在20世纪80年代批评当时香港中文大学的校董会成员组成中资本家占半数以上，认为这种制度使代表社会资本家的意见"是决定性的意见"，一切以"经济利益为前提"的人，导致大学失去了正确的发展方向。[①] 出现这种情况，是由当时大学条例的有关规定所引发的，他在文中说：

> 最引人注目的是校董会主席的职位，条例中规定这位主席必须从香港的正常且富有且地位重要的居民中选任，再由监督即殖民地总督任命，而且被推选的人与及各学院无任何直接联系（见条例第十二条"校董资格之限制"）。[②]

如1964年修订的《香港中文大学条例》中的第十二条就规定："本大学及学院现职人员与各学院董事会之董事不得被提名选充或委任为第十一条（十）（十一）（十二）及（十三）项之校董。"这种对校董会组织的规定，使多数人的立场倾向于当时的资本社会和殖民地政府的立场，而非大学自身的立场。香港回归后，经过大学条例的修订，改变了这种殖民主义性质，确立了港人治港、大学高度自治的体制。

此外，《香港中文大学条例》及规程还对校董会的组织运行及

---

① 香港专上学生联会、香港中文大学学生会：《香港教育透视》，香港华风书局1982年版，第198页。

② 同上书，第197页。

决策程序做出详细的规定，使决策权的行使能够获得最大限度的民主性和科学性。香港地区的其他大学都设立了正如香港中文大学这样的民主决策机制，其根本精神不是仅仅停留在多数压倒少数的票决的这种数字逻辑上，而是彰显了监督和制衡的民主理念。

2. 教务会

教务会对香港中文大学来说，是实现大学功能的业务主管部门，对大学的教学、科研等活动拥有应当的权力，承担应当的责任，以此按照法律规定执行其职责。大学条例的第8条明确规定了这些权力及职责的规则：

> 在符合本条例及规程的规定下，教务会须控制和规管以下事宜，但须受大学
> 校董会的审核——
> (a) 授课、教育及研究；
> (b) 为学生举行考试；
> (c) 颁授荣誉学位以外的学位；
> (d) 颁授香港中文大学的文凭、证书及其他学术资格。

3. 评议会

在香港地区，大学评议会最早出现在香港大学，当初大学评议会具有一定的决策实权。曾在1918年，立法局邀请威海卫行政公署长官庄士敦出任校长，结果被香港大学评议会拒绝批准这项任命。[①] 在英国，大学评议会，实际上是学术评议会，是大学的最高学术决策机构；在加拿大的大学，大学章程明确规定大学评议会是大学的治理机构，在一些实行"两院制"治理结构的大学里，是与大学董事会进行"平行操作"的学术机

---

① [英] 弗兰克·韦尔什：《香港史》，中央编译出版社2007年版。

构。在《香港中文大学条例》第 9 条和附属条例的规程 18 的规定中，可以发现校友评议会的职能与英国、加拿大等国的评议会有所不同：

> 在符合本条例及规程的规定下，评议会须由毕业生及规程所订明的其他人士组成，而且可就影响或涉及香港中文大学权益的任何事宜，向大学校董会及教务会陈述意见。

校友评议会的章程、职能、特权及其他与校友评议会有关的事宜，须经大学校董会批准。

可见，香港中文大学的校友评议会只是咨询性质的治理机构，其成员不是来自大学成员，而是来自已经毕业的校友。校友评议会不是英国大学的最高学术决策机构，更不是"两院制"治理模式的权力机构。显然，香港中文大学实行"一院制"的治理模式，校友评议会是在校董会作为最高权力机构的授权下运行的治理机构。校友评议会通过校董会决定的日期举行会议，审议来自校友书面陈述的任何议题，为大学治理机构提出意见，发挥了咨询和协调的治理作用。

（二）大学权力运行体制

1. 委员会制

秉承香港政府的"行政吸纳政治"的模式，大学的管治和行政机构，在决策的过程中，往往通过设立合适的委员会，发挥其咨询功用，集思广益，采纳社会人士的意见——甚至国际人士的意见，具有较高程度的开放性，这使得大学办学事务在决策上，充分融入了整个社会的需求、智慧，并且使大学的战略发展具有国际视野，这样的机制促进了决策的合理性及其效率。为更好地发挥委员会的决策咨询作用，设立委员会的规则由大学条例

专门规定:①

（1）大学校董会及教务会可设立其认为适合的委员会。

（2）除非另有规定，否则任何委员会的部分成员可由并非大学校董或并非教务会成员的人士（视属何情况而定）组成。

（3）在符合本条例及规程的规定下，大学校董会及教务会可将其任何权力及职责转授予任何委员会或任何主管人员，并可就该项转授施加条件。

（4）根据本条设立的任何委员会，可就举行会议订立其认为适合的常规，包括有关容许委员会主席投决定票的条文。

2. 大学校长负责制

从上述所分析的结果中，可以发现三大权力组织机构的权力运行规则都是法定的，而且权责统一、分工明确，在分权制衡中协调工作。具体的权力运行中，实行"校董会领导的校长负责制"，校长在大学事务运行的权力关系中发挥了核心枢纽的作用。校长由大学校董会设立的委员会提出人选意见，然后由大学校董会聘任并向其负责，是"香港中文大学的首席教务及行政主管人员，亦为大学校董及教务会主席，可以香港中文大学的名义颁授学位"。② 规程13规定，校长在校董会设立的行政与计划委员会中任主席。规程15规定，"校长为每一学院的成员"，并有权向校董会推荐院长以获委任。由此可见，校长在大学里具有多种身份，在多个大学组织机构中任职，在权力层级中处于承上

---

① 见《香港中文大学条例》第十条规定。
② 见《香港中文大学条例》（2007年第18号第5条修订）第5条第5项规定。

启下的地位，这种状况是由其相应的权力和职责决定的。校长的权力及职责在条例的规程6中有明确规定：

（a）有权及有责任就任何影响香港中文大学的政策、财政及行政的事宜，向大学校董会提供意见；

（b）就维持香港中文大学的效率及良好秩序以及确保规程、校令及规例的妥善执行，向大学校董会全面负责；

（c）如已着令任何学生暂时停学或将任何学生开除，则须于教务会举行下次会议时向教务会报告；

（d）有权委任一人在副校长、学院院长、系主任、秘书长、教务长、图书馆馆长或财务长的职位暂时悬空期间，或在担任任何上述职位的人暂时不在或暂无能力期间，履行该人的职能和职责；（1994年第452号法律公告；2002年第23号第59条）

（e）有权在紧急情况下委任校外考试委员。

校长不但主要是行政执行主管人员，而且对最高决策机构校董会也有一定的制衡权力，如"行政与计划委员会须经校长向大学校董会报告"。[①] 这些分权制衡原则，从另一个侧面反映了香港法律的特点：清晰性、合理性、可操作性和程序性。

3. 学院制

香港中文大学与各学院的关系，是"隶属基础上的分权"关系。条例12规定，"大学校董会可设立其认为适合的学院、专业学院及其他机构"。规程15规定校长为每一学院的成员。院长由校董会依据校长的推荐委任，校长的推荐过程受到校董会的制衡，即"校长在收纳由按照大学校董会不时通过的规例选

---

① 见《香港中文大学条例》规程13第3项。

出或指定的成员所组成的有关遴选委员会的意见后作出的推荐"。① 从学院的设立及院长的人事管理规则来说，学院是隶属于大学的下属机构，但是就学院的院务而言，具有一定的自治权力，并且在内部实行民主。民主的形式主要表现在两个方面：院长与院务会。院长作为学院的行政首长，即学院行政机构院务会的主席，但是需要经由设立的院务会来开展工作，实现民主管理机制；院务会的组成人员包括校长、院长、各系的系主任、讲座教授、教授、学科主任，还有高级讲师、副讲师数名，还可酌情提名一名学院的学生作为院务会的成员。院务会组成人员的多元广泛性增强了院务决策的民主性，组成人员的开放性，即校长作为学院成员成为院务会成员，有利于学院与大学之间的沟通协调及行政上级对学院的监督。

　　学院的院务会自主执行其职责，同时要受到大学教务会的监督和管制，如学院每年举行会议，"有权讨论任何与学院有关的事宜以及就该事宜向教务会表达其意见"，②"教务会可决定是否容许学院院务会的学生成员参与会议中审议保留事项的部分；及他们参与的方式"。不过，学院对教务会而言也有一定的制衡，举学生参与院务会的例子来说，教务会有权决定是否容许学生参与审议的保留事项及其参与方式，但学院拥有对保留事项的进行取舍的最终决定权，并由学院院务会主席来决定。③ 这样，在同一件事务中，大学教务会与学院院务会之间实现了良好的分权与制衡。教务会行使关于"学生成员"决定权的另一制度设计中，也灵活巧妙地体现了这一原则："将该会在第（2）及（3）节下

---

① 见《香港中文大学条例》规程15第3项第（1）a部分。
② 见《香港中文大学条例》规程15第5项。
③ 见《香港中文大学条例》规程15第6A（4）部分。

的权力①转授予学院院务会；及施加规限行使被转授的权力的条件。"② 这种"有条件授权"，实现了对权力的监督和制衡，这可视为香港地区大学制度设计的一个核心理念。包括研究院、书院、学系在内的其他机构的权力结构设计，都遵循了学院权力机构与大学权力机构之间的这种制衡与协调规则，以适当的权力运行机制实现了教学与科研的大学功能。此外，在大学制度的普遍原则中同时体现了香港中文大学自身的教育特色：香港中文大学实行"学科为本教育"和"学生为本教育"这两种模式，"学科为本教育"由各学院负责施行，"学生为本教育"由各书院负责施行。

三　大学管理规则

大学组织，如其他社会组织一样，都是具有特定组织结构的机构。基于此，自然少不了有效的管理及起关键作用的强大领导力，如此才能在激烈竞争的复杂的社会环境里生存发展。

香港中文大学是一所联邦式的大学，是各种内部教育机构的联合体。从成立前"各自为政"的书院，到以"大学本部"为管理权力中心的联合过程，是一个充满内部矛盾的整合过程，即使大学条例从宏观层面上设置了大学的整个权力架构，还需要具体的管理规则来界定各层级、各门类教育机构的权限，以调整它们之间的利益分配，化解各种各样的内部矛盾。香港中文大学的管理具有鲜明的"共同管理"特色，这既是国际惯常做法，也是大学的悠久历史传统。就校董会而言，由于其机构性质，决定了它不可能"事必躬亲"，垄断所有的管理权力，合适的选择只

---

① 该会指教务会，第（2）及（3）节下的权力是指教务会决定容许"学生成员"参与院务会的权力。

② 见《香港中文大学条例》规程15第6A（5）部分。

能是适当的授权或分权给下级部门或专业部门。大学校长、教务会、书院、学院、研究院、学系等教育机构及其成员，尤其是大学的教师与学生，成为大学管理的共同管理参与者，他们按照大学条例及其规程规定了的详细规则实施科学有效的管理职责。这种管理模式，可以大概分为四个方面：行政管理、学术管理、财政管理、人事管理。当然，这四个方面不是截然分开的管理体系，而是在不同机构之间相互连接渗透，互相制衡，有效沟通"网格化"的管理体系。

（一）行政管理规则

"中心管理部门的最高组织水平是由校长、院长以及承担不同管理责任的副校长组成，这些人共同组成了大学的'行政官员'"，[1] 这是美国学者描述美国大学行政管理学说阐述的观点。在香港中文大学，也体现了这种状况。"行政与计划委员会"对香港中文大学来说便是美国学者所称的中心管理部门，核心领导人士是该委员会的主席，即校董会委任的校长。从权利来源上说，行政管理的权限来自校董会，即条例规定，校董会委任"行政与计划委员会"，是授权行为。而真正的行政机构是"位居幕后"的校董会，条例第七条规定："校董会是香港中文大学的管治及行政机构。"行政与计划委员会依据条例规程部分的规定，既要协助校长执行其职责，又要"处理大学校董会提交该委员会处理的其他事宜"。可见，大学行政权力机构（校董会）和大学行政执行机构（校长及下属）成为"行政与计划委员会"所连接的在行政层级上的上下两端，成为名副其实的"中心管理部门"，而不是实施大学治理的管治部门（决策部门）。基于这种行政

---

[1] ［美］詹姆斯·杜德斯达、弗瑞斯·沃马克：《美国公立大学的未来》，刘济良译，北京大学出版社2006年版，第111页。

管理上的定位，该委员会实际是在协调各部门意见的基础上，有效执行规程、校令及规例，处理包括大学政策、发展计划、财政、行政、人事聘任、学生事务等在内的大学非学术事务。对于这一点，可以从该委员会的组织人员中看出：校长、副校长、各书院院长、各学院院长及研究院院长、秘书长（校董会秘书）、教务长（教务会秘书）、财务长（财务委员会秘书）、大学辅导长。该委员会实际上会集了大学各主要部门的主管人员或代表人员，使得整个大学事务的具体情况及各种意见能够汇集在一起，有利于行政执行的协调性和有效性。

大学校长如同企业中的首席执行官（CEO），在日常的大学行政管理事务中，拥有着最终的决定权，同时担负着各种事务的管理责任。从院校建设、资源保障到教学与学术、财政、人事等方面，以及面对社会处理各种政治问题，都要担负最终责任。但是校长一个人无法完成如此巨大的、复杂的工作，哪怕委任"行政与计划委员会"协助其工作也不能完全行使大学的全部管理工作。实际上，在香港中文大学，很多行政管理工作并不是由单一行政部门来单独完成的，不是从校长到院长、系主任这样的垂直管理体系，它破除了大学"科层"的僵化体制，避免了官僚体制的弊病，即在大学"中心管理部门"的统合协调下，其他专门业务主管机构如教务会，下一级机构如学院、书院、研究院，以及下层机构如学系，这些部门都有各自的管理中心，自主处理相应权限的事务。教务会主要管理教学与学术事务，学院、书院、研究院，以及学系由各自的决策机构，院务会、书院院务委员会、系务会等通过民主决议的形式行使管理职能。在所有这些决策机构中，校长有权作为成员而非主席（教务会除外，校长为该会主席）来参与议事，形成上级行政管理机构对下一级机构的有效监督或制衡，以及提出指导性意见。当然，这些决策机构都有权向上一级管理机构就某些事宜提出建议、报告或推荐相关人选：

（1）"行政与计划委员会须经校长向大学校董会报告"；①

（2）教务会可向校董会就规程及校令的修改提出报告，就教学职位、编配教师事宜向校董会提出建议；②

（3）教务会"向大学校董会推荐校外专家出任叙聘咨询委员会成员"；③

（4）学院院务会会议将就讨论的任何学院事宜向教务会表达其意见④，学院院务会统筹各系活动并就学位课程、修课范围细节向学系提出建议；⑤

（5）"学系系务会的职责是就学系范围内的课程、校内和校外考试委员的委任及教务会要求系务会提供意见的其他事宜，向教务会提供意见。"⑥

可见，香港中文大学的行政管理通过"推荐""建议"或"意见"的方式，协调了行政层级之间和不同业务部门之间的权力制衡关系，而避免了"官僚"式的政令单向执行，这大大增强了大学各组织机构之间的信息沟通效果，能够提高行政管理的效能。

（二）学术（教务）管理规则

学术管理在此而言，意义比较宽泛，涵盖了教学与研究及与此相关联的事务管理。在香港中文大学，该管理职能主要以大学教务会负总责及院系的"分级分责"的方式来实

---

① 见《香港中文大学条例》规程13第3项。
② 见《香港中文大学条例》规程14第4项。
③ 同上。
④ 见《香港中文大学条例》规程15第5项。
⑤ 见《香港中文大学条例》规程15第7项。
⑥ 见《香港中文大学条例》规程17第4项。

现。教务会,顾名思义,主管整个大学的教务,包括教学与学术两大方面,它是大学的最高教务机构。条例详细规定了教务会的职权内容。①

在符合条例及规程的规定下,教务会具有以下权力及职责——

(a) 推动香港中文大学成员从事研究工作;

(b) 规管各认可课程取录学生及该等学生修读该等课程的事宜,并在妥为顾及学生与各书院的意愿后,将学生编配予各书院;

(c) 指导和规管认可课程的授课及教学事宜,并举行香港中文大学的学位、文凭、证书及其他资格颁授的考试;

(d) 根据每一书院的院务委员会的意见而考虑为推行学生为本教学所需的措施,并考虑为推行学科为本教学所需的措施;

(e) 在有关学院作出报告后,订立规例以实施与认可课程及考试有关的规程及校令;

(f) 在有关学系的系务会作出报告后,委出校内考试委员;(1994 年第 452 号法律公告)

(g) 在有关学系的系务会作出报告后,推荐校外考试委员由大学校董会委任;(1994 年第 452 号法律公告)

(h) 建议颁授学位(荣誉学位除外),并颁授文凭、证书及其他资格;

(i) 在符合捐赠人所订立并经大学校董会接纳的条

---

① 见《香港中文大学条例》规程 14 第 4 项。

件下，订定竞逐香港中文大学奖学金、助学金及奖项的时间、方式及条件，并颁发该等奖学金、助学金及奖项；

（j）就所有教学职位的设立、取消或搁置向大学校董会作出建议，并在咨询有关书院的院务委员会（如已设立的话）后，就编配教师予该书院的事宜向大学校董会作出建议；(1987年第25号法律公告)

（i）编配教师予——

（ii）学院、学系及专业学院；及

（iii）单位（如教务会认为就该等单位而言是适合的）；(2002年第25号法律公告)

（k）向大学校董会推荐校外专家出任叙聘咨询委员会成员；(1984年第100号法律公告)

（l）就所有规程及校令以及拟对该等规程及校令作出的修改，向大学校董会报告；223 香港中文大学条例；

（m）就任何学术事宜向大学校董会报告；

（n）讨论任何与香港中文大学有关的事宜，并将其意见向大学校董会报告；

（o）就大学校董会提交教务会处理的事宜向大学校董会报告；

（p）审议香港中文大学的开支预算，并就该等预算向大学校董会报告；

（q）制订、修改或调整有关各学院组织的方案，并将有关科目分别编配予该等学院；并就是否宜于在某时间设立其他学院或是否宜于将某学院取消、合并或分拆，向大学校董会报告；

（r）（由1994年第452号法律公告废除）

（s）监管图书馆及实验室；

（t）以学业理由要求任何本科生或学生停止在香港中文大学进修；

（u）决定——

（i）学年的长度，为期不得超逾连续12个月；及

（ii）作为学年部分的各个学期；

（v）行使大学校董会授权或规定的其他权力，以及执行大学校董会授权或规定的其他职责。

从上述的引文中，可以清晰地发现，教务会所管辖的教务，不仅包括课程教学、学术研究、学位与考试等教育事务，还包括与此相关的资金编配、教学职位编配、教师聘任、学生编配、规章制定、奖学金等带有"官僚"性质的管理事务。这体现了教育业务与行政管理的有效结合，防止了教师、学生成为纯粹的被管理对象而失去应有的自治权限。从世界范围来看，"多数大学的教师在参与学校事务，尤其是院系级的事务时，往往发挥着关键作用……每个紧要关头，教师们在官僚机构面前常常感到无能为力"。[①] 这是大学自产生以来就存在的权力争夺问题，多数大学都面临着行政权力挤压学术权力的危险，从而导致大学失去大学本该应有的本色和理想，尤其是对中国内地的大学来说，需要予以更多的关切。香港中文大学的教务会制度，融合了这两种权力，一定程度上保证了两种权力的力量平衡，防止了学术权力的弱化。香港科技大学和香港大学均实行教务委员会制度，其基本职能和管理机制与教务会制

---

① ［美］詹姆斯·杜德斯达、弗瑞斯·沃马克：《美国公立大学的未来》，刘济良译，北京大学出版社2006年版，第125页。

度比较相似，可见教务会制度已经成为香港地区大学管理制度的特色。

教务会将这两种权力有效融合，充分体现在教务会的组织成员构成和达至院系层面的权力运行规则上。

教务会由以下成员组成：校长（该会主席）、副校长、各书院院长及各院选出的院务委员两名、各学院及研究院的院长、讲座教授、各学系系主任及学科主任、进修学院院长、教务长、图书馆馆长、大学辅导长、学生会会长、各学院学生1名和各书院学生1名。① 作为大学教务的最高管治机构，教务会成员来自大学与教务有关的各方面意见的代表，从教师代表到学生代表，从高管校长到基层管理者系主任及各职能部门的代表，真正实现了"权力共享"的原则。

而且，从权力运行规则上来看，这些代表成员很大部分来自教师与学生群体，能够充分表达他们的意见和立场。讲座教授是大学教师的杰出代表；学生会会长是由学生民主选举产生的学生代表，各学院和各书院的学生代表也是由民主选举产生的；各学院院长是院务会主席，而院务会成员由校长、院长、系主任、学科主任、讲座教授、高级讲师、副讲师、"酌情提名"的学生成员组成，② 实行教师为多数的民主自治，院长能够代表教师团体的意志；书院、研究院亦与学院类似；从系的层级来说，系主任和学科主任更代表了大学基层教师的意见。③ 而且，在具体的教

---

① 见《香港中文大学条例》规程14第1项。
② 见《香港中文大学条例》规程15第6项、第6A项。
③ 系务会成员包括校长、所属学院院长、系主任、所有编配该学系的教师，还包括该学系有重大教学贡献的非编配教师，以及系务会"酌情提名"认为适合的学生。详见规程17第3项。

学和学术活动中,活动主体是院系的组织机构及其教师和学生成员,[①]他们有着法定的自主权力及其职责,如"学系系务会的职责是就学系范围内的课程、校内和校外考试委员的委任及教务会要求系务会提供意见的其他事宜,向教务会提供意见"。由此可见,学系作为基层学术组织,对学术评价人员的委任拥有相当的发言权。回顾英国的中世纪大学,可以发现那时的大学是不同学院的教师和学生团体这样的民主自治组织联合而成的,教师和学生的利益诉求是大学的主体意志,而教师和学生的自由思想是大学真正的精神之所在。从以香港中文大学教务会为代表的这种制度设置中,可以发现香港地区的大学沿袭了中世纪大学的这种教师和学生的权力为"大学本位"的传统。

此外,香港中文大学条例及规程,还就学生招录、学生会及其章程、学位、考试等教务做出了具体规定,在此不做进一步的探究。

(三)人事管理规则

一个组织的绩效是否良好,关键在于如何使这个组织在人事上的管理充分发挥人的积极性,人的因素成为组织绩效的基础,人员聘任由此成为大学管理的核心要素之一。一所知名大学的发展,靠的不仅仅是建筑和设备,不光是名字与历史,靠的是人,有人才能创造历史,同时大学能够吸引优秀人才的根本是教师的人事聘任制度。"教务人员及高级行政人员的聘任"(规程20的名称)成为香港中文大学人事管理的主要内容和关键点,成为该大学高效、卓越发展的根本所在。该大学设有专门的聘任咨询

---

① 从香港中文大学条例的规程全文中,可以发现教务会、院务会、系务会都可"酌情提名"适合的学生出任学生成员,但对学生成员是否参与的审议事项及其参与方式,都做了保留事项规定,即教师的聘任、晋升,学生的录取及学业评核,开支预算及其他财政事宜。教务会行使学生是否参与审议的最终决定权及授权,院长、系主任行使某项事宜是否属保留事项的最终决定权。可见,学生、教务会、院长、系主任在教务管理上实现了分权制衡的原则。

机构，即"叙聘咨询委员会"，该委员会就教务人员及高级行政人员的聘任向大学校董会推荐；关乎学术水平的教务人员的聘任，该委员会须经过教务会向校董会传达。①

聘任不同层级的行政人员和不同职称级别的教务人员，要分别成立相应的叙聘咨询委员会，校长或其委任的代理任该委员会主席，但针对不同类别的聘任事宜其组成人员也有所区别。②

1. 为聘任讲座教授、教授及高级讲师而设立的叙聘咨询委员会，其成员包括校长或其代理人、大学校董1名、教务会成员两名、有关书院的院长、学系系主任或单位主管、校外专家两名。

2. 为聘任讲师而设立的叙聘咨询委员会，其成员包括校长或其代理人、大学校董1名、教务会成员两名、有关书院的院长、学系系主任或单位主管、校外专家1名。

3. 为聘任副讲师而设立的叙聘咨询委员会，其成员包括校长或其代理人、大学校董1名、教务会成员1名、有关书院的院长、学系系主任或单位主管。

4. 为聘任图书馆馆长而设立的叙聘咨询委员会，其成员包括校长或其代理人、大学校董1名、教务会成员两名、校外专家两名。

5. 为聘任秘书长及教务长而设立的叙聘咨询委员会，其成员包括校长或其代理人、大学校董会主席或其委任人、大学校董会委任的另一名校董、教务会成员两名。

6. 为聘任财务长而设立的叙聘咨询委员会，其成员包括校长或其代理人、司库、大学校董会委任的另一名校董、教务会成员两名。

---

① 见《香港中文大学条例》规程20第1项。
② 见《香港中文大学条例》规程20第2项至第7项。

此外，行政与计划委员会，在叙聘委员会的推荐与校外专家的意见达不成协议时，可以对此争议做出决定；① 并可就"助教级及更高职级或职级与此等职级同等的教务人员及行政人员的聘任做出之前，对该等聘任进行审核或建议做出该等聘"。②

以上所述的规定表明，决定是否聘任某人不是哪个单个的大学权力机构说了算，而是由大学决策机构、大学行政执行机构、学术决策机构、院系行政机构、校外专家等联合在一起实行分权制衡民主决策的机构说了算。叙聘委员会汇集了有来自大学决策的、行政的、学术的不同性质利益集团的意见，也有来自用人单位的意见，还有来自校外专家代表中中立立场的专业意见，这种集思广益、理性辩论的决议机制，有效防止了评价褊狭、决策失误和用人不当的不良倾向。

辞职、退休、免职、罢免等人事管理事宜在香港中文大学条例的规程中，也有具体的规定，形成了"能上能下"和"能进能出"的大学用人机制。

（四）财务管理规则

香港中文大学的财务管理规则，主要由规程12"财务程序"这一部分规定，在其他规程条文中也有部分的规定。财务管理的最高机构是由校董会设立的"财务委员会"来执行，司库是该委员会的主席，其他成员包括校长或其代理人、各书院院长、大学校董会委任的其他人士3名。

从职权上来讲，财务委员会有权处理全校财务事宜，起草大学的收支预算草案，允许预算内的款与款或项与项之间的任何调拨；但大学校董会有权调整或修订年度预算，以及有权将盈余或

---

① 见《香港中文大学条例》规程20第11项。
② 见《香港中文大学条例》规程13第2项。

预期盈余投资。

从程序上来讲，财务委员会制定的收支预算草案须提交大学校董会做出修订并做出最后的批准，财务委员会就款与款或项与项之间的任何调拨须向大学校董会报告。

从行政层级上来讲，实行财务上的分权制，"款与款或项与项之间的任何调拨，须经财务委员会认许。分项之间的任何调拨，则须经校长及司库认许，但如分项之间的调拨仅涉及某一原有书院或逸夫书院，则须经有关书院的院长认许，但该等调拨须符合财务委员会所发出的规则及指示"。[1]

在条例及条例的其他部分中，也有财务管理方面的规定，如对行政与计划委员会职责的规定："协助校长审核与统筹香港中文大学经常及资本开支的年度预算及补充预算，然后转交大学校董会的财务委员会。"

第二节 大学条例的治理逻辑

大学条例实质上是表达法律逻辑的文本，组织成员通过对文本内容的阅读和理解，将法律的逻辑，即"有可为"与"有可不为"界限内化于思想观念中。加之可能起诉与被起诉的司法压力，形成对人们行为的管束作用，并对其行为产生一个趋向法律目标的指引作用，即大学条例所规定的大学发展目标或宗旨。这种由文本到行动的过程，就是大学条例的治理过程，其过程所体现出的规律性或规则性便是"大学条例的治理逻辑"。香港科技大学从建校开始，在短短十几年间迅速崛起成为世界一流研究型大学，并成为香港其他大学纷纷效仿的对象，是什么样的大学制度（大学条例及其运行）如何促成了这

---

[1] 见《香港中文大学条例》规程12第4项。

种成功，这是非常值得我们探究的地方。因此，香港科技大学在香港地区具有典型的意义，笔者以该校的大学条例作为研究对象，来一窥其中的治理逻辑。

《香港科技大学条例》规定，科大成立三个最高治理机构：校董会、顾问委员会和教务委员会，分别作为大学的最高决策、咨询和学术管治机构。这成为香港科技大学治理逻辑的最基本构架。

一 大学决策的"民主自治"原则

从世界大学发展的趋势来看，面对知识时代的变迁，以及技术革命和市场力量的双重冲击，大学面对这些挑战要遵循这么一个原则：大学的决策问题决不仅仅是大学内部成员的事情，尤其不能全部归属于大学的教师和学生，而是相当大的程度上与整个社会需求及其政府的战略决策有关。就此而言，高等教育趋向于多元化，不同的大学有其独特功能及其独特贡献。这就要求教育结构、大学类型要根据时局的需要而设定，能够成功地发展好一所大学的关键是"依靠了灵敏的触觉和迅速的反应"。[①]

是否设立及设立什么类型的大学，这种战略决策与该大学在未来发展中作出的自主决策，具有同一个性质：就是大学的选择要符合整个社会和时代的需求。香港科技大学完全是在这种考虑中创办并发展壮大的。20世纪80年代，香港社会的知名人士"钟士元"[②]对当时高科技引领经济发展，全球经济转型的趋势，有着非常独到的见解，他认为香港要想经济转型，有发展前途，必须建立一间"专攻高科技和现代企业管理的研究型大学"。以

---

① 吴家玮：《同创香港科技大学》，清华大学出版社2007年版，第6页。
② 钟士元当时兼任香港行政局和立法局的首席议员，是杰出的华人政治代表，颇有社会影响力。

他在香港社会政商两界的声誉和地位，团结社会有志之士，说服社会和政府，开启了创建香港科技大学的事业。

大学决策意味着的大学自主或自治，大学决策是否具有自治性，取决于决策机构的组织及其权力。第三间大学筹备委员会的成员由港督委任，主席是社会人士钟士元，秘书长是运输司麦法诚，副主席是立法会议员郑汉钧，还包括本地非学术界人士七人，香港大专院校学者五人及海外学者四人。[①] 从成员组成上来看，这个委员会具有明显"行政吸纳政治"特征的咨询民主特征，以此实现政府对大学的治理与大学自治之间的分权制衡；该委员会"研究大学名称、校址、法例草拟、学科体制及聘请高级教员及校长等问题",[②] 还就大学的行政管理架构、教研方向、课程、发展计划，以及教职员工资待遇等向政府提出建议,[③] 这足以看出大学从筹备阶段其决策事务便具有了相对于"政府管治"来说的自治性，而不是由政府包办。此外，"教育社团、教育界人士及舆论界纷纷就新大学的学制、院系、地点、校名等方面提出各种意见",[④] 体现了全社会参与办学的民主原则。

源于社会和政府的需求，以及大学自身的需求，香港科技大学的战略决策，在筹备委员会中平衡了三种力量的各自诉求，从而制定出了大学条例，并为满足这种诉求设定了大学的发展目标和使命。这是在《香港科技大学条例》的宗旨一项中明文规定了的。

---

① 见《一九八六年教育大事记》之《第三间大学筹备委员会成立筹备工作已开展》，香港教育资料中心整理。
② 同上。
③ 吴家玮：《同创香港科技大学》，清华大学出版社2007年版，第44页。
④ 见《一九八六年教育大事记》之《第三间大学筹备委员会成立筹备工作已开展》，香港教育资料中心整理。

（a）透过教学与研究，增进学习与知识，尤其——
（i）在科学、技术、工程、管理及商业方面的学习与知识；及
（ii）研究生程度的学习与知识；及
（b）协助香港的经济与社会发展。

大学宗旨一项中阐明了这么一个逻辑，大学要通过教育和学术研究这一本职的大学功能，来促进知识的传播和创造，以促进香港本地社会的发展，这符合香港社会及政府的根本要求，同时也是对大学功能全方位的表达，并给予大学在类型上的特殊定位：科技与工商方面的研究。这一要求也体现在大学校董会的人事任命上，监督须从具有香港工商业经验的校董成员中委任校董会主席、副主席及司库。[①] 可见，香港政府对举办香港科技大学的目标要求是非常明确的，就是大力推动香港地区的高科技研究。虽然大学条例是由筹备委员会草拟的，报立法局"三读"通过而生效，但是为了贯彻大学的这种宗旨，实现大学的使命，政府在大学立法内容中必须明确向大学授予自主权，体现大学自治的原则，因此在条例的第五条中规定了大学拥有的法定权力：

大学可为贯彻其宗旨而作出一切所需或所附带的事情，或作出一切有助于贯彻其宗旨的事情，并在不损害前述条文的一般性的原则下，尤可——
（a）取得、持有与处置任何种类的财产的权益；
（b）订立任何合约；
（c）建造、提供、装备、保养、改动、移去、拆卸、更换、扩大、改善、维修与规管其建筑物、处所、家具、设

---

① 见《香港科技大学条例》第9条。

备及其他财产；

（d）雇用全职或非全职的教职员、顾问及专家顾问；

（e）为其学生及雇员提供合适的适意设备（包括社交及康体活动所需的设施以及住宿安排）；

（f）以其认为需要或合宜的方式及规模，将大学的资金用于投资；

（g）以其认为合宜的方式，并以其认为合宜的保证或条款借入款项；

（h）以其认为合适或合宜的条款申请与接受任何资助；

（i）就大学所提供的课程、设施及其他服务厘定与收取费用，并指明使用该等设施及服务的条件；

（j）在一般情况下或就任何个别情况或类别的情况减收、免收或退还上述费用；

（k）不论是以信托方式或其他方式，接受与征求馈赠，以及担任以信托方式归属大学的款项或其他财产的受托人；

（l）颁授学位及其他学术名衔，包括荣誉学位及荣誉名衔；

（m）提供咨询、顾问、研究及其他有关服务，不论是否为了牟利；

（n）与任何人成立合伙或任何其他形式的联营关系；

（o）取得、持有与处置在其他法人团体内的权益，以及成立或参与成立法人团体；

（p）按大学认为合适或合宜而印刷、复制、出版或安排印刷、复制或出版任何手稿、书籍、戏剧、音乐、剧本、场刊、海报、广告或其他材料，包括影音材料及电脑软件；及

（q）以补助或贷款方式提供经济援助以贯彻其宗旨。

以上所列的大学权力各项，根据大学条例的规定由校董会来行使，这体现在条例第8条校董会职能的规定中：

> 可行使本条例赋予大学的任何权力，亦须执行本条例委予大学的所有职责，但本条例赋予其他权力机关或其他人的权力及委予其他权力机关或其他人的职责则除外。

筹备委员会是政府的直属机构，即政府成立的咨询机构，但该委员会自大学条例生效并依法成立校董会后解散，校董会成为该大学的最高权威。自此，办学权从政府直属机构转移到大学手中。大学的权力对校董会而言，意味着拥有最高的决策权，同时也意味着要承担同样程度的责任。校董会行使法定权力的时候，必须要考虑到如何恰当地实现大学的宗旨，并为此在制定各种大学政策、规程及校令的过程中，要谨慎对待，处理好繁复交错的各种大学事务。这在香港科技大学的学校网页中载明：

> 校董会是科大的最高决策组织，可行使《香港科技大学条例》赋予大学的权力，并履行该条例所列明的责任。主要包括投资、订立合约、大学遗产的管理、高层管理人员的任命、财政预算、财务及订立规程等。

校董会作为最高决策机构作出大学各方面事务的决定，却较少对学术事务作出具体决定，因为学术事务由教务委员会行使管治职能。这正如创校校长吴家玮所言：

> 校董会是最高层的权力机构，处理大方向、宏观政策、及全盘性的财务预算和支出。学术委员会是最高层的教研机

构，决定一切招生、课程、学位，及学术研究的方向和政策。①

基于这种职权分明、相互配合的设置，校董们将不试图干涉学术，学术人员能够发挥自主性，勇于学术创新。校董与学术人员在各自的权限内"不越雷池"一步，经过长期的相处，可以建立相互信任的协作关系。校董钟士元就指出："学术范围内的政策必须由教研人员讨论后决定，不允许校董会干涉。"② 只有彻底坚持这一点，才能实现"教授治校"的理念及校长负责制。关键是要长期一贯地坚守这一原则，这是非常重要的，可以遏制最高权威干涉学术的心理倾向，并形成学术自由或自治的大学风气。

决策程序及权力界定，比较容易形成文本，但是在决策的实际过程中，往往会遇到非常复杂而充满矛盾的不确定情况。不同人员对大学存在的问题有不同的看法，出现争论是不可避免的，尤其是在决策会议的讨论中。人与事要分开，不计较个人恩怨，这是一种非常重要的议事风格和辩论风范。只有这样才能使很多问题得到充分彻底的分析和论证，正反两方面观点互相碰撞，去除个人的偏见或臆断，进一步找出解决深层次矛盾的最佳政策。在香港科技大学创办过程中，吴家玮校长作为校方代表经常与作为校外人士的校董在校董会上发生激烈的争执。他在谈到与钟士元校董之间的争论时，这样说道：

> 钟士元把事和人分得清清楚楚，开会时可以争得脸红耳赤，可是赢了也好，输了也好，开完会立刻就是好朋友，继

---

① 吴家玮：《同创香港科技大学》，清华大学出版社2007年版，第9页。
② 同上书，第10页。

续嘻嘻哈哈，风趣过人。非但不记仇，甚至还会反复回想对方的论点，修改自己坚持已久的看法。不止一次，过了好几个月，我还听到他在公开场合向人阐述过去不肯接受的论点。在我眼里，这反映的是真正具有独立思想、拥有自信、令人信服的领导人作风。①

总体而言，香港科技大学决策机构在议事及表决的过程中，严格遵照既定的民主程序，包括议程、发言方式等，如在议事过程中极力避免个人利益的干扰，大学条例在校董会的会议程序中做了严格规定：

> 如任何成员在校董会会议将予审议的事项中有任何金钱上的或个人利害关系而又出席该会议，则该成员须在该会议开始后，尽快向校董会披露该利害关系的事实及性质；如校董会提出要求，则他须在校董会审议该事项时退席，且在任何情况下不得就该事项投票。

以上这些设置能够使各方利益主体在规定的议事机制内，必须建立在对公共利益的诉求上，以冷静地理性辩论和商谈，获得科学性的、妥协性的和合作性的集体意志；能够集思广益，博采众长，征询各方意见实现民主管理，限制主观恣意，防止利益冲突诱发的恶意对抗。可见，理性的争议是不可或缺的和非常有成效的。香港科技大学校长吴家玮对争议在制定行政政策过程中的必要性谈了个人体验："后来那些年，行政管理政策全已打定，争端逐渐消失。"②

---

① 吴家玮：《同创香港科技大学》，清华大学出版社2007年版，第10页。
② 同上。

从以上论证来看,"先多元争议后民主决定"是大学民主决策形成的一个大原则。此外,顾问委员会作为咨询机构,向校董会及校长提出有利于大学发展的开放性的意见或政策,能够进一步促进大学决策的科学性和适当性。该委员会的职能由大学条例第7条明确规定:

(a) 收取校长的周年报告;(由1995年第27号第3条修订)
(b) 审议校董会向其作出的任何报告;
(c) 讨论在顾问委员会提出的任何关于大学整体政策的动议;
(d) 为大学筹集资金;及
(e) 促进大学在香港及其他地方的权益。

二 执行大学决策的"校长负责制"与"权力的转授"

"一院制"的大学法人治理结构有英国传统因素,"两院制"有北美传统因素,如加拿大和美国两个国家。在加拿大,所谓的两院是指"治理董事会"和"学术评议会",前者主要由政府任命的成员组成,代表政府的权力意志,后者主要由有名望的资深学者和大学学术管理者组成。他们的权力分割,实际上是实行分权制,董事会负责大学管理事务,评议会负责大学学术事务。《1906年大学法案》就是多伦多大学根据皇家委员会的报告起草的法案,由政府批准并授权,体现了上述的"两院制"原则。在美国,大学校长一般不担任学术委员会的主席,倾向于两院制,是"教授治校"的典型;而在英国的传统里,大学校长要担任学术委员会的主席,这是典型的"一院制",香港科技大学沿袭这一传统,学术决策机构是"教务委员会",大学条例规定校长担任该委员会的主席。校长在香港科技大学就是大学的

"总裁",既是整个机构的行政领导(Chief Executive Officer),又是整个机构的学术领导(Chief Academic Officer),即大学条例规定的"校长是大学的首席行政及教务主管人员"。校长对大学的发展向校董会负总责,大学条例第 12 条第 2 项规定:

> (a)校长由校董会藉不少于校董会其时的成员的四分之三投票通过的决议委任。
> (b)校长可被校董会以行为不检、不称职、效率欠佳或其他好的因由并藉不少于校董会当其时的成员的四分之三投票通过的决议而免职。

在行政管理学的意义上,大学校长负责制实际上是问责制。有其权必有其责,权责分明,权责统一。校长吴家玮如此评论这种制度:

> 套用内地的语法,可以把香港的大学行政分工制度说成"校董会领导下的校长负责制"。但是香港的"校长负责制"就真让校长全面负责了。[①]

校长全面负责的同时,不可能一个人包揽所有的大学具体事务,必然存在"权力的转授"问题。如果校长的权力不以如此方式实行"分权",必有权利垄断,权力过度集中的不良倾向,这样会导致基层组织没有足够权限就基层的实际问题而具体分析,从而最终有效解决问题。吴家玮校长亦如此认为:

> 我在筹备时期建议科大采取职权相称的架构,把校长的

---

① 吴家玮:《同创香港科技大学》,清华大学出版社 2007 年版,第 306 页。

执行权尽量分散到副校长和院长们的手中,并限制了每一层对下层的行政干预。筹备委员会接受了我的建议。①

校级管理在校长领导下分为三个部门,按学术、行政及总务、研究及发展三方面分工。每一个部门由一位副校长领导,各向校长负责。②

可见,香港科技大学的行政管理体系,是分工明确的分权体系,即学术事务有专门的行政体系,只对校长负责,而学术事务承上启下的部门是学院一级,上承校级、下启学系,它的行政事务实际上主要是教授们的学术事务,尤其是以正教授为代表的资深学者在这一层级的行政机构里有重要的发言权,充分彰显了来自北美传统的"教授治校"精神。这也是香港科技大学被公认为有美国传统的重要原因。

香港科技大学的这种治理模式,可以称为"授权"模式,属于上级向下级的授权,权力来源于大学的决策机构,继而转授到以校长为代表的行政管理机构(包括院系两级),然后转授到学术管治机构,再转至各种委员会。这些权力机构之间逐级进行"权力的转授",转授的权力是相对有限的,并设有限定条件,比如委任资格、权限及职责;同时也是由上而下的、逐级的行政问责。《香港科技大学条例》的第11条、第13条、第14条及第21条专门对大学权力的这种"转授"体系做出了详细的法律规定:

第11条 校董会辖下的委员会
(1) 校董会可成立其认为适当的委员会,而该等委员会的部分成员可由非校董会成员的人组成。

---

① 吴家玮:《同创香港科技大学》,清华大学出版社2007年版,第309页。
② 同上书,第77页。

(2）任何根据第（1）款委出的委员会，其主席及副主席均须由校董会从校董会成员中委出。

（3）除第（4）款另有规定外，校董会可将其任何权力及职责以书面形式转授予任何根据第（1）款成立的委员会，并且如认为适当，可附加或不附加限制或条件。

（4）校董会不得将处理以下事项的权力转授予任何根据第（1）款成立的委员会——

（a）批准大学雇用的人的服务条款及条件；

（b）安排拟备第18（2）条所规定的各报表；

（c）根据第23条订立规程；

（d）根据第12条委任校长、首席副校长或任何副校长或将其免职，或根据该条批准首席副校长或任何副校长须承担的职责。（由2008年第24号第5条代替）

（5）在符合校董会的指示下，各委员会可决定其本身的会议程序。

第13条 校董会将其权责转授予校长的权力

（1）除第（2）款另有规定外，校董会可将其任何权力及职责以书面形式转授予校长，并且如认为适当，可附加或不附加限制或条件。（由1995年第27号第3条修订）

（2）校董会不得将处理以下事项的权力转授予校长——（由1995年第27号第3条修订）

（a）批准大学雇用的人的服务条款及条件；

（b）安排拟备第18（2）条所规定的各报表；

（c）根据第23条订立规程；

（d）根据第12条（第12（1）（c）条除外）作出委任或免去职位，或根据第12条批准首席副校长或任何副校长须承担的职责。（由1995年第27号第6条修订；由2008年第24号第8条修订）

第 14 条 校长将权责转授的权力

（1）在符合第（2）款的规定下，校长可将其权力及职责，包括根据第 13 条转授予他的校董会的任何权力或职责，以书面转授予他认为适当的人或委员会，并且如认为适当，可附加或不附加限制或条件。

（2）本条赋予校长将根据第 13 条转授予他的校董会的任何权力或职责再转授的权力，以及由任何人或委员会行使或执行校长根据本条而转授的任何上述权力或职责，均须受校董会根据第 13 条就该项转授而施加的限制或条件所规限。

（由 1995 年第 27 号第 3 条修订）

第 21 条 关于委员会的一般规定

（4）除非规程另有规定，否则顾问委员会、教务委员会及各学院院务委员会可将其任何权力及职能转授予任何委员会，并且如认为适当，可附加或不附加限制或条件。

虽然香港科技大学实行的是"校长负责制"式的"一院制"，但同时吸收了美国模式的"教授治校"精神。毕竟香港科技大学的创始人员，包括创校校长吴家玮在内的许多知名教授主要来自美国的知名大学，他们带来的不但是学术资源，而且也带来了美国式的大学治理观念。"校长负责制"与"教授治校"在香港科技大学的管治体系和机构中并行不悖，能够和谐相处，兼顾两种治理理念的实现。能够做到这一点要归功于上述所言的"权力转授"式的分权与问责体制。"校长负责制"是校长对大学宏观的、整体效能上的控制，以及拥有最终裁决权和对应的责任，直接向校董会负责；而"教授治校"主要体现在学术治理领域，以"教务委员会"为主要治理机构，下面的内容将集中研究这一点。

三 学术治理的"教授治校"精神

香港科技大学是一所从开办之初就立志于创建"高科技和现代企业管理的研究型大学",学术创新成就自然成为这所大学的生命力所在。以理、工、商见长的研究型大学,自然要以科研成绩为重要参考标准,只有取得国际一流水平的科技创新成绩才能实现科技大学的最终发展目标。这是大学校长的核心职责并全权为此负责,在"权力转授"机制下,要逐级问责于学术副校长和各院院长及系主任,那么学术行政人员就成为学术治理的核心人物。

学术治理从治理哲学上讲,应建立在既重视科研和教学成果又重视科研和教学过程的机制中。成果很容易倾向于量化,或者容易识别其水平高低,这是校长及学术副校长作为非专业内行人也能做到的,但是某一学科专业的科研或教学过程却是这些高级学术行政人员所不能从专业上把握的,因为他们往往只是某个专业领域的专家学者。因此,科研或教学过程是学者个人学术自由、学术创新的关键领域,只能由他们自为地"自我治理",这是"教授治校"的一个基本依据。香港科技大学的教务委员会便担负起学术治理的职责,"教授治校"的精神便蕴藏于这一学术管治机构的机理中。大学条例第15条规定了教务委员会的职责:

> 大学设有教务委员会,教务委员会是大学的最高教务机构,它须视乎校董会是否有提供拨款而——
> (a)策划、发展与检讨学术课程;
> (b)指示与规管大学内进行的教学和研究工作;
> (c)规管各认可课程取录学生及该等学生上课的事宜;及

(d) 规管大学的学位及其他学术名衔的考试。

从条例的规定中可知，校董会只对教务委员会保留"提供拨款"的财政权，类似于"大学教育资助委员会"仅对大学行使教育经费的拨付权力，而不干涉具体的学术事务。这种"不干涉"原则，确保了学术决策部门由教授们主掌自治权力。教务委员会的组织成员构成体现了以教授为主体的自治原则，但是与教授群体相对立的是学术行政管理人员，教授与行政人员由于各自不同的利益和专业志趣而出现平衡互制局面，从大学的宏观发展方面来讲又要团结协作。兼顾平衡与团结是带有英伦特色的政治风格，在大学行政权力与学术权力的博弈中，也出现了这种境况。这是制定大学条例之初就特别考虑到的，吴家玮校长对此有深刻的认识，并在立法过程中发挥了重要作用：

> 英国的宪法是从封建王国里演变出来的，追求团结多于抗衡……就政府来说，平衡互制会减少执政者专制独裁的倾向，却不时带来政策的摇摆和混乱。团结一致则增加权力和政策的稳定，却较难遏制多数党一意孤行……筹备委员会制定大学条例时，接受了我的建议，让学术委员会的组合兼顾两者传统。[①]

吴家玮校长所言的兼顾两者传统，就是平衡与团结并重的传统，这体现在教务委员会的成员构成中。该委员会当时共有成员五十五名，包括行政人员十四人，校长、副校长、院长、学术支持服务单位（图书馆等单位）的负责人；系主任十九人；教授

---

① 吴家玮：《同创香港科技大学》，清华大学出版社2007年版，第308页。

十九人；学术代表三人。① 校长、副校长、院长、系主任等行政主管人员，从行政管治规则上来说，由下而上向校长及校董会负责，代表了大学的行政权力的力量，其成员数量以多数决定了在教务委员会中的主导权。但是，学术专家都在院里和系里，院长及系主任又全都是资深教授，拥有"学术领军人物"的身份，他们联合十九名教授，完全可以实现"教授治校"的目的，至少在学术事务上是具有主导权的。基于上面的认识，行政人员与教授群体都可以主导学术决策机构，而且两种主导的关键力量都是院长及系主任，这从组织结构上兼顾了平衡与团结的两种传统，成为行政权力与学术权力在制衡中相互协调的根基。在实际的校政管理中，教授能够协同校长管理大学事务，并成为大学行政管理的主体人员。

如何扮演好行政领导与资深教授的双重角色和履行好相应的职责，是"教授治校"的关键所在，是学术部门实现有效学术治理的核心。吴家玮校长认为：

> 以学术部门来说，主要只有两点。一是：校级、院级、系级的工作各有什么内容？如何组织和分工？二是：每级的领导怎么聘任？教师怎么参与、监督及问责？②

> 具体而言，教务委员会作为大学最重要的学术机构，统筹一切教学、学术研究和学术服务工作；教师的招聘、升迁和去留；学生的录取、课程、评核和毕业；制订、审议、批准学术政策。③

---

① 吴家玮：《同创香港科技大学》，清华大学出版社2007年版，第308页。
② 同上书，第77页。
③ 同上。

因此,"教授治校"主要体现为两个方面:学术政策决策和人事的评核、聘任。在这些领域行使学术决策权力,其专门机构是教务委员会,其必然拥有相当权威的学术权力。有一案例,证明了教务委员会是决策机构,其权力是"名副其实"的学术决策权力:近年来,来自社会及政府部门的"两校合并"主张,被教务委员会里的教师们否决。由此可见"教授治校"的制度实现了大学的自治权,吴家玮如此评价在这一事件中的制度作用:

> 侧眼旁观,规范化了的"教授治校"制度,让教师们动用合法权利,当真在关键时刻发挥了作用。[1]

当然,"教授治校"理念,使教授们拥有强大自治权的同时,要承担相应的责任与义务,而且要有足够的自律意识。香港科技大学的实际情况是:

> 作为研究型大学的教师,职责除教学和研究外,还需参与校内、院内、系内或研究单位内的一些小组。"教授治校"不是空话,可是有权就有责,要付出代价。[2]

这些小组就是以教师为主体的专责小组,要花费大量时间和精力来讨论及决定学术政策。在对教师的评核内容中,不但包括教学和科研的成绩,还包括这一类的学校公共行政事务。

既然院长和系主任等行政主管人员属于行政系列,那么,他们是否会受到副校长、校长,甚至校董会的不合理行政干预呢?

---

[1] 吴家玮:《同创香港科技大学》,清华大学出版社2007年版,第308页。
[2] 同上。

如同中国大陆出现的大学"行政化"现象，使许多拥有行政职位的教授们对上级权威，甚至政府权威产生依附性，而不再代表广大教师的利益。当然，这与内地大学作为政府的下属行政单位有密切关系，然而更与大学行政主管人员的人事任命程序有关，其缺乏民主选举的遴选程序。而香港科技大学，包括其他大学，都有严格缜密的遴选程序，而且民主选举的群众基础的主体是教授，如同下文吴家玮校长所描述的：

> 既然任免校长的最终权力属于校董会，遴选校长的工作程序当由校董会制订，遴选委员会由校董会组成，成员由校董会任命。遴选委员会独立操作，对外保密，保障不用受上层或外界干预，直至向校董会缴上提名报告，完成任务，宣告解散。①

> 研究型大学里，遴选委员会的成员，一般以教授为主，校董为辅，偶然加入职工代表或学生代表，或邀请外界人事参与。②

> 就这样，教授们通过遴选委员会直接参与校级领导的选择。校长或副校长合同到期时，校董会应该按照规则运用不同方式向教授们征求意见，然后给他们参与决定是否让这位校级领导连任。本来在日常工作里，教师们已经通过多种委员会和小组不断提供意见，参与决策；校级任免制更进一步落实他们对领导层的监督和问责。③

副校长由校长和董事们协商决定的遴选委员会来遴选，然后

---

① 吴家玮：《同创香港科技大学》，清华大学出版社2007年版，第78页。
② 同上。
③ 同上书，第79页。

由校长提名后校董会任命，院长及系主任亦采取类似的遴选程序。院系级别的行政主管人员的委任也是通过上述严格的遴选程序遴选的，只不过相应的遴选委员会的级别和层次有所差别，然而，所遵循的民主规则和程序却是一致的或类似的，遴选委员的主体是相应院或系的教授、教师及其他院系的若干教师，校长和副校长在遴选过程中是不插手的，校长只有最后的任命权。这样就保证了由教授任职的各级行政主管人员的遴选、监督及问责，都没有脱离大学广大教师的意志，避免了所谓的"行政化"之可能。

第三节 三所大学的大学条例差异与制度差异

一 香港大学：英式大学

从英国大学的中世纪历史中可以发现，英国大学的权力中心是校长，而校长的任命来自大学师生的民主选举。这一古老的传统观念一直流传于英国大学的发展历史中，延续至今。香港大学作为香港地区的第一所大学，照搬了英国大学的管理体制，大学师生民主选举校长的传统观念在其中就有所体现。

首先，在校长的任命权上，香港大学不同于香港中文大学和香港科技大学。在香港大学早期（1918年），香港大学评议会就曾经抵制过立法局的校长任命。后来，《1911年香港大学条例》于1958年废止，但现行的《香港大学条例》仍然延续了当初的许多传统。比如，2011年的《香港大学条例》规程Ⅵ第一项规定："校长由校务委员会于咨询教务委员会后聘任"，第二项规定"校长可藉致予校务委员会的书面通知而辞职"。而香港中文大学和香港科技大学都是由校董会来行使任命校长的权力，三所大学的首席副校长的任命权也有类似规定及其差异。

其次，香港大学条例对校董会的定义比较特殊。在香港中文大学，校董会是学校的管治及行政机构（2007年《香港中文大学条例》);在香港科技大学,校董会是大学的最高管治机构(2008年《香港科技大学条例》);而在香港大学,2008年通过立法会修订大学条例的方式规定:校董会由原来的定义为学校最高管治团体修订为最高咨询团体,校务委员会由原来的大学行政团体修订为最高管治团体。[①]

二 香港中文大学:书院制基础上的英式大学

香港中文大学中英模式融合的制度特征,主要体现在书院制上,这显然区别于其他大学,成为中文大学最显著的特色。从大学发展的历史角度来看,香港中文大学的前身是崇基书院(1951年创立)、新亚书院(1949年创立)和联合书院(1956年创立),在书院自治的基础上建立联邦大学,第四间书院是于1988年创立的逸夫书院。书院与大学实行上下级之间的分权制,书院作为大学的成员有高度的自治权,从而表达联邦大学的"联邦"意义。

这种分权制由法律条文明确化,条例3明确规定书院的法源:"藉条例和按照大学校董会的特别决议而不时获宣布为香港中文大学成员书院的机构";而且,各成员书院自有各自的章程,对内部组织的自治管理进行了详细规定,但是书院章程的条文,"如与本条例相抵触或不一致,仍属无效"。由此可见,书院在大学中的权力地位,是带有自治性质的半独立权力实体,如条例附表:3.附表:4的内容分别是《原有书院的书院校董会的章程及权力》《逸夫书院的书院校董会的章程及权力》,两个书院章程均规定了书院是法团机构,即在章程的开端中规定:

[①] 见香港立法会教育事务委员会第十二次会议资料文件(文件一):《2008年香港大学(修订)条例草案》参考资料摘要。来源:http://www.cheungmankwong.org.hk/education/edu2008/edu080612_3.htmlJHJinfo01。

"书院设有书院校董会，校董会是一个法人团体"，"并以该名称永久延续，可起诉与被起诉，并须备用与使用法团印章"。以法例的形式确立了书院的法律地位，并清晰明确地与大学分划权力，法律权利与义务的明晰，使书院借此能够延续学术自治、办学自主的历史传统。书院能够自主研究开发各有其特色的新课程，如博雅教育、传统文化教育。各书院依据法例规定与大学在政治地位上能够一定程度上平起平坐，"各书院划地而治"，这与英国传统大学的学院有着类似的政治格局。从这种制度安排可以看出，香港中文大学是一所建立在中国传统高等教育基础上的英式大学，即书院自治基础上的英式大学。

当然，书院的这种体制设置，也有一定的弊端，如各书院自设行政机构，容易造成机构臃肿，浪费教育资源，而且由于各书院有着不同的特点和优势，分别吸引不等量的学生加入，在教育资源上虽然平均分配，但对书院的学生而言，有可能不公平，如有的书院学生少，却不能充分利用所占有的教育设施和资源。

书院固然在"联邦"体制中，具有较高程度的自治性，但是其权力的最终来源仍然是由中文大学的校董会授予或批准的。

除了条例规定书院章程的条文不能与大学条例抵触以外，在行政管制上，书院院长由大学与书院分别拥有的两种权力在不对称博弈中产生。条例的规程9规定，首任书院由"大学校董会根据校长推荐而委任"，而且"校长在做出该项推荐时须咨询有关书院的书院校董会主席"；各书院的非首任院长"均由大学校董会根据下述委员会的推荐而委任或再度委任"，推荐院长的委员会的成员也明确规定由校长（委员会主席）、书院校董会选出的本会校董一名、书院院务委员会选出的该会6名院务委员组成；书院院长负有与大学机构的协同义务，"负责有关书院及编配予该书院的学生的福利事宜，并须就该书院的运作及事务与校长紧密合作"。从以上规定中可以看出，院长作为书院的行政权力代表（任院务委员会主席），其任命权属于大学最高权力机构校董会，但是在任命前的人选提名过程中，校长分享了首任院长的推荐权，而非首任院长的推荐权分别由校长、书院校董会、书院院务委员会分享，充分体现了分权制衡，局部的、非对称性的权力博弈机制。这其中蕴含着协商、咨询的议事机制，体现了非常可贵的理性对话精神。

此外，书院在人事上具有一定的开放性，择优而任之，即院长必须为学者，且不一定必须为香港中文大学的教务人员，这是在规程中专门规定了的。[1] 在现实中，书院院长全部是由学术地位很高的教授出任，这与中国古代书院的院长人选有点类似："往往聘请有专攻，德高望重的名师主持院务，为一院之长。"[2]

以上所述香港中文大学书院制的具体权力规则，为书院发挥独具特色的教育功能奠定了必要的制度基础。书院教育功能的这种独特性，以"博雅"教育、"通识"教育、"全人"教育等理念为特征，在华人教育世界颇具影响力。根据香港中文大学的指示，各书院提供"学生为本教学"。为培养具有"全面了解能力"的人才，香港中文大学施行通识教育，符合"学生为本教学"的理念。通识教育的课程全由书院设计,[3] 不但有课堂内的课程，也包括课堂之外的活动。这一理念在1976年的大学改制中得到充分体现：

凡课室外之教育，师生间之谈论皆有助于理性及教养之

---

[1] 见《香港中文大学条例》规程9第6项。
[2] 王英杰、刘宝存：《世界一流大学的形成与发展》，山西教育出版社2008年版，第105页。
[3] 崇基书院最早将专业研究融入通识教育，以培养学生的解决问题的全面能力。

增进。而各成员书院则最适于担负此责任。①

三书院虽尽力保持其历史传统，但皆须致力于改进学生在正式课程以外之教育环境。如个人自学、组织社交及体育活动、处理为数甚多之奖学金及奖品，管理学生宿舍等，皆属书院责任范围。②

书院的这种"学生为本教学"的责任及理念，在香港中文大学条例中是有所体现的。规程14对教务会的职权进行规定的条文之一即为体现："根据每一书院的院务会的意见而考虑为推行学生为本教学所需的措施，并考虑为推行学科为本教学所需的措施。"

三 香港科技大学：美式大学

由于香港科技大学在立法过程中参照了香港大学和香港中文大学的条例，③ 因此，香港科技大学与香港大学、香港中文大学相比，有着类似的大学权力结构及其运行模式，但在一些具体规定和运作机制上，香港科技大学有着自身的独特之处。香港科技大学在创校时，参照美国大学设计大学制度框架，创校校长是由有美国大学校长工作经验的人员来担任。科大的这种建校背景，说明了其美式大学制度的渊源。不论是从办学模式，还是制度安排方面都与英式大学有一定的差异，这些差异从一开始就体现在大学条例的制定上。

首先，在大学条例的内容上，香港科技大学没有规程方面的内容，也就是说，没有对大学组织运行的相关具体规则给以法律

---

① 见《香港中文大学校长报告书（一九七八年至一九八二年）》，第16页。
② 同上书，第21页。
③ 吴家玮：《同创香港科技大学》，清华大学出版社2007年版，第44页。

上的规定，只是对大学组织整体框架进行权力上的界定。香港大学、香港中文大学在大学条例的制定上都有详细的规程内容，将许多大学组织的运行规则给以精确化规定。在某种程度上，香港科技大学的制度安排，为大学组织带来了很大的政策灵活性，在许多具体事务政策的制定上，大学内部的各组织具有相当大的自主性，能够充分发挥其组织管理的积极性与创造性。

其次，香港科技大学行政权力比较集中，校长权限比较大。《香港科技大学条例》规定，校长是首席行政及教务主管人员，全面负责大学的具体校务，而且，"首席副校长及副校长须承担由校长建议并经校董会批准的职责"，校长对副校长的人事任命具有推荐权。而香港大学、香港中文大学的校长没有这样大的权限，很多权力由根据各种需要成立的委员会行使，体现了英式大学在管理体制上的民主风格。香港科技大学的这种"校长负责制"，使校长的身份倾向于公司"CEO"的角色，这正是美式大学之所以在世界高等教育市场中具有强大竞争力的原因之一。

第四节　大学条例执行中的组织管理绩效

对于如何组织起一所大学，使大学组织成员各司其职，各负其责，从而开展卓越的工作，开创学术事业的这一课题，有美国学者以成功办学的密歇根大学为例作以下解释：

> 行政人员、教务处长、院长、系主任都享有高度的自治权。虽然这些领导权力很大，但他们也承担着巨大的责任，小到单位的福利，大到大学的发展与进步。这种把权力、原则性和灵活性有机结合的作风，使得密歇根大学吸引并培养了一些真正杰出的领导者。这些领导者反过来成功地招募并

培养了一批同样高标准的教师、员工和学生。[1]

这是密歇根大学治理的基本逻辑,"自治"由上而下的自发秩序。在历史上,密歇根大学就是通过抗争与妥协获得了法律上的独立与自治。自治的本质是在政府的影响和非正式协作下,不完全自由于法律,在立法协议和立法修正中获得自治。在1835年密西根大学成立的时候,政府通过立法协议试图将该大学建成强大的机构,但是很快失败了,于是1850年启动了第二次立法协议,使大学从来自行政管理机构和立法机构的行政干涉中逃脱出来,这使得密歇根大学成为独立的法人社团,拥有强大而有竞争力的公共管理部门。[2] 就此而言,大学在法律框架下的自治与卓越领导者带领大学成员的有机结合,使密歇根大学走向了成功。从大学内部而言,可以形成对治理理论的一个基本认识:治理逻辑所指导的对象是组织中的人与人之间的关系,其功能调节了管理者与被管理者之间的,以及有竞争关系的组织成员之间的权责关系与利益关系。

从上一节所分析的结论中,可以明晰:香港地区大学的治理,其逻辑是依据大学条例文本所表达的法理逻辑,在大学的各级权力实现分权及其问责的前提下,驱动了包括各级行政人员和广大师生在内的所有组织成员的意志,使其行为的动机得到了有效"传导"。具体而言,大学条例的文本付诸实践之后,将产生怎样的治理逻辑及其管理效果,主要体现在组织运作,以及组织成员的行为方式上,即领导者们如何"成功地招募并培养了一

---

[1] 参见詹姆斯·杜德斯达、弗瑞斯·沃马《美国公立大学的未来》的鸣谢部分。

[2] Terrence J. MacTaggart, Associates, *Seeking Excellence Through Independence: Liberating Colleges and Universities from Excessive Reguation*, Jossey–Boss Publish, 1998, pp. 144–145.

批同样高标准的教师、员工和学生"。

香港科技大学在短时期内获得成功,应当有其内在的治理逻辑作为支撑。而且,这种治理逻辑必然带来了卓越的组织管理绩效及令人欣慰的学术组织行为方式与治学风格。由此,大学组织的行政管理与学术管理必然成为探析香港科技大学如何获得成功的两条路径,并且这两条路径的分野是个极其纠结的"脉络交叉",非常值得探析。

一 行政管理:"民主制"下的"官僚制"

(一)大学的"官僚制"集权与知识生产特性

官僚制亦称科层制,是德国社会学家韦伯提出的"合法型统治"的形式。"合乎理性或价值合乎理性为取向"的章程,以法的形式来"赋权"。章程的规则体系成为"上级"行政的根本依据,服从者作为组织成员仅仅是服从上级所遵循的"法"。不论是法的实质还是执行者、服从者,他们的合法性都是建立在维护该组织团体的公共利益上。这是合理的理想状态,是官僚制的合理性所在。

从形式上来讲,韦伯还认为官僚制应有几个要素:机构、职务等级(上下级,各个层次)、专业培训、档案制度、官员(行政管理班子)。对韦伯关于官僚制的阐释,有以下几点理解。

1. 组织机构的实质内容。团体成员服从上级统治者实质是"并非服从他个人,而是服从那些非个人的制度,因此仅仅在由制度赋予他的、有合理界限的事务管辖范围之内,有义务服从他",[1] 这种服从制度而按章办事的运作,韦伯称为"机构"。
2. 档案制度。"按章办事"中的章是用文字固定下的规章或

---

[1] [德]韦伯:《经济与社会》,林荣远译,商务印书馆2006年版,第243页。

法令，必须与官员的行政行为相结合，其行为完全在档案的完备规定下进行，以此作为机构存在的要点，从而"产生办公机关"。
3. 官员的理想状态。官员在事务上服从官职，在等级制度中拥有固定的职务权限，根据契约受命，根据专业业务资格任命（不是选举），采用固定薪金支付报酬，职务"升迁"取决于上司的评价，同行者管理物资分开，接受严格的职务监督。

由此可见，官僚制是带有集权甚至独裁性质的理性统治工具，现代社会管理的结构非常符合韦伯所定义的"官僚"所具有的特点。这种体制在合理性章程的规制下将运作出带有现代技术力量的成效，对此韦伯评价道：

> 根据全部经验，纯粹的官僚体制的行政管理，即官僚体制集权主义的、采用档案制度的行政管理，精确、稳定、有纪律、严肃紧张和可靠，也就是说，对于统治者和有关的人员来说，言而有信，劳动效益强度大和范围广，形式上可以应用于一切认为，纯粹从技术上看可以达到最高的完善程度，在所有这些意义上是实施统治形式上最合理的形式。[①]

Paul DiMaggio 和 Walter W. Piwell 在韦伯"官僚制"理论基础上论述了组织的集体理性，认为组织在不确定性环境中的发展有强制、模仿与规范化三种同构机制：强制来自政策与合法性，模仿产生于应对不确定性的标准，规范化与专业化相关联，三种机制在制度化过程中的一体化，共同构造出组织的共性——"理性

---

① ［德］韦伯：《经济与社会》，林荣远译，商务印书馆2006年版，第248页。

的牢笼"（The Iron Cage）。[①] 现代大学组织面对经济市场的竞争性、科学技术的多变性也有上述的组织特征，大学行政管理是依据章程规定的民主程序，运用上级赋予的职权来实施学校管理（如计划、组织、指挥、协调和控制等，模仿其他组织的管理标准化）的，同时以实现学术目标作为大学组织管理的专业化追求。可见，组织的官僚制理性在大学组织中也有类似的同构过程。然而，韦伯所言的这种统治模式在某种程度上缺乏民主程序。

香港地区大学的行政管理体系中，有校长、副校长、院长、系主任等职务等级，其管理行为、职权薪酬、升迁、监管等都符合官僚制的官员特征，但大学的官员任命却有其独特之处，那就是有学术专业上的限定，有任命程序上的民主遴选过程，经过选举程序而定。如香港科技大学的副校长就是经校长提名，校董会民主投票决定最后的委任；院长、系主任也有类似的过程。这破除了官僚制的专权主义特性，但由上一级提名或推荐及评价的程序，保留了官僚制在官员升迁、任命上的集权性质，其效果是加强了权力由上而下的传达，增长了贯彻章程规定的成效，而这是问责制的法理基础和依据。香港科技大学规定了聘任官员的薪俸由相关聘任的上一级主管官员决定，[②] 这种薪俸制度充实了问责制的实质内容。"校长负责制"就是这种金字塔式的，但民主化了的官僚体制，使各级官员依照章程，在档案制度规范下，发挥了机关的高效管理绩效，实现了预期的大学管理目标或章程规定的合理目的。

韦伯认为理想型的管理制是建立在合法性（legitimacy）和

[①] Paul J. DiMaggio and Walter W. Piwell, The Iron Cage Revisited: Institutional Isomorphism and Collective Rationality in Organizational Fields, *American Siciological Review*, Vol. 48, No. 2 (Apr., 1983), pp. 147–160.

[②] 吴家玮：《同创香港科技大学》，清华大学出版社2007年版，第59页。

合理性（rationality）上的，以此作为正当性（validity）。官僚制成为理性工具，服务于各种事务和目标的实现。但是其预设的理想状态是很难实现的，官僚制有其内在缺陷。一方面官僚制并不能穷尽所有事务，而建立起合理的秩序规则，其容易有制度上的空白，确切地说是规则难以规制的领域；另一方面，官僚制在接近理想的状态下，由于"理性的牢笼"作用，其强迫性容易使人的思想观念走向僵化，抹杀了人的个性需求与创新上的灵活性，使人趋于"工具化"。香港科技大学正是通过"权力的转授"与民主选举这两种方式来消解了这种"僵化"和"空白"。而内地的大学管理体制走向"行政化"的极端，实质上是放大了官僚制的内在缺陷和没有真正发挥官僚制的优势，不是理想型的真正"官僚制"，这两种不良趋势同时发挥作用，导致马克思主义理论所称谓的"官僚主义"，极易滋生腐败与不公。

由于缺乏完备健全的章程、档案制度、官员的专业培训及严格监管，无法发挥官僚制的逻辑性、理性及其严格的精确性，而个人专断、主观臆断或感情用事的粗暴行政管理行为屡有发生。这种风格的行政管理行为带有"官僚主义"特征，具体危害为：瞎指挥，不按实际情况或科学规律决策。徇私情，侵害群众或公共利益，甚至出现裙带关系下的腐败。因此，"官僚主义"的管理行为违背了既有的章程规定，与最初设定的官僚制目标相背离，渐渐失去"合法性""合理性"，直至失去"正当性"。

由于缺乏民主选举程序及合理的授权机制，"官僚主义"行政管理行为在职务等级、任命、服从、薪酬等外在方面具有官僚制特征；另外，以陈旧的、有可能不合理的指标或指令来逐级强制推行其行政权力，在制度空白处行使了不恰当的指令，导致事与愿违，如行政指令干涉学术标准，将学术成果片面数字化，一刀切简单化，这抹杀了个人学术观点的独特性和不同专业的学术独特性，最终导致低水平学术成果泛滥，制造了许多学术垃圾。

可见，官僚制不是万能的"理性工具"，只能"善用"。大学作为知识创新组织，不能同工业生产性质的企业一样，将生产的过程与成果完全以数字量化的逻辑形式来实行"官僚制"的治理。这是大学的知识生产特性决定的，很多学术成果难以简单地全部盖以数字形式的量化来评价。因此，同行评议成为学术评价的必然之举，而这种评价机制实质上是民主投票机制，以及相关管理机构的逐级授权。以香港科技大学为代表的现代大学，就是实施这种模式的学术行政管理。而"官僚制"在大学所不能完全达成的使命，由"教授治校"管理模式和"学术自主"原则的完美结合来实现。这种被改造了的"大学官僚制"，做到了以学术业务的管理能力作为官员选拔和提升的关键依据。

（二）大学中的"官僚制"与教学科研行为

具体而言，大学中的"官僚制"是大学行政主管在不直接干涉教师、学生在教学、科研、学习的具体思想行为及其水准的情况下，在物质条件、时间等形式及制度安排上，发挥资源整合、精神鼓励和引导的领导职能。行政管理行为与教学科研行为需要确立明确清晰的界限，那就是明确哪些是行政执行领域的行为，哪些是学术自主及民主自治的行为。从机构的角度来说，行政与学术两方面的管理是融合为一体的，如教务会或教务委员会即院务委员会、系务会等，但两者的行为依据章程来说，是趋向于共同的组织目标，即提高大学的学术创新能力及大学的发展竞争力。如何使两种行为相得益彰地发挥合力，避免冲突和越位，这是需要彻底弄清楚的。

香港科技大学的校董会是最高的权力机构，其行政行为权威性很容易影响或干涉学术自由，但校董几乎不对具体的学术事务直接干涉，如吴家玮校长所言：

校董会既向代表全民的政府负责，又替大学向政府争取资源，有些校董愿意为大学在社会里筹募额外经费。但是校董们绝不插手学术政策的制订和实施、日常管理或运作。①

至于香港科技大学的行政执行机构，在官僚行为方式上，不但要遵守上述的"不干涉"原则，而且在资源整合和配置上的服务工作方面，做到了公开透明，以学术机构的需求为导向，真正是循行官僚制的"按章办事"之精神内涵，其保障机制是以以下几项制度安排为基础的。

委员会设立了一系列专责小组，按时按需在会议上作出报告。最重要的任务是资源的分配，因此开会开得最勤的，透明度也必须是最高的，是大学经费预算和教研设备这两个小组。此外就是科研基础设施和实验室设施这两方面。②

开会（校政委员会下的"四人组"会议）并不定期，内容一般是尚未成熟的想头、特别敏感的构思、风吹草动的信息，以及比较重大的人事问题。一旦议题了解得较深，或许找到了部分共识，就会起草文件，凭其性质提交到学术委员会或校政委员会。③

会议（校政委员会）有正式议程，并派发有关文件；讨论的内容，记录在案。为了增加透明度，让全校同事们在讨论过程中（而不是决策后）得以跟进校政，会议记录在

---

① 吴家玮：《同创香港科技大学》，清华大学出版社2007年版，第75页。
② 同上书，第309页。
③ 同上书，第310页。

校内上网，从未间断。①

从行政管理的内容和形式或程序上来说，其行为局限在学术研究的过程之外，并且使学术人员的意见渗透到管理环节当中，体现了"官僚制"内部的学术民主价值，在某种程度上克服了官僚制的内在缺陷。除了拥有民主价值，香港科大的行政机构的集权性质的另一大优势是对资源、信息的整合，使内部组织在系统化条件下，协调了校、院、系等单位的关系，形成了彼此之间的合力，使大学能够在系统性创新与战略发展方面超常地发挥出优势。香港科大的行政管理机构是通过"联席会议"的方式来进行这种整合与沟通的：

> 因分权制度可能带来组织上的离散。于是又需建立行政人员互通信息、共商大事、寻求整合的机制。我在科大设立了一个"校政委员会"（University Affairs Committee，UAC），每月的第一个星期二召开会议。成员包括：三位副校长、四位院长、研究中心主任、学术策划及协调处主任（兼任会议秘书）、财务处长，及两位教授代表，连我共十三人。公共事务处和审计处主任列席。②

这种"校政委员"的人员组织，主要是通过人事构成所构织的权力关系网，实现学校的各单位的信息与权力的双重整合，以此来调整全校资源的配置，以及从知识的角度解决面临的棘手问题。除了以上独到的设置之外，吴家玮校长为了提高效率，节省精力，在校政委员会运作的同时，设立小组会议，以及他称之

---

① 吴家玮：《同创香港科技大学》，清华大学出版社2007年版，第309页。
② 同上。

为"四人组"的会议，包括校长和三位分管副校长，再加上负责议程和记录的学术策划及协调处主任。

实际上，这种带有将散落在各院系的权力集中起来的"集权"性质的运作，不但防止了组织的离散，而且提高了效能，也显示了在处理具体事务时所具有灵活性和创造性的优点，即校长作为学校管理的总负责人可灵活地设置各种机制，以积极应对问题，发挥个人智慧的潜能。可以说，在法律规范之内但没有法律具体规范的、待解决问题的领域，这种集权是一种高效的"立法"活动，是集体有序协商、论证的民主"立法"进程。校长的集权，并不意味着专权，这不但与其管理行为方式有关，如协调会议、民主程序等，也与其任期制及授权机制有关，遴选与委任相契合，形成有效的问责。这正是在权力不失去控制的同时，能够发挥个人创造性、积极性的关键所在，吴家玮校长对此深有体会：

> 按我个人的看法，院长和副校长还是委任比较妥当。他们必须清楚了解自己的职责和权限，把改善同事们的教研环境作为自己的主要任务。甚至牺牲自己的科研前途，视学术行政管理为终身事业所在。[1]
>
> 透明、公平、参与性较强的遴选、监督和问责制度，让教师们增加对高级管理层的了解、信任和支持。教师们与管理层团结一致，才能把大学的工作做好。[2]
>
> 我认为合同制比较好：任期内，校长可以放手去干，不必担心政治干预，人事波动，或动辄得咎。[3]

---

[1] 吴家玮：《同创香港科技大学》，清华大学出版社2007年版，第82页。
[2] 同上书，第79页。
[3] 同上书，第78页。

校长在这种"官僚制"的任命体制中，既有压力又有灵活的自主性，同时在具体行政管理行为上，受到民主程序的规限，又与教学科研行为保持距离和有效沟通。学术副校长、院长、系主任等主管人员与以上所阐述的原理相仿，遵照这种行政管理职能履行机制。这是"权力的转授"机制破除专权的显著表现。

基于以上行政管理机制的保障，以教授为代表的学术人员在自主从事学术活动的同时，能够从关切学术发展的角度参与和渗透到"官僚"机体中，了解行政决策情况及表达带有学术价值的意见，最终使管理层与服从管理的组织成员相互团结信任起来。

以上所述行政管理行为的方式，实际上是"官僚制"与"民主制"有机结合的具体体现。需要注意的是香港科技大学的"民主制"不是全方位的，不是所有层级和所有性质问题的民主。在学术事务上，从教务委员会到系一级都有民主的组织运作程序，在校政管理上，校长、副校长等主管的任免是经过校董会民主决策来实现的，但是院长、系主任等副校长以下的主管人员的任命，是缺乏民主程序的，这是香港科技大学比较特别的地方。

香港的老牌大学，如香港大学、香港中文大学，多年沿用英国的传统做法，副校长和院长多由教师投票选举产生，回顾英国中世纪大学传统与英国近现代大学制度，可以看出这种类似特征。从这一点可以发现，英国古老的大学理念对香港的大学制度有着深刻的历史传统上的影响，那就是教授治校精神，教师团体被赋予了大学的自治权力。这种架构有其利弊两面，好的方面是比较民主、能够顺应教师群体的需求，但是，由教师团体选举学术行政主管人员的体制在现代竞争激烈的社会环境里存在一定的弊端，吴家玮校长如此评价道：

那种架构里，校长和系主任两头权力过大，而中间的副校长和院长则权责不明；学校的领导组织容易松散。现代社会步伐特快，竞争特强；松散的组织难以应付冲击。①

现代社会的市场环境为校长负责制下的任命制提供了合理性，大学"公司化"的倾向代表了美国大学的现代性特征，也是美国大学竞争力的要素之一。而学术资本主义的潮流与官僚制作为理性工具结合起来，使当今的大学及其师生再也不能居于"象牙塔"之中闭门研习功课和研究学问。以上种种因素，使香港科技大学颇具美国大学的特色，而与香港其他大学有所区别。其独特性，概而言之就是学术"民主决策"下的公司化"官僚制"大学。

二 学术管理：学术市场是否可能？

大学的"公司化"并不意味着大学走向金钱主义方向，虽然大学确实受到市场经济的强有力统摄，这如同"市场"并不意味着必然是"金钱与商品"的领地。"市场"的本质意义可以在其他场合出现，在这里便是大学及"学术市场"，市场的本质意味着"公平""公开"，这对大学及其学术活动是同样适用的。大学的"市场说"不仅仅是缘于大学要服务社会发展（尤其为经济发展提供科技、智力等支持）这一现代功能，同时也是因为大学组织成员需要一套公平合理、能够激励积极性的评价机制、奖惩机制及契约机制（人员聘任、科研合约等），这是大学组织管理绩效的核心内容和目标。而作为研究型大学的香港科技大学，必然要在学术研究的事务上形成上述所论述的合理性机制，在讨论这些机制之前有必要分析学术的性质与权益。

---

① 吴家玮：《同创香港科技大学》，清华大学出版社2007年版，第82页。

首先，学术有公益性、私利性和荣誉性三种性质。大学作为"学术市场"的主体，具有"公司"性质的法人权力和责任，无论在学校的财产、投资方面，还是在学术活动上，都均在大学条例中载明了这种法人权力的法定性。大学依靠教育资源的投入及利用，聘请"生产新知识"的教师来生产"学术产品"。"学术产品"作为大学教育成果由政府委任的机构评鉴，确定学术成果的价值而非价格。那么学术成果作为产品的话，有此种性质，只不过其具有一定的特殊性。物以稀为贵，在学术成果上体现为高水准创新或经济价值高的"知识产品"，学术成果的价值某种程度上是知识的价值，这包括创造这种价值的物质成本和人力成本。大学教师在学术研究中因人力成本的付出而获得的报酬，体现了学术的私利性；学术成果以知识产权的属性在经济市场中形成价格，学术的公益性体现在政府根据各大学的学术研究水准和成果数量（一定程度上是政府管制的教育市场）来拨付政府资助的经费拨款数额，以及通过社会与政府等机构对学术成果的购买而实现其社会公益性价值；学术成果的荣誉属性在地区及世界学术交流中形成知名度（包括排行榜等形式的认可程度，如香港地区大学的学位受到国际高等教育界的认可）。学术成果以物质的形态与精神的形态结合的形式存在。物质的形态说明大学需要充足的资金的投入，精神的形态说明大学生产新知识的特殊性，即学术追求的质性本位。概而言之，学术水准成为知识创新的大学所最赖以生存的生命线。

其次，从学术成果的知识产权上来讲，学术是一种权益。教师作为学术创新者是学术权益的主要享有者。有其权必有其利，这是大学教师从事学术活动的基本动力。然而，学术成果的权益包括三个部分。

一是学术的公共权益。香港政府的研究资助局负责评审，以及据此拨付资金，形象地说明由政府出资购买个人的智力，只是这是非合约形式的。

二是学术的私人权益。学术成果转化到社会中去，由企业、团体组织来购买，也包括政府的购买，以合约的形式实现。

三是学术的荣誉权益。香港科技大学的国际化学术评价，以国际刊物为主要依据，由此形成作者的学术荣誉及其权益。在这种权益基础上，使学术荣誉成为大学精神的主要表现形式，其是学术市场的信用基础，为市场的主体建立了信誉，防止了学术投机与舞弊，遏制了学术的短视意识及行为。

(一) 大学外部学术市场

三种性质在学术市场中的表现，各有独特之处并相互联系，其共同之处就是以市场的本质为根据。知识产权是经济权，有实现物化或货币化的必要，需要有与其他产权一样的市场环境作为实现条件。以政府主导的学术评鉴为依据来确保学术市场的公正性和公共性，若干大学在此平台上公平竞争，具有市场公开公正的本质。学术荣誉则通过区域或国家范围的学术交流、学术成果的发表，以及公开评论、公开评鉴等形式形成不同声望，从而带来不同的品牌及信誉上的收益，有利于提升大学的竞争力及影响力，如更有能力吸引国际上的优秀人才和各种教育资源，这其中的市场效应是国际性的。自发形成的学术荣誉市场秩序，在此不作深究，只是重点讨论前两者。

学术知识产权的"市场秩序"，主要体现为合约行为。学校与企业团体、政府签订合约，实现智力成果的技术应用的转化。遵守市场经济法则，知识学术成果的估价由供需水平与学术价值共同决定。学术价值的评鉴由买方实施（或委托其他部门）并承担相应的经济风险，知识产权的收益由大学和学术人员共享，不应被个人占有，学术人员以"聘用"的合约方式从校方获得薪俸及奖励。

在学术公益性质的"市场秩序"中，由香港政府资助的几所大学成为市场主体，以实现学术服务社会的大学功能。政府代表社会资助各大学，并从中获得"学术成果"而非经济市场性质的购买。然而，这种资助行为是否有"买卖"性质，需要具体分析政府的资助形式。香港政府大学教育资助委员会三年一次的教育经费拨付，是维持大学教学科研工作正常运转所需要的日常开支，主要是为保障大学的课程教育及其必要的研究，是无具体条件要求的总额拨付，大学完全能够自主支配这些资金。研资局的资助资金是有条件的交换行为，以项目资助资金交换高水准的学术成果，这是研资局资助的本质之处，虽然有经济市场意义上的交换性质，却没有合约。因此，项目资助不具有"买卖"性质。项目资助的学术成果属于政府为社会提供的公共物品，只不过是将生产过程"承包"给了大学，而承包过程是"投标式"的，从审核过程可以看出对所谓的标书采取"秘密投票"的严密程序。"投标式"的承包俨然具有市场特征，学术市场就此构成，而这种市场的性质或本质，就是公开公正。因此，"投标式"的严谨与公平，体现了学术市场的本质。国际化的学术荣誉市场，技术转化的经济市场与"投标式"的学术评审市场，从范围上来看，是大学外部治理的秩序环境。香港科技大学及其他政府资助的大学、私立大学以平等身份参与到这种公平公正的竞争中，激活了大学学术发展的活力和创造力。

（二）大学内部学术市场

外部治理的秩序必然影响到大学的内部治理，这是因为外部学术市场的竞争压力传导到大学内部的组织管理上。首先，研资局依据一所大学年度获得项目资助资金的数量及比重来确定对大学资助的数额。对大学校董会来说，保障大学发展所需要的充裕资金是一项重要的职责，必然责成校长贯彻相关有利于增加政府资助和社会捐赠的政策，以获得学术竞争力及其荣誉度。就香港科技大学来说，所贯彻的政策是校董会的"权力转授"下由校长及副校长来负责制定。根据上文分析过的该大学学术管理的体制，在政策制定与执行上，完全是以"官僚制"为工具的"集权"及校长、副校长、院长的层层问责与授权来完成的，是集权与分权得到相互映衬的结合，孕育出了"教授治校"和"学术民主"的精神，学校内部的"学术市场"由此形成，而成为学术治理的灵魂及透明公开、公平公正的"市场精神"。其治理与管理的主要秩序与规则，体现在聘用、留任与升迁机制中。聘用人员时要"秘密投票"，以防止学术权力的寻租。

对大学内部的"学术市场"来说，学术标准是最核心的内容，它与教师的聘任、留任和晋升都有着紧密的关系，是制定这些学术政策的核心依据。从大学行政管理层面上来看，人事评核、财政资源分配、学术政策调整等都要以保持世界级的高水平学术标准为宏旨。

以校长为首的大学行政系统建立学术市场的规则，设计教师评核制度，尤其是以"教授治校"为本的评核制度；各级教师的聘任、留任和升迁，由相应的各级"教授小组"负责评核，自下而上分为系级、院级和校级。这是为应对学术市场而进行的大学知识生产评核的制度设置。具体而言，评核由系向上逐级提交评核报告，每级都包括"教授小组"撰写的评核报告和该级行政负责人的评核报告，两份报告是独立平行的，这是为了平衡利益和争取客观意见；如果两份报告结论相同，院级有权决定助理教授级的评核结论，如果有分歧，则与副教授级评核报告一样提交校级评核；到了校级，如果副教授级的两份报告结论相同，便在该级评核中决定，如果结论有分歧，则校长与学术副校长讨论，并酌情与教授小组商量，最后做出决定。①

而且，为了增加开放性和公正性，保障学术标准的高水平，

---

① 吴家玮：《同创香港科技大学》，清华大学出版社 2007 年版，第 313 页。

还在评核过程中必定邀请校外学者参与评议。不是请他们参加小组讨论，而是让小组向他们征求切实可信、公正不阿的书面评估。在此过程中，教师过去的导师不在被邀之列，除特殊情况外，也不邀请教师的合作伙伴。当然这些校外学者一定要是国际公认的专家；既要讲质，也要讲量。后者的意思是，必须征求大量的书面评估，以防范个别学派的偏见。① 这种学术标准的国际化，通常来说，已经在高等教育比较发达的国家间形成了惯例。大学是国际或世界性的大学，那么学术标准也应当是国际化的；而且，不同学科领域的学术标准也是不尽然一样的，这也是接近常识性的学术知识。吴家玮校长对这些原则有深刻的认识：②

> 研究成绩则有国际准则可援，容易评核得多：成果必须在公认严谨的国际一流专业杂志或会议里发表。质远重于量，不能靠"数"。譬如说，人文领域里，一本好书很可能要花几年来写，"量"没有多大意义。可是在经济和企业管理的领域里，论文能被真正国际一流的专业杂志接受非常困难，因此发表的"量"同时也反映了"质"。一些发展神速、急不可待的领域里，譬如说计算器科学里的某些专业，论文在一流国际会议里发布过，就未必需要在专业杂志里再次出现。而艺术创作则非但不能量化，连质都比较难定。
>
> 不同的学术领域及专业，有不同做法；不能公式化，更不能一刀切。好在每个专业都可邀请公认的资深学者及后起之秀帮助评核。世界级的学者们诚挚互助，习以为常；应邀提供书面评核意见，早已成为界内传统。
>
> 可是教师们的风格各有千秋，教得好不好很难运用统一

---

① 吴家玮：《同创香港科技大学》，清华大学出版社2007年版，第313页。
② 同上书，第312页。

标准来评估。一般世界级大学的做法是：写明要求和准则，在教课内容和教师表现这两方面画上底线，作出观察，并让学生参与评核；两方面都须超越底线才给过关。此外运用不同措施来激励和奖励教师，让它们各显神通，做好教学工作。

制定了学术评鉴的标准，从内部来讲，体现了教师需求的公平原则和学校需求的激励原则，提升了大学的学术水平；从外部来讲，提高大学作为市场主体的学术水平竞争力和学术荣誉度及影响力，其显著特点是国际性与服务香港的完美结合。需要补充的一点是，教学领域的学术评价问题，体现为学生参与评价与同事评议相结合。

香港地区的大学外部"学术市场"与香港科大独特的内部"学术市场"，激活了大学组织及其成员的活力，取得了"奇迹"般的成功，使香港科技大学成为其他大学仿效的对象。对于香港科技大学的成功，许多学者或者当事人分别有不同的见解与看法，这有其必然的因素，也有许多偶然因素，其成功不可复制，只能借鉴。然而，可以借鉴的核心内容是什么，这既是我们破解香港科技大学成功之谜的重要问题，也是借鉴者不能简单复制其成功的根本所在。

三 香港科技大学的成功之谜及一个理论假设
（一）香港科技大学如何获得成功

破解香港科技大学的成功之谜，是许多研究者的兴趣点，他们有着许多推断和猜测，由于成功办好一所世界一流的大学是极其复杂和充满不确定性的事情，片面的理解和阐释，都不足为据，有必要看看办学亲历者们的体验与见解，如吴家玮校长与孔宪铎副校长的。

他们的见解是基于美国经历与香港经历的感悟，以中国内地社会制度为背景的思考。香港科技大学的成果，确切一点说思考其成功的前提是很有益处的。对此，可以总结为以下两点内容。

一是政府对高等教育的高投入及科学合理的经费配置体制。政府通过教资会支付大学的主要经费，在投入的总量上，是惊人的，从1998年到2001年的资助总额达到近400亿港币；[①] 香港科技大学作为瞄准高科技研究型的一流大学，定位准确且坚持此定位；同时，研究设备是世界一流的，聘请的教师科研人员也是世界一流的；中介缓冲机构的科学合理的管治，使教育研究经费有高效益的产出；香港政府及教资会不干涉大学的具体办学事务，甚至对大学的战略性政策也不直接干涉，主要通过校董会及行政机构的民主决策来决定，这包括资金的使用政策及细则，这是大学条例法定了的。这些办学体制的特征在本章中做了充分的叙述与分析。

二是大学的内部治理遵循国际化的办学规则及习惯。高科技研发与工商管理并重研究型大学，所从事的专业研究领域都是国际前沿的而且必须是国际前沿的科研领域，大学才能发展生存下去。吴家玮校长对此感言道：

> 高科技和企业管理都是跨国界的专业领域，任何学校若要在这些领域里走在教研前沿，都必须国际化。[②]

鉴于这种世界一流大学的发展要求，除了政府有必要的治理或管治外，香港科技大学有法定的高度"自治权"及实施规则，这是国际通行的成熟规则。自治权的实施，一方面是校董会的决

[①] 见《大学教育资助委员会1998年到2001年报告》，第14页。
[②] 吴家玮：《同创香港科技大学》，清华大学出版社2007年版，第14页。

策权力；另一方面是校长及其属下的行政管理权。就校董会而言，人员组成多元化，其中有海外人士的参与，组织架构由政府、社会、大学三方组成，使大学的发展成为真正的社会事业，这是公办大学最高权力机构运行的国际惯例。校董会对外负责，对内放权，校长及其属下构成的"官僚制"充分发挥了集权工具的高效性，同时，浸润其中的"教授治校"的学术民主精神，使这种工具的使用，充满了科学合理的性质，其管控指向学术水准的提高，学术创新竞争力的提高。在这种民主性质的"官僚制"中，校长、副校长等主管人员与教授都作为"个人行动者"遵循国际通行的规则。

（二）一个理论上的假设

然而，在香港的微观文化环境或制度环境里，香港科技大学校长等行政主管们在大学内部事务上制定了许多新规章，以适应香港地区的特殊情况；而且，香港在短期内成功地办成了一所以华人为主体的知名华人大学，中国大陆和台湾地区的著名大学都不容易取得这种成就。由此可以发现，那一批创校团队在"大学创业"中，必然有其特殊的因素存在。譬如，创校校长曾抱怨教资会对科大的评断，对外来的干扰提出许多抗议，并促进了新规则的制定，确立了教授治校的原则。可见，教授们的学术追求与既有的法制规则之间存在某种紧张关系，并成为大学治理在形成规则过程中的矛盾，也是官僚制内部在"正当性"价值上的矛盾。

"法治精神"是香港社会的重要特征，这种治理精神自然延伸到大学组织中。因此，香港政府的办学规则，从宽泛意义上来说是大学"法治"的形式。然而，吴家玮校长面对这种情况，认为法治的某些领域，具有僵化、落后、不公平的局限性，尤其在教育或学术的评鉴上。他说：

香港的"法治文化"虽好，但是碰上过时的条例或僵化的执行，会让人举步维艰，一筹莫展。①

他认为的这种本本主义带来僵化与不公的"法治弊病"，对教育与学术而言，确实有一定的道理。这是因为法治的特征往往是数字化的逻辑，应用在教育与学术这种带有浓厚人文性和难以量化的评鉴目标上，显然有不合适的地方。因此，"教授治校"成为突破"法治弊病"的有效治理方式，尤其体现在对教育和学术水准的评价机制上。从某种意义上来说，校长、副校长等行政主管的管治工作与"教授治校"是某种"人治"。只不过行政主管的权力在特定范围内受到法律的严格限制；教授治校也是以教授的身份和教授组织群体为前提，来实现学术事务的治理的。正是吴家玮校长带领众多教授共同努力，实现了这种大学内部的教育与学术上的有限"人治"。从治理理论上来说，存在的困惑就是人治与法治如何共存的问题，是"法治"抑或"人治"产生了卓越的组织管理绩效？是法律的规则还是人的主观精神产生了卓越的组织管理绩效？于是，在此提出法治与人治之间关系的理论命题，而这与组织文化有内在的关联。表达法律规则的大学章程与表达主观精神的大学组织文化之间究竟有什么样的内在逻辑，成为这一理论命题的关键之所在。

僵化、落后的规则束缚，使校长难施拳脚，这是香港地区大学体制的部分落后之处。对比香港中文大学、香港科技大学的条例，明显感受到中文大学的规定具有较强的"官僚制"理性牢笼特征，而香港科技大学更突出了高度自治性、内部的"自发秩序"，尤其是"权力的转授"条文，为发挥校长、副校长、院系主管人员的积极性、创造性提供了法律条件，某种程度上为

---

① 吴家玮：《同创香港科技大学》，清华大学出版社2007年版，第296页。

"人治"创造了宽松的环境，而这种条件下的"人治"固然有一定的问题，如容易导致滥权、专权，但是有相关的分权机制加以制衡，使个人的主观性只能在某种限度内发生作用。由此，法治与人治不能轻易片面地认为哪个更好或更坏。客观而言，两者都是一种治理形式或模式，正如邓小平同志评论计划与市场都是经济治理的工具。关键问题是，要看两种治理形式如何实现预期的治理目标，两种治理形式实现治理目标的途径及机制是需要分析与判断的，以评鉴其工具价值的合理性。否则，其指向的行为目标将偏离预期的价值目标。

在西方，除了"民主制"的治理规则，"官僚制"的工具理性贴切地表达了法治的行为风格。西方的这种社会组织管理模式是近代工业革命及资本市场发达后而自然形成的技术社会运行模式。而在中国的传统里，以儒家伦理为核心的人治社会管理模式，成为封建的、非工业的社会运行模式。法治因为在制度空间的底层上有价值空白，也就是通常所说的"法律空白"，再加上法律固有的"滞后性"，使"官僚制"因某些环节的不合时宜，会分别有执行不规范与背离原初价值目标的缺陷。因此，需要个人的灵活创造力，需要魅力型领导，在困境中需要突破某些关节点的场合，人治显然有这种优势。但是，也难掩饰"人治"的致命缺陷，即专权与主观、私利与腐败的倾向。从这一点来说，人治与法治相辅相成，两者"扬长避短"地结合与相互制衡非常重要。然而，从历史上看，以法为观念的治理，与以人伦为核心观念的治理，形成了特征相异的社会组织文化，中西文化差异就突出表现在这里。大学组织在这两种模式与文化环境里自然有不同的组织管理模式与文化风格，从而影响了大学的品格，产生不同的结果，其根源是不同的文化环境里的组织成员作为个体来说，有着不同的社会认知、组织文化观念及行为。以香港的独特历史境遇及大学的发展成果为事实依据，来分析不同治理模式下，个体的观念认识及行为，组织的文化形成及组织行为，两者如何在各自领域里发生作用，如何相互影响、构成及变革，并形成大学的实体及各种精神现象。这是一个必须深度解释的疑问，否则无法理解香港地区大学制度中所隐含的规则力量和观念力量，以及如何实现其特有的大学理念之精髓。

根据以上章节的理论论证，针对香港地区大学的成功可以提出一个理论假设：大学章程是通过严密的权利与价值的逻辑对组织成员的思想观念结构及价值观念产生影响，塑造了一定的大学组织文化，从而才有可能实现卓越的组织管理绩效，来保障大学事业的成功。

第三章 大学章程对大学组织文化的影响：组织认同及其制度执行力

在对香港地区多位大学教师的访谈过程中，出于对规章制度的关注，特别是询问其重要性时，教师们均出乎意料地认为：香港地区的大学能够良好地运行和发展，是由于校园内各种惯例和习俗的存在，大家都习惯了某些既有的行为方式和各种做法，并自觉地遵循这些传统。从他们所持有的观点来说，大学各种繁杂的规章制度似乎对他们来说并不重要，几乎是多余的。然而，必须清醒地认识到，没有规矩不成方圆，规章制度固然是不可或缺的，而真正驱动教师们勤奋而忠诚地开展教学研究工作的，应当还有其他要素在起作用。由惯例和习俗形成的不成文规范及其内在的文化观念力量，成为教师群体所认为最为重要的、潜在的行为动机，这是否具有独特性，其他群体如学生、行政人员（包括行政主管人员）是否也有这种行动机制？本章将调查问卷分析结果和深度访谈作为论据来考察大学章程对大学组织文化的影响及其机制。

第一节 大学组织成员对大学章程的"认知—认同"机制

一 "认知—认同"与大学章程文本

采取认同机制作为研究的切入点，完全是因为规则在可观测性上体现在章程文本上。而且，体现章程规则的文本对传统价值、信念认识具有"语言"意义上的工具性或功能性。从组织文化的角度来说，语言符号是解释文化的要素，Mats Alvesson 认为：

> 用意义和符号解释组织文化比用价值来解释更有用处，更加首要。文化作为意义和符号的系统被理解，它为支配组织成员各方面的认知和情感提供了共同规则，这种共同规则的形成是以全体组织成员的共同塑造和表达为途径的。[①]

可见，组织规则对其成员在认知和情感上的支配，来自语言等符号及其所表达的意义对组织文化的解释，并在此基础上形成价值与信念上的共识，从而产生组织文化的认同感和组织成员身份的认同感。因此，要想获得对组织文化的理解，必然要从语言符号入手，来解释其意义与价值。

在古希腊哲学中，柏拉图与亚里士多德对"理念"有虚实之争，柏拉图认为理念是超越个别事物之外而对"类"的表达，是个体事物存在的依据的实在。这种实在在某种程度上具有"绝对精神"的意义，"这一理论（指理念）一部分是逻辑，一部分则是形而上的。逻辑的部分涉及一般的字的意义"。[②] 定义或概念成为理念的载体，而亚里士多德认为理念是虚构的，实在的应是现实世界，而不是理念。由对事物的感知体验形成意象化的概念，而逻辑由概念之间的关联形成，即"三段论"。在亚里士多德看来，概念及语言的形成是人们认知世界、形成知识的认知过程。

---

① Mats Alvesson, *Understanding Organizational Culture*, London: SAGE Publication Ltd., 2002, p. 3.

② 罗素：《西方哲学史》，马元德译，商务印书馆2005年版，第163页。

基于这种哲学认识，认知应先于语言对现实世界的感知；并且语言作为思维、逻辑推理的工具促进认知的发展。语言促进认知的发展，在哲学上是建立在柏拉图的逻辑意义上的。大学章程的制定过程，即形成文本内容是认知的过程，而对文本的语言解读，是进一步认知的过程，后者必然在对文本的语言逻辑足够信任的状态下，并在有所质疑中得以成立；在此基础上，才能促进大学组织成员对大学现象的认知，决定新的语言逻辑及意义。这便是大学章程修订过程的认知论。

这种"文本（语言）—认知"机制，在香港地区的大学条例的制定和修订中得以体现。因此，从历史上看各大学的条例及规程的修订是非常频繁的[①]，其都是为应对现实需要而调整相关的政策。

从大学组织文化的角度来讲，研究对章程的"认知—认同"机制，是为了更好地理解大学条例及其规程对大学组织文化的影响机制，它在语言文字上是如何影响和决定大学组织各成员的心理、思想状态及由此形成动机而驱动行为。有关的认知研究证明了文化呈碎片化存在，文化具有超个体的诸多方面。个人体验的文化，是作为一些分散的信息和组织这些信息的概要性结构而存在的。[②] 因此，研究大学组织文化这一超个体对象，要从文化的碎片化做起，切入点就是从个人的文化体验中对信息进行组织的"概要性结构"，在文本上体现为教师、行政人员、学生等不同个体对章程等信息的不同观念认识及其认同感。在这里，将通过调查数据分析、深度访谈的方式来了解其中的机制，这是下面要

[①] 从香港政府的历年法律文献中可以看出，关于各大学条例的修订是比较频繁的。

[②] Paul DiMaggio, Culture and Cognition, *Annual Review of Sociology*, 1997, Vol. 23, pp. 263–287.

集中展现的内容。

由于缺乏教师、行政人员的调查问卷，只能从访谈内容和相关著作中得到相关见解。从大学组织成员的这三种群体中，了解大学章程文本是如何在组织结构中得以实现逻辑意义，以及如何发挥组织功能，形成指导人们行为的制度执行力。

（一）行政人员

行政人员普遍比较熟悉大学章程，他们需要按章办事，例行公事，遵循"官僚制"的理性原则。行政主管对大学条例及其规程最熟悉，他们不但因为工作需要必须熟悉，而且在很大程度上，像校长等主管人员有责任面对现实问题，出于使事情向符合大学利益的方向发展的"问责性"考虑，需要努力提起、参与大学条例及规程的制定和修订事宜。行政主管属于对大学现象进行感知并形成理性认识的主要责任者，他们在此"认知机制"中，无论是"语言—认知"还是"认知—语言"环节上，都要以最高程度的理性和感悟能力来把握住"格物致知""名"与"实"相切合的完善状态。吴家玮校长积极将自己在美国的经验和认知，融入《香港科技大学条例》的语言文本中，形成美式"治理"逻辑，并在日后由他践行并不断修正。这其中蕴含了他个人的办学信念或理念，这种理念从他人生经历的角度来说，是来自美国大学团体的"传统"，由此很大程度上左右了香港科技大学的美国模式。这是从对《香港科技大学条例》的"认知—语言"进程中所获得的启示。在大学条例中明文规定的"权力的转授"体制下，香港科技大学的组织体系的各分支系统所依据的规程，同样在这种同构进程中得以产生和发展。不过，认知的主体分布由各组织系统的领导者及其成员共同完成，这涉及群体认知机制的问题。对大学的行政人员而言，由于学术的特殊性，应当分为两类不同的行政及其相应的认知机制。非学术的行政系统，即香港科技大学的"总务"机构，香港中文大学的

"计划与行政委员会",只要遵照"官僚制",依章办事,专业培训即可,而学术行政却是比较复杂的机制问题,这涉及教师群体的内部共识及其中的认知机制。

在香港科技大学公共事务处从事招生工作的胡小姐,作为访谈对象,她曾表示在香港科技大学的许多行政工作,特别是她从事的工作,很多事情都是由相应的管理部门详细规定了的,操作程序规定得很具体,而且受到上级部门的严格监督和控制。从她所在的工作场所来看,有很多信息须予以公布,包括监督和咨询方面的电话。

从经验性研究的角度来说,大学行政人员在行政风格上,做事专业化、程序化、条理化,态度比较热情与温和。他们逐级汇报,有头有尾地根据程序和操作规定来决定和办理每件事情,尤其在面对新问题的时候,毫无敷衍了事的迹象。当然,在科大初创时期,孔宪铎副校长曾经就行政人员办事态度冷淡、蛮横的行为做过严厉批评,而行政人员进行辩白的理由是要严格执行各种复杂烦琐的规则,防止作弊行为,因此不能讲人情冷暖了。这正是理性的残酷所表现出的缺陷,"理性的牢笼"确实一定程度上不够人性化。

除了大学日常行政管理部分之外,学术管理是大学中比较核心的部分,而学术管理的主管人员是不同于一般行政人员的群体,他们不能简单地以"行政"的性质来谈论。实际上,在学术管理系统中,如上文所分析并得到的结论所言,学术管理或决策的行政事务实际上是"教授治校"的核心部分,他们甚至成为大学章程及具体规则的主要制定者或参与者。在这个意义上,教授广泛地参与学术事务上的决策与管理,从而实现了学术权力与行政权力的有机协调。以香港科技大学为例,学术管理实际上是从校长到学术副校长、院长、系主任,直至一般教师的学术问责,也就是组织管理绩效的问责。因此，就广泛意义而言，行政系统的主管人员因大学条例及规程的章程理性而受到"理性牢笼"的规约和问责，尤其聘任制与任期制发挥了重要的机制作用，这种力量直接传导至一般行政人员和一般教师两大群体，实现了学术与行政在机制上的分离。然而，教师从上述的行政管理体系中承受一定程度的业绩压力，从而直接提高了教师的工作积极性，促进了学术水准和教学水平的提高。

（二）教师

根据香港地区大学教师的访谈，可以经验性地感受到：他们对大学条例及规程的一般原则比较熟悉，这是因为在工作业绩上的评鉴、职务上的升级都涉及大学条例及规程的各种详细规则。

首先，他们关注规则的公平公正性。在访谈中，受访者王教授明确表示，他对香港科技大学的各种评鉴规则比较熟悉，而且持欣赏的态度，并且认为香港地区的大学条例及规程所标识的大学制度在世界范围上来说是"大同小异"的。他尤其对香港科技大学在学术评鉴方面很欣赏，认为香港科技大学之所以能成功，除了投入了大量资金外，很重要的原因是在学术评鉴方面"绝不讲人情"，非常公平公正。其中，在学术评审中，程序严格，并绝对保密。他还认为在管理方面，学校的各级领导都能做到公平公正，都是公平的规章制度起了重要的保障作用，从而避免了"人情包袱"的妨碍。访谈内容详见附录。

其次，规则带给了教师们工作压力。教师们除了感受到公平公正的评鉴制度优势，他们还承受了较大的体制管治压力，尤其是六年的非永久职应聘期带给了教师莫大的工作压力。据访谈对象王教授的述说，工作压力是很大的，主要是当前的工作业绩，是否能够满足三年期满后继续聘任的条件。具体来说，这些压力来自学术成果与水平及据此判断的未来学术潜力，还有教学水平、参与学校事务的积极性等衡量标准。这些规则激励着教师们不但要努力提高学术能力，产出高水准学术成果，还要在教学事务上，教好学生，积极参与学校的教学事务。因此，他们在工作上是积极进取的，对待学生是严格认真的。

再次，教师本身也有学术上的兴趣与追求。受访者王教授坦言：到香港科技大学工作，除了高薪俸的原因，还有就是那里公平公正的规则，尤其是社会制度比较自由的氛围，能够更好地实现自己的学术梦想。

从以上的分析中，可以明确教师对章程的认知形式，主要表现为问责规则带来的工作压力，公平规则带来的个人的正当私利及追求学术的信念。

(三) 学生

通过对学生的访谈与问卷调查，可以看出，规章制度并不是香港地区的大学生最关注的（见图3-2），他们也不如想象中的那么熟悉（见图3-1）这些规章制度，对他们最直接、最重要的影响因素来自教师或导师（见图3-14），以及大学组织文化上的习俗惯例。受访者陈同学在访谈中，反复强调教师在教学上严格认真，他们的教导充满热情与期待，经常在不同场合强调学术造假的危害性和严重性。他作为本科生印象最深刻的是，学校及教师对学生的日常管理很松，在学习生活上很自由，可以自由安排时间，参加各种团体活动，但是在为获得学分的评鉴和考试过程中，教师是极其严格的，丝毫没有商量的余地，而且往往对成绩要求比较高，分数打得比较低，如果稍微不努力，就无法获得理想的学分，就难以正常毕业。

二 压力、趋利与信念

从以上分析中可以看出，学生的认知主要来自教师的言传身教和组织惯例、风气，由此树立追求学术、诚实的信念，以及形

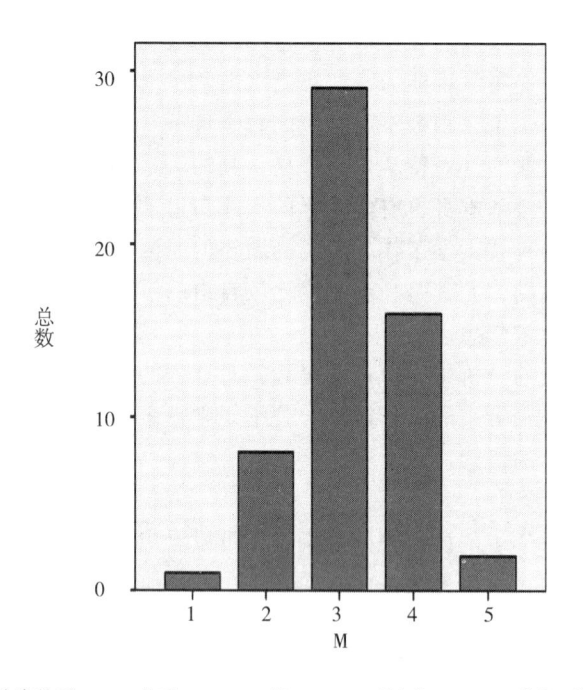

1：非常熟悉　　2：熟悉　　3：一般　　4：不熟悉　　5：非常不熟悉

图 3-1　对大学章程的熟悉程度

成的个人权利意识与公共精神；教师的认知来自行政系统的管理及文本规定，由此在工作压力、个人利益需求与学术信念之间形成的平衡状态；行政人员，尤其高管对文本的熟悉、认同及其忠诚度，是最为重要的，这成为大学章程的文本逻辑得以运行的重要推动力。大学组织的这种对制度文本认知的多种方式与机制，形成多方面的观念，并形成一定的结构，即压力、趋利与信念的结构形式。

　　大学条例的文本所表达的治理逻辑，尤其是其中的任命与授权机制，着实给包括校长、副校长、院长在内的行政主管人员带

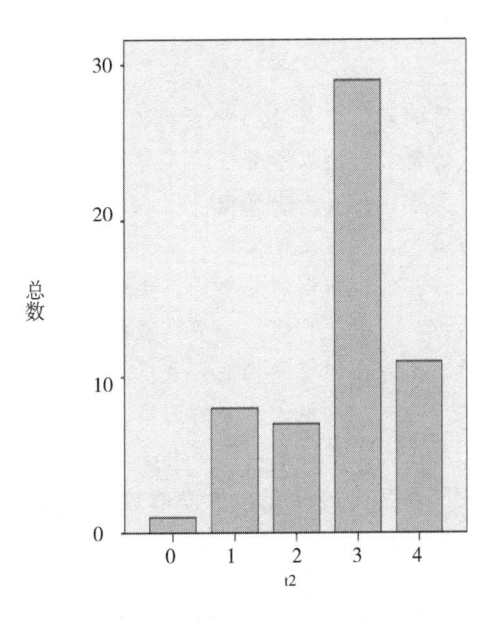

0：没有选 1：感觉不到作用 2：处处都有作用 3：在某些关键的地方起作用
4：只有间接使人们的行为养成良好习惯

图 3-2 对大学章程的重要性认识

来巨大的"问责"压力，这种压力无论是出于对职位及相应的薪俸的担心，还是对荣誉上的担忧，都令主管们不得不基于对法律文本的语言认知而获得清醒的理性认识，那就是要想方设法，用好权力，充分利用自己的经验和智力，以坚强的意志来设定大学组织中的各种赖以运行的规章，并保证其有效执行的绩效。体现在管理上，主管们必须将压力传递给下一级主管及其成员们，教师成为压力的最终承受者，尤其在研究工作上。教师出于功利的、荣誉的、信念的多方面考虑，将此种压力变为正常的激励。

孔宪铎副校长专门论述了压力的问题:①

> 连我自己的职位都是靠公平竞争而来的,不靠任何人,不欠任何人的情义。所以不受任何人与事的作用与影响,一切都是公平竞争,男女老少无欺。因此,施加在年轻同事们身上的压力很大,大到使他们逢人必先抱怨的地步。
> 事实上,在创校初期的几年里,年轻的同事们觉得所承受的巨大压力,一半是真的,一半是假的,假的部分完全出自心理作用,因为在创校的初期,系里百分之百的同事,都没有拿到实任聘书,这绝大部分的同事,见面所谈的都是自身的压力。现在有一半以上的同事有了实任聘书,他们已经都撤离了谈压力色变的阵营,压力的流传,在系里减少了一半。

因此,压力是相对而言的,也是基于公平竞争环境下的心理作用,关键是如何看待压力与信念的关系。压力与信念在精神力量上达到平衡与不平衡,在规则中分化为优胜与劣汰。压力过大,信念自然会不坚定,将导致不胜任自身的工作;压力不大,信念必然也会坚定,将能够在工作中取得卓越的成就。由压力与信念组合而成的精神状态,形成优胜劣汰的、公平竞争的良好大学组织文化。

教师作为大学组织的主体成员,其面对的工作压力、生活上的趋利性及学术荣誉上的信念,成为组织管理所带来的综合心理效应,在此心理机制下,实现组织管理绩效。问题是这种心理效应是来自上级主管,还是个人自觉,抑或其他人的影响,从教师

---

① 孔宪铎:《我的科大十年》(增订版),北京大学出版社2004年版,第75—76页。

的访谈中发现，他们的压力来自由大学条例的规定而衍生的组织管理绩效方面的压力，上文已经谈论到了这一点。就实际情况而言，不同的人有不同的认识和感受，有的人认为压力很大，难以承受，或者为了获得更高的收入和提高生活水平，不得不硬着头皮去做学术工作，哪怕是蒙混过关也行，甚至舞弊；而有的人认为压力虽大，但是更重要的是还能实现自己的学术兴趣与追求，并同时获得较好的收入及提高生活水平；而也有一部分人由于天赋较好，拥有卓越的学术研究能力，根本不把学校的硬性要求当作压力。对于这个情况，孔宪铎副校长对大学制度带来的规则压力有过积极评价：[①]

> 当同事们抱怨压力太大时，压力正好。当同事们觉得压力正好时，那就没有压力了。
> 人，是要在压力下才有突出的表现的，才能发挥最大的潜力。

受访者尹博士来自香港中文大学，他坦言在香港地区的大学里，学术研究工作的压力很大，但是学术兴趣与追求仍是很重要的动力，当然也有少数人是为了应付这种工作压力而努力，不同的人确实有不同的想法和认识。并且，他还针对这个问题，认为学术事业的兴旺，其关键在于大学的风气和惯例，在于大学制度的各种安排。他的这种观点，显然是将追求学术的信念作为关键因素，而将大学制度带来的规则压力视为次要的，尤其对高水平的学术成果来说。

可见，在压力与信念之间，成为观念诸要素的重要支撑点，

---

① 孔宪铎：《我的科大十年》（增订版），北京大学出版社2004年版，第76页。

也是决定学术观念性质的临界点的,就是要看平衡点是在压力一方还是在信念一方。只要有坚强的信念,就会以主动的积极心态来面对压力及各种利益之争,并取得正当的个人权益;如果缺乏足够坚强的信念,将会被动地面对各种外在压力,为了私利而消极地应付压力,甚至不惜破坏公正规则而从中牟利。很显然,在大学里,好的组织文化往往是建立在这种学术信念的不断彰显中。因此,信念与组织文化的关系是另一个值得研究的论题。同时,学术信念的产生与大学组织文化的形成可以视为一种同构过程。

第二节 大学组织文化的形成

一 法治文化中的"卡里斯玛"型领袖观念

治理具有控制组织及其成员的意义,在一定程度上是宏观层面的决策及其实现方式。所有权与控制权成为治理权力结构中的关键因素。对公办大学而言,政府是否拥有所有权及如何行使控制权是核心问题。这种组织管理的控制权在韦伯看来,主要集中在官僚制的官员手中,而不是权力的最高层。韦伯给出的理由是,官员们具有最高统治者所没有的专业知识能力及对实际情况的掌握。最高统治者有决定章程内容的最终权力,而修改或制定章程实质内容的权力,因为事务的空间局限,不得不由主事的官员来决定。由此可见,"章程"与"官员"成为治理理论的两条带有紧张关系的主线。对大学而言,大学章程是大学规章制度的核心文本,和以此为依据运行大学的各种规则。具体来说,香港地区的大学章程就是大学条例及据此制定的各种规程。这些文本所设定的规范在本质上具有"治理"的意义。在考察规章对观念及行动的影响之前,有必要分析一下"治理"的含义。

在香港地区,大学由条例确认拥有法人地位,这意味着大学的所有权归属于大学法人机构,法人治理成为大学治理的"法治"基础，而大学法人治理机构的实体是由条例规定的校监、校董会及其任命的执行者（校长）构成，这类似于公司治理中的法人治理机构：股东大会、董事会、监事会、经理。以理想型"官僚制"意义而言，"法人"是规章理性，不是个体的人，这种"非人格"的治理方式，是依据大学条例之法而治理大学组织的方式。"法治"由此成为香港地区大学的治理模式，是值得推崇的。然而，正如上一章所提出的"法治"并不能穷尽一切事务。面对这一困难，值得去探究法律空白地带的走向，"官僚制"之负面影响，以及吴家玮校长对法治的僵化、死板等弊端的诟病，对理性冷酷感的反感；另外，香港科技大学之所以能够卓越发展，事实上与创校校长等创校人员及其他协力参与者的个人主观努力有很大的关系，名校长、名教授等大学组织成员的重要性由此显而易见。他们在现实的复杂而具体的工作中，需要超越现有规章文本规定的创新才能取得卓越的功绩，这其中牵涉"人治"的问题，尤其大学作为组织体系，从团体的意义上说，需要领导人物的卓越贡献，才能克服困难，创新政策，团结力量，形成协同的组织力量。

从制度理论上来说，"强势行动者"在其中有很大的影响力甚至起着决定性的作用，[1]如吴家玮校长便是这一类型行动者的代表。这一观点突破了理性制度主义所适应的选择理性及官僚制所强调的执行理性。制度的起源与演进始终无法脱离人的主观因素，不论是理性思维还是觉悟、道德自觉或追求。在大学治理方式的话语环境里，这种制度理论指明一所大学从创建到发展，不仅是规章理性的"法治"过程，也是发挥主观能动性施以"善治"的"人治"过程。施以"善治"的人物，

---

[1] [美]凯瑟琳·西伦：《制度是如何演化的》，王星译，上海人民出版社2010年版，第253页。

具有韦伯所称谓的"卡里斯玛"型人物的特征：他们具有超自然的，超人的能力或品质，具有把一些人吸引在其周围成为其追随者、信徒的能力，后者以赤诚的态度看待这些领袖人物。在大学事业中，蔡元培、吴家玮等人具有此种领导"魅力"，是"强有力的行动者"，但是二者也有差别，他们所处的外部环境有所不同，并因此"对于在相邻领域建构配套的制度安排，他们同样有强的兴趣对之具有很重要的影响力"的程度及方式存在很大不同。前者在"不健全"的法治环境里，后者是在比较健全的"法治"环境里。前者是处在北洋军阀政府的"不民主"法治中，后者是处在香港的民主性质的法治中，但是他们都以个人的人格力量和魄力，顶住了各种大学外部的压力，并对大学的发展施加了巨大的影响，使大学组织在开放体系中获得"自治"的品格，其自主性与法定性趋向稳定和契合，如在《香港科技大学条例》的草拟过程中，吴家玮校长力言建议，争取个人意见对大学立法的影响力，蔡元培不但主持了北大改革，并制定了《大学令》，明晰了大学与政府的关系。

不过，卡里斯玛类型领导者的人格魅力，在法治与非法治的环境里，长期而言会产生不同的后果。在法治环境里，能推动制度的演进与变迁，以创新的姿态调整制度对组织运行目标的适应性，并且保持了连贯性，法定的确定性与稳定性，形成制度的"积淀"，不论是文本上的，还是人们赖以习惯的观念；而在"非法治"环境里，则不具备这种持久的、可"积淀"的突出特征。虽然两者都具备突变的革新意义。"法治"环境中的这种制度变迁现象，使个人的权威渐渐融为法理权威，使权力在制度的起源与变迁中发挥了正当性作用，而权力的"滥用"倾向在法治的完备治理结构中得到有效遏制。

上述治理机制中，透视出了组织的三种范式，即美国学者斯科特教授所阐述的理性、自然与开放。① 从理性上讲，组织是因特定目标而正式建立的协作结构。从自然上讲，由于"组织追求"的目标变得更加复杂、发散、不同和不变，参与者更多的是受其个人利益的激励，组织不仅是正式结构的理性工具，而且组织本身是需要维护的非正式的利益协调及非正式的人际关系结构。② 从组织的个人维度来说，组织成为重要的资源、价值及目标，组织成员间的"共识"与"冲突"成为难免的"利益事实"。这个原理可应用于组织成员与组织外成员之间，由此组织的开放性使组织与外部产生了交换关系，系统内部通过交换产生力量的"传导"，不论是基于理性的机械性传导还是基于自然的"影响力"传导。基于这样的理论认识"卡里斯玛"型的领导者，必然以组织的正当性价值为核心目标，并通过努力实现其个人权威对组织的影响。能够如此，是因为权威是正当性权力，其正当性正是在"特定的准则、价值、信仰及定义下的社会构造体系中，确立系统中的实体的行动的可接受性，恰当性及合宜性的一种普遍认识或认定"。③ 这符合组织是理性的又是自然的、合目性的构造。因此，组织不仅是权力结构的构造，更是基于某种权威的构造，如韦伯所言："自愿地把保持自己生存的基础只建立在物质和情感动机的感召之上。所有系统却合力建立和培育对其正当性的信仰。"④

"卡里斯玛"型人物在韦伯看来富有这种"正当性"，而"卡里斯玛"型领导者由此有了权威，据上面的分析可以推断权威的合法性来自特定价值、信仰，以此来构造组织，并作为行动

---

① [美] W. 理查德·斯科特、杰拉尔德·F. 戴维斯：《组织理论——理性、自然与开放系统的视角》，高俊山译，中国人民大学出版社2011年版，第31页。
② 同上书，第33页。
③ 同上书，第235页。
④ 同上书。

力量以实现组织的目标。而信仰正是领导人特定的理念,不仅限定在领导者个人的特殊品质中。因此从大学制度与大学理念之间关系的角度来讲,"卡里斯玛"型领导者及其组织在创建或革新制度,引领先进理念上起到了共同的核心作用,领导者在"知行合一"的连贯行为中连接了制度与理念。而这种带有领导性质的连接是通过以人际关系为核心的组织文化来实现的。从组织文化的角度来说,在领导者能够行使正式指令的情况下,领导者塑造组织文化,不是通过说教或示范,而是让成员理解和接受组织的某种价值和预设,建立一定的组织环境,以此影响他们的行为。① 由此可见,组织文化形成组织的领导力,组织领导者塑造组织文化。

二 大学组织文化中的"共享假设"

组织管理所体现的组织文化,很多时候是通过领导的个人行为来体现的,尤其是领导者的行为风格,如人际关系处理的方式与信息沟通。吴家玮校长曾经就领导方式而感慨道:

> 崭新的研究型大学里,人际关系必须细心处理。大凡杰出的专家学者之所以杰出,就是因为他们各自有独特的思维见解、观察能力和创新论点。科大的创校人物大多是来自一流学府的资深教授,他们对办学的良策各有看法,也很执着。欲在资源有限、时间紧迫的情况下达成共识,恐怕不太容易。②

信息是知识社会的资本,当然也就是任何机构必须珍惜的资源。位居领导层里的人,若能了解各部门的建树和问

---

① Joann Keyton, *Communication and Organizational Culture*, London: SAGE Publishlations Inc., 2005, pp. 148 – 149.
② 吴家玮:《同创香港科技大学》,清华大学出版社2007年版,第77页。

题，同情互助之心会油然而生，有益于提高共勉同进的团队精神。若能多听多闻——哪怕是小道消息，听后与同事们一齐分析，选择有意义的吸收，无理据的摒弃、自会扩大知识面，提高领导能力。①

不千方百计寻求信息知识的领导人是不负责任、不中用的领导人。有了信息或知识而把它当作个人资本或斗争武器的行政人员是最要不得的行政人员。这些人在任何机构里，或成事不足，败事有余，或是害群之马……这样的机构迟早难逃衰落。②

可见，校长作为领导者必须表现出个人的某种宽容与引领并存的能力，与组织成员之间在心理上、信息上都要有高效的沟通，务实而坦诚，如此才能获得公认的领导"魅力"，使得组织实体形成共识。而领导者的"魅力"权威在组织中有如此重要的作用，其作用机制与其特质有关，那就是"卡里斯玛"型领导者的个人资质、行为风格、精神风貌与气质、思维方式等特质，对跟随者的影响很大，尤其是在组织管理行动中的人际交往方面。

举例来说，吴家玮校长与孔宪铎副校长因工作的问责，曾经发生过争执并造成人际关系紧张。此外，校长与普通教师、学生之间的人际交往风格，有其特色。吴家玮校长具有美国民主心态，在校园里的一角开辟"大字报墙"，让学生可以无所顾忌地畅所欲言，对学校、校长、教学，甚至对某一单位或个人的抱怨，要在24小时内查明、处理、回复。虽然到最后也由于出现学生几近无理取闹的现象而对这种对话形式逐渐冷落下来，但是，由此可从

---

① 吴家玮：《同创香港科技大学》，清华大学出版社2007年版，第310页。
② 同上。

中窥见领导者与学生平等对话的理念。学术副校长通常定期当面约谈教师,以了解教师们的想法。虽然有少数教师过度抱怨,但最终形成了一种工作惯例,加强了上下级之间的沟通。①

以上所列的人际交往实例,所表达的行为方式是带有情绪色彩的呈现,不同个人的行为方式,在组织中表达了组织中的"共识"与"冲突"的两种状态。校长作为领导者要激发组织成员的"士气",要灌输或引导他们的观念、态度及对组织的向心力或忠诚度。但是这种居高临下的激励或施压机制,通过法治的机械性规则而发号施令,能否达成大学组织全员的"共识"而尽可能避免"冲突";另外,如何保证这种魅力型领导的行为不违背法规而限定在"法理型"治理之下,这是需要深入探索的问题。组织文化理论学者 Edgar H. Schein 在谈及领导者与组织文化的关系时说:

> 领导力从根本上源于群体处理内外部问题所需要的信念与价值,领导者期望的工作能够持续进行,那么领导对组织的预设成为组织成员的共同预设,一系列的共同预设在这种实践过程中建立。这限定了群体的特性和同一性,并可以作为认知防御机制,对个人和群体都同样地起作用,换句话说,个人与群体都在这种防御机制中寻求稳定和意义。一旦成功,相比改变基本预设而言,通过排斥、既定方案、理性化和各种认知防御机制来曲解新资料更容易些。可见,在基本预设改变的意义上,文化变革是困难的。②

---

① 孔宪铎:《我的科大十年》(增订版),北京大学出版社 2004 年版。
② Edgar H. Schein, *Organizational Culture and Leadership*, Jossey‐Bass Publish, 2010, pp. 32 - 33.

由这一理论所阐述的关系来看，魅力型领导行为的合法性建立在组织团体的共同价值与信念上，为实现共同的目标而对组织实体进行了基本预设。组织共同体的共同预设，在组织的目标与价值的意义上来说，是所有组织成员的"共享的假设"。这种预设或假设应当是组织存在的"法理"，其形式正是组织的合法章程。同时决定了组织文化具有一定的稳定性和基本价值，并非随着领导者的主观意志随意改变，而是在章程的限定下突出领导者灌输给组织成员的个性精神。

从微观层面上来说，组织成员在观念和心理上相互影响和发生作用，不论是在规则上，还是在情感上；就组织结构的底层而言，个体的表现是具体的，并与组织团体的结构及其规则关联。因此，理解组织文化，本身要从文化的组织及其成员的意义上理解才能更加深刻。文化理论学家德加·沙因对文化如此阐述：

> 可能文化这个概念最吸引人的地方就在于它将我们指向表层之下的现象，指向那些潜意识水平的、看不见摸不着却确实存在的强大影响力。在这个意义上，文化对一个团体而言，其意义就是如同人格或性格之于个体。我们可以看到行为的结果，但是我们通常不能看到导致某特定行为的背后驱动力。然而，正如我们的人格和性格指导并约束着我们的行为一样，文化同样也通过团体的共有规范指导和约束着一个团体成员的行为。说得更复杂一点，可以将人格和性格看做个体在家庭、同伴团体、学校、社区和工作中所经历的文化学习的积累。在这个意义上，存在于个体内部的文化，还会在我们加入和创建新团体的过程中，持续不断地演变并最终

构架起新的文化。①

因此，对大学而言，大学组织文化的形成与章程的制定及校长的个人权威有关。沙因还认为领导力区别于行政管理："领导力可以创建并改变文化，而经营管理和行政管理在文化之下运行。"② 用这种方式来定义领导力，并不是说文化很容易被创建或改变，或者领导力是文化的唯一决定者，相反，正如我们看到的，文化是一个团体或组织的最稳定、可塑性最低的那些要素。

从他的判断来看，组织中的文化与文化中的组织，是同一事物的两面，并且都与领导力有关。领导者以其"超人"的专业能力、信念及带有激情的执行力改进了组织文化。

三 大学组织文化的生成要素：传统、规则与信念

在这个过程中，领导者法定行为的正当性及其权威，给团体成员带来强加式的文化意义上的学习过程，其途径是通过管理行为及其内含的理念、价值观、行为方式的灌输和引导来体现的。组织成员在这种环境中形成社会化的过程，观念、思想、行为方式的相互影响和传导，形成最后的"共识"。当然其中也难免发生"冲突"，这是文化过程需要组织规则的原因，以防止"冲突"的非可控性。除了这种共识性，沙因在著作中还写道：

> 如果团体并没用共享的假设，那么会有这种情况，即新成员与老成员的互动将成为一个更富有创造性的文化创建过程，而一旦有了共享假设，文化就会通过不断传授给新成员

---

① [美]埃德加·沙因：《组织文化与领导力》，马红宇、王斌译，中国人民大学出版社2011年版，第7页。
② 同上书，第9页。

一直流传并存在下来。就这一点而言，文化是一个社会控制的机制，是明确地操纵员工以某种特定方式认识、思维和情感的基础。①

沙因认为，在这种共识（共享的假设）的社会化过程中，必然有新成员向老成员学习的过程，这在时间的维度上是历史传统。就大学而言，历史传统通过一代代教师与学生的传承，得到共享与共创作用下的留存和延续。而且，大学组织的管理者（或领导者）以此为控制方式，实现来自大学条例文本上的管治效能，正如很多人所认为的那样，强文化必然带来强执行力。而这其中的奥秘就是组织文化中在传说的稳定而牢固的积淀中形成了某种信念，领导者以其正当性理念或权威激发和引导了所有个体成员的这种信念及激情。传统、规则、信念作为组织文化的核心要素而存在于每个组织成员的思想观念和情感体验中。

另一位组织文化理论家 Joann Keyton 曾经如此定义组织文化：组织文化是基本的共同预设形式，群体在解决组织外部适应性和内部一体化问题时，能够良好运行，足以被认为是合乎逻辑的，可以教给新成员去理解、思考、感受这些问题的合适方法。② 他的定义意味着组织成员的情感、信念等要建立在合乎逻辑的方法或规则上，并指向基本的共同预设，也就是组织的基本目标及其价值诉求。他还指出了组织文化的五个特征：无法脱离组织成员、动态的而不静止、有预设和价值上的竞争、有情感的

---

① ［美］埃德加·沙因：《组织文化与领导力》，马红宇、王斌译，中国人民大学出版社 2011 年版，第 14 页。

② Joann Keyton, *Communication and Organizational Culture*, London: SAGE Publishlations Inc., 2005, p. 20.

维系、有前景和背景。①

以香港科技大学为例，传统是从留学西方或工作在西方大学的华人那里带来的某种信念，他们以创校者的身份创立了"共享假设"，比如"教授治校""学术自治"的信念，吴家玮校长如此认为：

> 教授是大学的灵魂，学术自主的原则和传统已为"教授治校"打下了根基。可是要贯彻"教授治校"，不能单靠原则。教授们必须坚持崇高的学术信念，积极投入学术政策的发展和落实，才能保证大学以学术挂帅。②
> 因为校董会掌握校长任免和财政大权，又有政府为其后盾，难免在多方面都具有极大影响力。到头来，想要每一校董谨守原则和岗位，还须依靠他们的个人自重和团队精神、校长理念和骨气，及教授们的信念和投入。③
> 尊重各行各业的内涵和人才，是办学应有的精神。④

可见，吴家玮校长在办学理念上，是十分重视传统与信念的精神作用。但是，他同时也认为规则不可或缺，规则正是大学组织的一种基本制度力量，他说：

> 透明、公平、参与性较强的遴选、监督和问责制度，让教师们增加对高级管理层的了解、信任和支持。教师们与管

---

① Joann Keyton, *Communication and Organizational Culture*, London: SAGE Publishlations Inc., 2005, p.35.
② 吴家玮：《同创香港科技大学》，清华大学出版社2007年版，第75页。
③ 同上。
④ 同上书，第29页。

理层团结一致，才能把大学的工作做好。①

要看一代代的领导层人员是否愿意理解和尊重它背后的精神，能否不计个人得失，既接受分权制衡，又全心、全意、全时为大学服务，战战兢兢、勤勤奋奋地执行社会所赋予的重任。②

由此可见，在大学组织文化里，传统、规则、信念三者相比，比较内隐的是传统与信念；比较外显的是规则，存在于章程文本中。在大学组织文化的发展过程中，规则发挥了最为基础的作用。那么，个人如何从章程文本（规则）中获得组织文化意义上的思想认识，将通过下一节来考察其来源及过程。

第三节 大学组织成员的观念结构、价值取向与制度执行力

一 观念结构理论

观念是在精神领域关于意象和意欲的存在形态，同时也是结构性的存在。其结构性是个体对社会现实的结构关系之认识。基于这种认识，观念的结构对应社会与自然的系统性结构而具有体系性。众多观念按特定规则构成体系性的结构，而对某种观念来说，其由许多要素构成，每一个要素是以概念为存在的观念形态的。因此，观念结构决定了特定观念的形态，尤其由于观念具有行动的意欲性，观念结构将决定或形成行动的动机、目的。广义上，观念与精神意识同义，在此是从狭义上来说，观念与思想同义，外在表现为动机、情感、意志及理性

---

① 吴家玮：《同创香港科技大学》，清华大学出版社2007年版，第78页。
② 同上书，第310页。

认识的综合体系。

香港地区大学师生及管理人员，对大学的观念认识同样存在观念结构上的差异，这些差异决定了他们的行为动机、目的及意志、信念等精神状态的不同。从上文的分析中可知，他们作为大学组织成员必然受到组织规则或章程的制约和控制，这一过程是以对大学章程的认知机制为主要途径的，至少这一途径是比较显性的，并且容易观测到。然而，这种认知机制背后形成的观念形态及其行动机制，是潜在于规则之下的，情感、意志等成为规则之外的影响人们行动的重要因素。压力、趋利与信念成为观念的要素及结构构成，并由此决定大学组织成员各种行为的动机、目的、情感、意志及价值观。

在访谈中，香港科技大学的王教授认为学术研究的压力很大，尤其在六年的非实任聘期内。此外，还有教学任务和服务公共事务方面的任务压力。但是从国际上看，香港地区的大学教师的薪酬待遇是比较高的。他还认为，相较于薪酬而言，学术研究主要是为了兴趣，基于学术信念及荣誉而进行的。可见，压力是被动因素，薪酬成为趋利的主动因素，而追求学术是超越了被动和一般意义的主动，而成为一种坚强的信念或信仰。然而，不同的人在这三方面因力度差异形成不同的观念组成结构，有人偏向于趋利，有人偏向于追求学术，还有人只是感到较大压力，有人反而感到压力不大。

观念结构有两个层次：一是个体上的，二是组织意义上的群体层面。就个人来说，观念结构具有易变性和稳定性。从稳定性上来说，个人都是在长期的教育、家庭、社会环境影响下形成认识和坚定的信念，比如某种品德、品性。调查数据显示，诚信的观念从易变性上来说，其观念结构源于个人面对来自外部条件的变化所作出的应变。每个人面对外在的压力及内在的信念，在权衡利弊的过程中，获得观念结构上的调整。

个体的观念形态在另一个角度上，是组织观念结构的变化对不同个体的不同影响及其表现。这其中的作用机制与组织结构的构成及其特征有关，比如大学组织在组织结构上，包括权力组织机构、治理机构、管理机构、组织行动人员等，具体来说，就是行政人员、教师、学生之间的组织关系所表现出来的组织行为。因他们的观念形态的不同而具有不同的组织观念，并以此为动机形成不同类型的行为，如管理行为与业务行为，或学术活动。这些不同类型的行为与组织结构的不同类别相对应。主管人员的问责压力及教师的工作压力及追求是不同的，主管人员倾向于大学条例带来的规则之下的法律压力，教师倾向于聘任、薪酬等规则下的任务压力，以及学术成就上的追求，而学生倾向于学分的压力及教师的要求。三个群体所组成的组织结构以问责、激励、管治的形式对组织成员施加观念上的影响，并且以成文与不成文的两种方式来施加影响，尤其不成文的习俗、习惯等所蕴含的组织文化是非常有影响力的。实际上，组织文化是由组织成员创建和管理的信仰系统。[1] 组织文化从情感上，甚至在潜意识的层面上对组织成员进行影响力的"传导"，并在时间的维度上表现为传统的传承，老成员对新成员的组织文化意义上的"教育"，这种教育过程便是教师、学生的"共同习得"过程，实质上就是观念结构的量变到质变的过程。而这种观念结构的变化（或调整）总是在组织的场域内实现个人思想观念的渐变。场域理论实际上是不同的个体在特定的"场域"结构内受到影响（主要是心理上的、观念上的），使其思想行为习性化，其观念结构与所处的场域结构进行同构。举例来说，外来学生进入不同的学院，特别是不同的书院，他们将受到独具特色的文化氛围的影响，从而形

---

[1] Joann Keyton, *Communication and Organizational Culture*, London: SAGE Publishlations Inc., 2005, p.35.

成特定的思想观念，表现出特别的气质。

在香港中文大学的书院里，学生的观念结构的这种变化机制及过程有显著的特征。在书院里，学生会的组织机制、民主程序，渲染的文化气氛，遵循的传统习俗、惯例，树立的信念都是在各种特定的组织活动中来完成的，如新生到校的热身活动，如学生间的社交活动等。其中，学校制度规则下的压力，个人的趋利避害意识及在传统中所渲染的各种信念，构成了学生的观念结构及其合理性的调整。

观念结构的变换总是在组织与个体之间进行"双向变动"：组织群体的观念结构会在很大程度上影响具体个人的思想观念及行为决策，如氛围、风气、组织习惯对个人的影响，而类同的个人观念结构的叠加，达到一定数量程度时会决定这个群体的观念结构及其性质，如"羊群效应"、"挤兑"现象、正反馈效应等反映的现象。在这种变动中，组织结构对观念结构有一种预设性的影响。因此，没有组织上的合理结构，无法形成特定的场域，无合理导向的"场域"结构，自然无法同构出组织成员的合理观念结构，他们的行为动机、目的及内在的情感、价值追求等无法导向组织的目标。因此，组织结构对于个人的组织观念形态的重要性，是显而易见的，而组织结构形成的纽带正是组织的制度安排及其规则。在上文的论证中，可以发现组织机构对香港地区的大学而言，其根本的依据是大学章程的文本规范及大学组织成员对该文本的认知过程。问题是，这些文本上的规范是否足以规范和控制人们在面对利益冲突时所做出的选择及其行动，如果能够成立，其是属于"法理"型统治，还是属于信念意义上的"魅力"型统治，下面就观念结构及其价值选择进行实证分析。

二 观念结构的价值取向与制度执行力

观念结构的既定形态是特定选择或决策的心理基础,个人、组织的观念结构与组织结构就"场域"理论而言是同构的。该同构过程的机制是组织结构的分权规则与观念上的制衡认知的"同步同时"。从人们的决策心理来说,可以分为经济的与非经济的两种成分。经济的直接来说就是趋利,尤其是物质利益,非经济的包括规则、信念、传统(惯例)。市场经济领域上的"劣币淘汰良币"就是一个例子,其能够证明在公共规则不严谨或得不到贯彻的情形下,个人趋利的心理能量将无处不在,驱使人们尽可能地付诸行动,哪怕是以劣币代替良币,这与群体心理的整体倾向有关。像"挤兑"这样的羊群效应,也是社会学上的"跟风",或政治学名著《乌合之众》所论及的一种状态及力量,都是以"经济人"或"政治人"是理性的个人作为预设的,而这种个人的理性很多时候是超越公共理性的,是以牺牲公共利益为代价的,即个人理性替代公共理性,或小集团的理性替代大集团理性。而人从本质上来说是复杂的,是理性与感性的结合体。因此,基于这种哲学认识,就个人而言,除了这种个人或小集团的理性之外,必然还有非经济的或非理性的个人观念因素在发挥作用,并与个人的或小集体的理性观念相对抗,具体表现为:个人理性一般比较关注私利,而公共理性是以"传统与信仰"为结合体的理念系统,两种理性之间存在紧张关系。这种观念上的对抗结果有两种,当个人在观念上"私大于公",公共理性则服从于个人理性,可称其为逆向选择;当"公大于私"时,个人理性服从于公共理性,可称其为正向选择。非经济因素或主观的观念要素,在此包括对传统、规则、信念的坚守和忠诚等制度伦理。

(一)逆向转变与价值取向

在某个群体中,面对不公平现象每个人的内心中有不同的反对程度（由反对指数标识），由低到高，从认同到反对，不同的人有不同的态度及变化。对不公平现象的不同态度实际上是一种价值选择，因此，不同的反对程度对应了不同的价值取向。调查问卷 t10 与 t11 就是考察了这方面的反对程度及价值取向，题目内容如下：

10. 如果有许多学生（感觉只有1/5的学生）通过与导师的人情沟通，而获得了在某方面的稍高学习分数，而且这已经成为大家都知道的事情，您怎么认为？（ ）（单选）

A 绝对不可以理解，如果有证据，我会举报。

B 绝对不可以理解，非常反对，但没有办法，很无奈。

C 难以理解，但很多人都那么做了，如果我不这么做，对我不公平，内心很矛盾。

D 可以理解，人之常情，但我不会那么做，有失公平。

E 可以理解，人之常情，很多人都那么做了，我会想想我该怎么办。

11. 如果大部分学生（感觉至少有2/3的学生）通过与导师的人情沟通，而获得了在某方面的稍高学习分数，而且这已经成为大家都知道的事情，您怎么认为？（ ）（单选）

A 绝对不可以理解，如果有证据，我会举报。

B 绝对不可以理解，非常反对，但没有办法，很无奈。

C 难以理解，但很多人都那么做了，如果我不这么做，对我不公平，内心很矛盾。

D 可以理解，人之常情，但我不会那么做，有失公平。

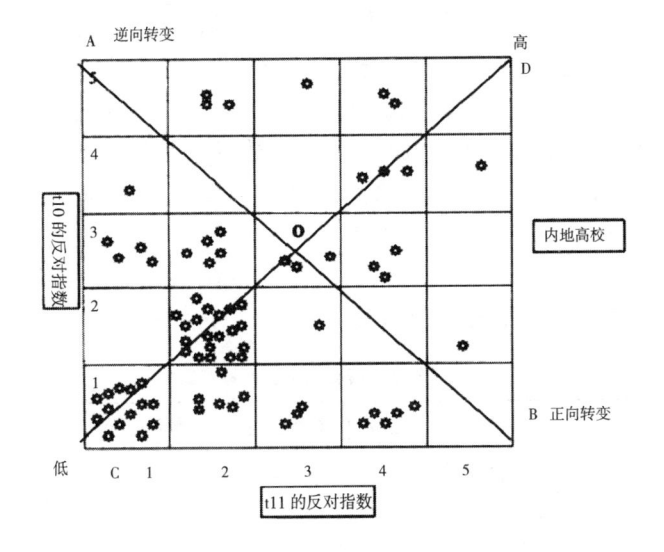

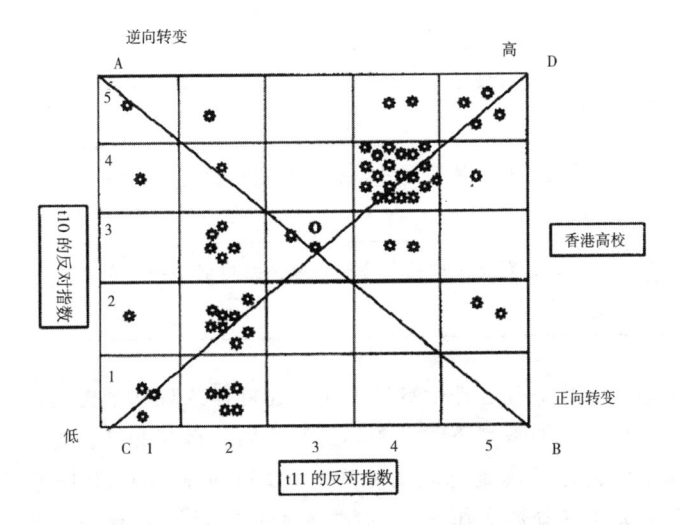

第三章 大学章程对大学组织文化的影响：……执行力

图 3—3 对不公平现象的反对指数点状分布

对中国内地和香港地区大学的调查数据显示，人们的这种反对程度从指数上来看，的确有一定规律的分布状态及变化情形，根据以上两个题目的调查数据做出的点状分布图，从下向上的纵轴（AC）标识题目中由低而高的反对指数，从左向右的横轴（CB）标识题目中由低而高的反对指数，如图3-3所示。

图3-3展示了内地与香港两种不同大学组织文化的学生群体在价值取向上的点状分布结构。不同的反对指数代表不同的态度及价值取向，如表3-1所示：

表3-1　　　　　　　不同指数的态度及价值取向

指数	对不公平现象所持态度及价值取向
指数1	代表认同这种不公平状况，甚至付诸行动（问卷中的选项E所示）
指数2	代表容忍这种不公平状况，但不会付诸行动（问卷中的选项D所示）
指数3	代表不支持这种不公平状况，但并不怎么反对（问卷中的选项C所示）
指数4	代表反对这种不公平状况，但不付诸行动（问卷中的选项B所示）
指数5	代表绝对反对这种不公平状况，并付诸举报（问卷中的选项A所示）

基于人群中有这种指数的变化，在群体的观念结构上形成反对与认同的两种基本态度，尤其是在关切到自身的利益时，当不良现象形成的潜规则比较弱势时（t10所表示的1/50的学生通过人情关系在分数上作弊），有些人选择了反对，有些人选择了认同，而当不良现象形成的潜规则比较盛行时（t11所表示的

2/3的学生通过人情关系在分数上作弊），便出现了"劣币淘汰良币"的现象，有些人的态度由反对变为认同，出现逆向转变的价值取向，而也有些人依然选择反对，甚至反对程度更强，即坚守正向转变的价值取向。根据调查，不同地区的大学组织文化在这种群体观念结构上的表现是不同的，以中国内地与香港地区的大学作比较分析可以发现其中的巨大差异。

实际上，t10是假设在比较公平公正的大学组织文化里，多数人坚守公正原则，只有少数不良现象，t11是假设在缺乏公平公正的大学组织文化里，多数人违背公平公正原则，不良潜规则现象盛行。t10与t11所检测的不但是学生对不良现象或不良潜规则的基本心理态度，也是在不同的大学组织文化环境里有什么样的价值观念，而且他们面对这种状况对自己的利益有较大影响的情况下，如何选择自己的价值取向，是坚持公正原则，还是优先考虑个人利益而损害公正原则或公共利益？

在价值取向上展示了以下两种主要状况：一是反对人情舞弊，舍弃个人利益而坚守公平原则的价值取向，如OD一线所显示的；二是认同人情舞弊，舍弃公平原则，甚至以此追求个人利益的价值取向，如CO一线所显示的。

此外，还展示了两种现象，即逆向转变与正向转变的存在：AO一线及附近显示逆向转变，OB一线及附近显示正向转变。即在外在公平环境恶化的时候，总有人逆向选择，有"随波逐流"而从众的心理；也有人正向选择，更加持反对态度，坚守公平原则，不顾个人利益，与不公平现象做抗争。

从图3-3中可以发现，面对两种程度的不公平现象，香港的大学生与内地某高校的大学生一样，多数人要么持反对的态度，要么持认同的态度，少部分人会举报不公平的现象。也有少部分人从一开始的反对变为认同（逆向转变），也有少部分人从一开始的容忍变为反对（正向转变）。

香港地区的大学生与内地某高校的大学生在对这种不公正现象所持有的态度上有巨大的差异,详情根据图3-3的两地比较,归纳数据如表3-2所示:

表3-2　　　　两地大学生群体价值取向的主要数据

v：态度变量	香港（共56人）	内地（共77人）
5：坚持举报	4人，占比7%	0人
4：坚持反对	20人，占比36%	3人，占比4%
3：坚持不支持	2人，占比4%	3人，占比4%
2：坚持容忍	8人，占比14%	20人，占比26%
1：坚持认同	3人，占比5%	14人，占比18%
－：逆向转变	12人，占比21%	16人，占比21%
＋：正向转变	10人，占比18%	20人，占比26%
0：不发表意见	0人	1人，占比1%

注：所谓的"坚持",是指在t10、t11两题中作同样的态度选择,点状图3-3中CD线所覆盖的分布。

为更加清晰地了解两地大学生在价值取向上的差异,用柱状图组表示如下（见图3-4）。

以上数据分析说明,两地的大学生群体在公平规则问题上有不同程度或方向上的价值取舍偏好。影响他们做出这种不同价值取向的原因是什么？是下面所要分析的。主要方法是,根据不同价值取向对两地学生群体进行分类,根据群体的聚集度,主要分为坚持反对群体、坚持认同群体、坚持逆向转变群体、坚持正向转变群体,主要探索其中与价值取向有较高相关性的观念因素。这种分类实际上是为了从观念结构上分析群体因不同价值取向而呈现的结构。公平价值观念在强弱上有差异的不同群体,其制度观念是否有差异,其观念结构是否也存在规律性的差异,这是下面所要考察的内容。

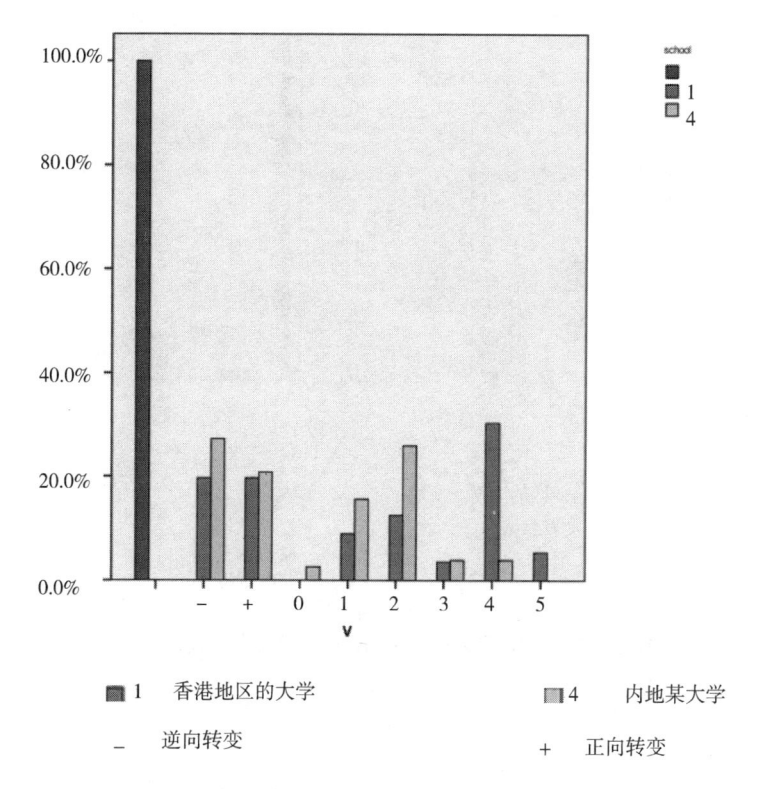

第三章 大学章程对大学组织文化的影响：……执行力　201

图 3-4　调查问卷第 10 题与第 11 题的综合数据分析

注：态度变量 v 中的 1、2、3、4、5 指在 t10 与 t11 中态度均不变的反对指数，分别指坚持认同、坚持容忍、坚持不支持、坚持反对、坚持举报。

（二）大学生群体价值取向与制度观念相关性的两地对比

从大学生对规章制度熟悉程度、态度及对不合理管理的态度看，在观念的群体结构上，两地比较接近，分别如附图 1、附图 2、附图 3、附图 4（见附录 4 图表）所示。但是，在个人利益与学校制度发生冲突时，对不合理制度的关切度上，其价值选择存在一定的差异，这是问卷的题目 3

202　重塑华人大学组织文化与理念：基于香港地区大学章程的调查研究

■ 1 香港地区的大学　　■ 4 内地某大学
0 不发表意见　　　　1 坚持认同
2 坚持容忍　　　　　3 坚持不支持
4 坚持反对　　　　　5 坚持举报

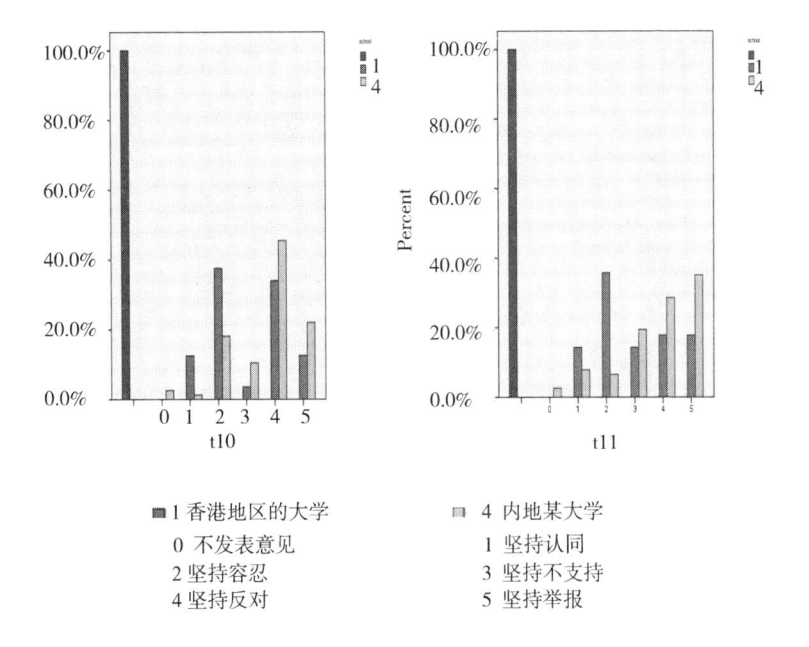

图 3-5　问卷第 10 题的调查数据分析　　图 3-6 问卷第 11 题的调查数据分析

所考察的内容：

3. 当您的个人利益与学校的相关制度规定发生冲突的时候，有何想法？（　）（单选）

A 我会按照学校规定来安排自己的活动，放弃个人利益的诉求，毕竟只是我一个人的小利益。

B 如果我认为我的利益合情合理，我会认真思考制度是否合理，并向相关部门反映我的想法。

C 我的个人诉求可能太个人化了，学校的规定一般是合理的，否则就无公共秩序可言了。

D 不愿过多想这些事情，只要自己努力学习，取得学

第三章 大学章程对大学组织文化的影响：……执行力

位，在学术上取得优异的成绩就行了。

如图 3—7 所示的 t3 问题分析，这与 t10 与 t11 两个题目所分析的有一定的关联性。前者考察是否关注规则公平的问题，后者考察面对不公平原则有何态度的问题。在前者的考察中，明显可以发现香港的学生在观念的群体结构上，多数人采取积极的态度，要向有关部门反映制度的不合理之处，而内地的学生，较多

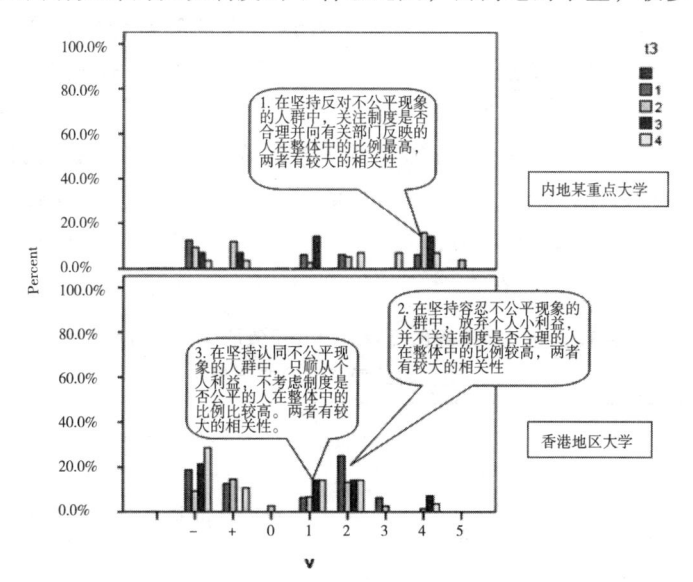

（图中标注：
1. 在坚持反对不公平现象的人群中，关注制度是否合理并向有关部门反映的人在整体中的比例最高，两者有较大的相关性
2. 在坚持容忍不公平现象的人群中，放弃个人小利益，并不关注制度是否合理的人在整体中的比例较高，两者有较大的相关性
3. 在坚持认同不公平现象的人群中，只顾从个人利益，不考虑制度是否公平的人在整体中的比例比较高，两者有较大的相关性。

内地某重点大学
香港地区大学）

■ 放弃个人利益，不考虑制度是否公正合理（消极）
▨ 认真思考制度是否合理，并向有关部分反映（积极）
■ 个人诉求可能比较个人化，制度规定一般是合理的（中立）
▫ 不关注制度是否合理，只顾自己的学习就行了（追求私利）

图 3-7 两地制度意识的差别

的人选择消极态度，不去积极关注学校制度是否公正合理。由此说明，内地学生多数倾向于个人利益，而轻视制度或规则是否公平，香港学生较多数倾向关心制度或规则的公平性，这一定程度上解释了香港地区的学生为何倾向于反对不公平现象。这种因果解释，从图3—7中可以更加直接看出其中的相关性，坚持选择反对（v变量中的指数2）的人群，在香港地区的大学里，依然是关注制度是否合理的人所占比例最高（图中变量t3的指数2，即第三题目中的B选项：如果我认为我的利益合情合理，我会认真思考制度是否合理，并向相关部门反映我的想法），如图3—7中对话框1所指示的。

按照同样的方法，在内地大学的调查数据中，也能找到类似的相关性，如图3—7中的对话框2、3所指示的。两地比较而言，有着截然相反的相关性，根据图3—7中的三种较高相关性制作表3—3和表3—4。

表3-3 对不公平现象的反对指数（价值取向）与对不合理
制度的关切度之间的正相关性

地区	反对指数（v）	对不合理制度的关切度
香港地区的大学	坚持反对（4）	认真思考制度是否合理，并向有关部门反映
内地某重点大学	坚持认同（1）	不关注制度是否合理，只顾自己的学习成绩就行了
	坚持容忍（2）	不考虑制度是否公正合理，放弃个人的正当利益

表3-4　　对不公平现象的逆正转变与对不合理制度的
关切度之间的正相关性

地　区	选择转变(+、-)	对制度不公平合理的关切度
香港地区的大学	逆向（-）	不考虑制度是否公正合理，放弃个人的正当利益
香港地区的大学	正向（+）	认真思考制度是否合理，并向有关部门反映
内地某重点大学	逆向（-）	不关注制度是否合理，只顾自己的学习成绩就行了
内地某重点大学	正向（+）	认真思考制度是否合理，并向有关部门反映

综合上述数据分析的结果，可以发现，在公平规则与个人利益的权衡中，关于制度的公平观念与牵涉到个人利益的选择有一定的相关性，即制度观念强的人倾向于遵守公平规则，而反对不公平现象。

那么，除了关切制度及其公平性的观念外，是否还有其他内在的观念因素？这要从观念结构的分析来寻找答案。

（三）大学生观念结构与价值取向相关性的两地对比

对大学生群体观念结构的检测，是通过调查问卷中的三个题目来完成的，分别考察学术求真、民主平等、良好行为规范三个观念的结构。通过问题的设计，要求回答者将所给选项所表达的观念因素，按照个人的理解和关注程度，并根据重要性排出顺序。所得到的结果，可以有效分析对相关观念的理解，可以发现内心中的动机或目的，以更好地展示观念内部的结构性组合。

每题的选项有若干项，每一项分别代表一种观念因素，几个选项共同组成观念的结构，而结构的形态是由每个选项的重要性指数来表示的，选项之间的重要指数根据排序的前后赋值，最前面的为最高值，最后面的为最小值，不选为0。图表或行为中的t7、t8、t9分别代表第7题、第8题、第9题，其他的类推，图表或行文中代码，如t7a、t7b、t8a分别代表第7题中A选项、B选项和第8题中的A选项，其他的以此类推。如第7题，如果排序为B、D、A、G，分别赋值为7、6、5、4，其余为0，即t7a的值为5，t7b的值为7，t7d的值为6，t7g的值为4。

表3-4-1　　　　　　问卷代码（以第7题为例）

所代表目标	第7题	第7题的A项的重要性变量	重要性指数最高值（选项排第一时）	重要性指数最小值（没有任何选项时）
代码（或数值）	t7	t7a	7	0

题目的主要内容如下所述。

7. 在研究活动中，对学术务必求真，这种理念主要源自哪些观念？（根据重要性依次排序，由重要到次要）（　）（多选、排序）

　　A 学校制度的明文规定
　　B 导师的要求和以身作则
　　C 害怕因学术不诚实遭到惩罚
　　D 为了取得学术荣誉
　　E 为了顺利取得学位，获得过硬的学术研究能力，以应

聘较好的工作

　　F 一种诚实的信念

　　G 大家都是这么做的，氛围的影响力很大

　　8. 在学校生活中，民主的公平氛围，比较核心的观念是？（根据重要性依次排序，由重要到次要）（　）（多选、排序）

　　A 进行平等计算的理性

　　B 天地公道，出于良知

　　C 公共利益，公共责任

　　D 和谐大家庭，充满人情冷暖

　　E 维护每个人的权利和利益

　　F 大家都这么做，我不能成为例外

　　9. 在学校里，良好行为规范的养成（如诚信守则意识），主要源于哪方面？（根据重要性依次排序，由重要到次要）（　）（多选、排序）

　　A 大学的强制规定及其管理

　　B 自觉学习教师等模范人物

　　C 所在群体（团体）共同习惯的熏陶

　　D 个人的觉悟使然

　　E 良好的家庭教育基础

　　F 大学前的学校教育基础

　　G 良好的社会风气基础

　　通过比较两地的统计数据，可以发现其中的异同点。以下内容主要根据观念因素的重要性指数、关注度指数的人群分布结构图来找出两地的观念差异，以及这种差异与不同价值取向之间的关联性。

表 3-4-2　　　　　　　　　观念结构评价量

		t7a	制度规定
t7	学术求真	t7b	导师要求
		t7c	制度惩罚
		t7d	学术荣誉
		t7e	为了找个好工作
		t7f	诚实信念
		t7g	氛围的影响力
t8	民主公平	t8a	平等理性
		t8b	天地公道及良知
		t8c	公共精神
		t8d	人情关系
		t8e	个人权益
		t8f	从众心理
t9	良好行为规范	t9a	制度管制
		t9b	学习模范人物
		t9c	群体习惯
		t9d	个人觉悟
		t9e	家庭教育
		t9f	学校教育
		t9g	良好社会风气

1. 两地大学生群体观念结构的异同

通过对比一系列的观念的重要性指数人群结构分布如附图5、附图6（见附录4图表），可以得出两地观念结构相同与相异的以下几点结论。

（1）对于"学术求真"观念的理解，香港地区的大学生群体明显倾向于重视制度的作用，而内地的大学生群体倾向于为了获得好工作，追求功利性利益；其他方面相似。

（2）对于"民主平等"观念的理解，香港地区的大学生群体倾向于平等理性，而内地的大学生群体稍微倾向于天地公道及良知这样的传统观念，较倾向于人情关系和谐的观念；其他方面相似。

（3）对于"良好行为规范"观念的理解，香港地区的大学生群体稍微倾向于群体习惯的熏陶和良好的社会风气，而内地的大学生群体倾向于个人觉悟的作用，稍微倾向于学习模范人物的作用；其他方面相似。

根据附图5、附图6（见附录4）所展示的重要性指数分布情况，将归纳出的异同点列表，如表3-5所示。

表3-5　大学生观念群体结构（重要性指数分布）
在内地与香港之间的差异

项目	香港	内地
学术求真	制度的规定	为了找到好工作
民主公平	平等理性	天地公道及良知、人情关系和谐
良好行为规范	群体习惯、良好社会风气	个人觉悟、学习模范人物

下面的图组是关于两地学生在学术求真、民主公平、良好行为规范三方面的观念因素的关注度分析。① 通过关注度的两地比

---

① 关注度的计算方式为：选项的不同分值乘以频次的和，分值取决于排序中的重要性，七个选项中，排第一位的获得重要性分值7，次之为6，以此类推，不选为0；频次为对某一选项赋予某一分值的人数。如7a的关注度，等于分值7×频次1＋分值6×频次2＋分值5×频次3＋分值4×频次4＋分值3×频次5＋分值2×频次6＋分值1×频次7。

较分析，与上面的观念结构的两地分析形成相互印证，以增强数据分析的可信度与可靠性。

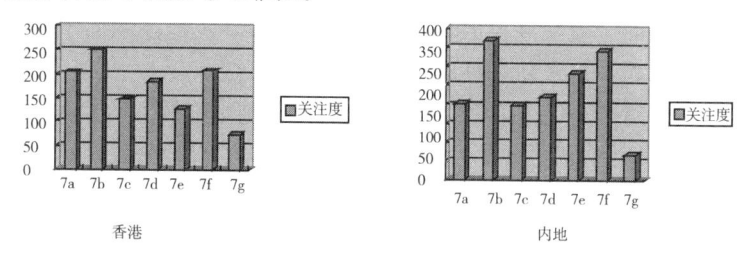

图 3-8 学术求真的观念分析

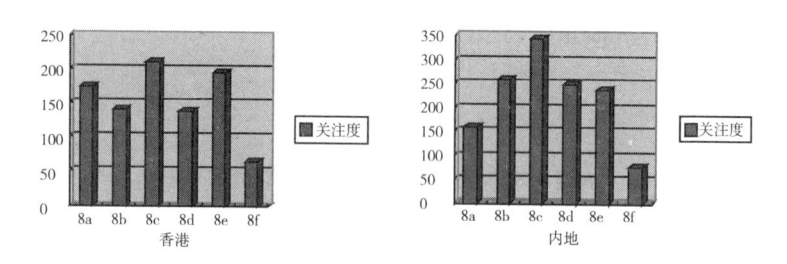

图 3-9 民主公平的观念分析

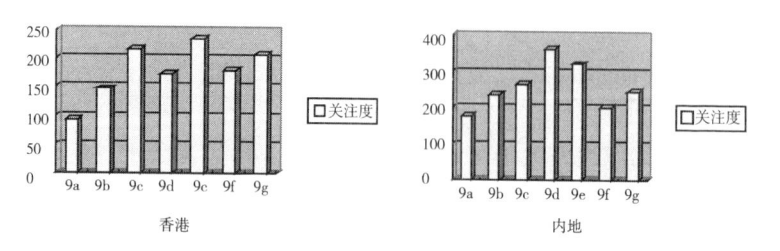

图 3-10 良好行为规范的观念分析

根据以上数据，香港地区的大学生与内地的大学生相比，主要观念的关注度呈现出一定的差异性（如表 3-6 所示），从香港方面来说。

（1）在学术求真方面，其观念认知主要来自导师（7b选项：导师的要求和以身作则），学校的各种规章的规定（7a选项：学校制度的明文规定）并不是最突出的，学术追求（7d选项）与诚实信念（7f选项）也是影响学术求真观念的重要因素，而害怕制度上的惩罚（7c选项）、为了提高学术能力找个好工作（7e选项），及从众心理（7g选项）显然成为不重要的因素。

（2）在民主公平方面，其观念认知主要来自平等的理性思考（8a选项）、公共精神（8c选项）、个人权益（8e选项），而带有传统文化观念的天地公道和良知（8b选项）、人情关系（8d选项）都成为较为次要的因素。

（3）在良好行为规范方面，其观念认知主要来自良好的家庭教育（9e选项）、习俗惯例的熏陶（9c选项），以及良好的社会风气（9g选项），而制度的规制（9a选项）成为最次要的因素，学习模范人物也成为次要因素（9b选项）。

表3-6　大学生主要观念的关注度分类及两地比较分析

地区 项目	香港		内地	
	重要因素	次要因素	重要因素	次要因素
学术求真	导师影响 学术荣誉 诚实信念 制度规定	害怕制度惩罚 找个好工作 氛围的影响	导师影响 找个好工作 诚实信念	学术荣誉 氛围的影响 制度规定
民主公平	平等理性 公共精神 个人权益	天地公道及良知 从众想法 人情关系和谐	天地公道及良知 公共精神 人情关系和谐	平等理性 从众想法 个人权益

续表

地区 项目	香港 重要因素	香港 次要因素	内地 重要因素	内地 次要因素
良好行为规范	家庭教育、群体习俗、良好社会风气、学校教育	制度的管制、学习模范人物、个人觉悟	家庭教育、良好社会风气、个人觉悟	制度的管制、群体习俗、学习模范人物、学校教育

将表 3-6 中两地在重要性上相反的观念因素保留，其余删掉，将得到表 3-7，并与表 3-5 相比较，在观念因素上，将会发现有较高程度的重叠性。

表 3-7　大学生主要观念关注度分类及两地比较分析

地区 项目	香港 重要因素	香港 次要因素	内地 重要因素	内地 次要因素
学术求真	学术荣誉、制度规定	找个好工作	找个好工作	学术荣誉、制度规定
民主公平	平等理性、个人权益	天地公道及良知、人情关系	天地公道及良知、人情关系	平等理性、个人权益
良好行为规范	群体习俗、学校教育	个人觉悟	个人觉悟	群体习俗、学校教育

表3-8　　　　大学生观念结构（重要性指数结构分布）
在内地与香港之间的差异

地区 项目	香港	内地
学术求真	制度规定	为了找到好工作
民主公平	平等理性	天地公道及良知、人情关系
良好行为规范	群体习惯、良好社会风气	个人觉悟、学习模范人物

以上通过两种不同方法的数据计算及分析，得到不同的结果，分别得出两地学生的观念结构存在明显的差异，现将观念结构差异重叠的部分归纳为表3-9。

表3-9　　　　两地大学生观念结构两种分析结果
（关注度与重要性指数）的差异重叠部分

地区 项目	香港	内地
学术求真	制度规定	为了找到好工作
民主公平	平等理性	天地公道及良知、人情关系
良好行为规范	群体习惯	个人觉悟

2. 观念结构与价值取向的相关性分析

由此获得两地学生在重要价值理念上的观念结构差异，并且这种差异从理论上讲，应该影响他们对某些特定现实或事实的价值判断，以及做出不同性质的选择。对这一理论推测，通过问卷t10与t11的统计数据，可以找到一些相关度较高的证据，如图3-11所示。该图的变量t7，是答题者在第7道题选项中所选首要的一项（t8同理），将此类型数据进行统计分析，以获得清晰的结果。

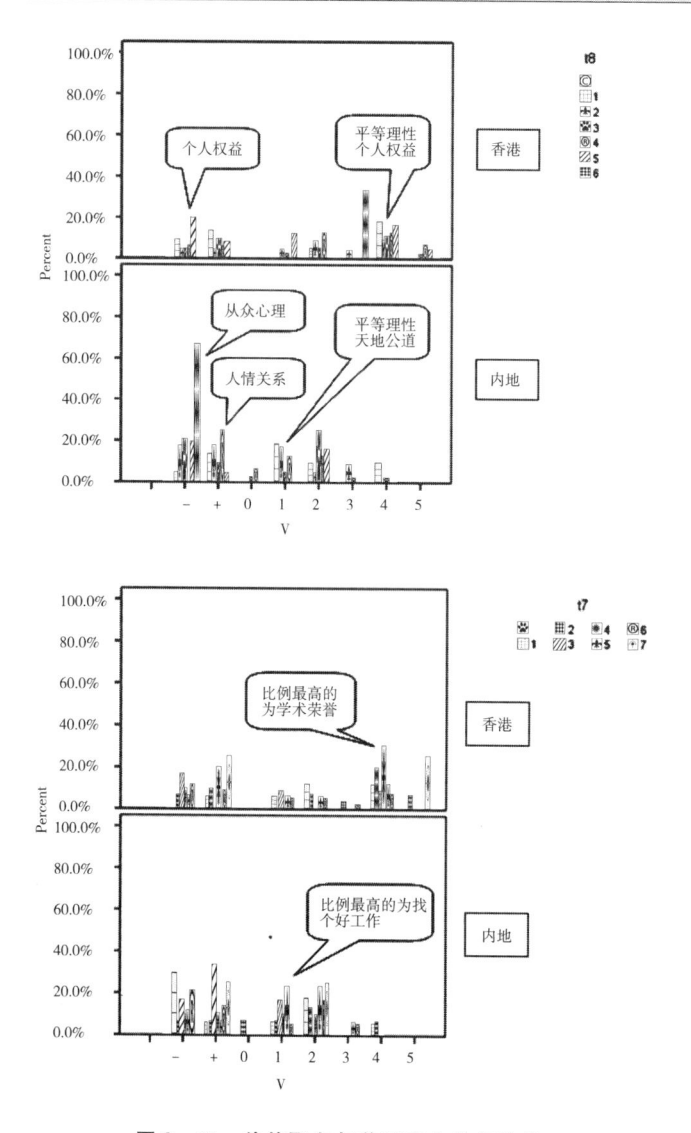

图 3-11 价值取向与首要观念的相关性

表 3-10　价值取向与首要观念的正相关性

正相关性＼项目	－逆向转变	＋正向转变	1：坚持认同（内地群体）	4：坚持反对（香港群体）
学术求真（首要观念）				学术荣誉（香港）
			为找个好工作（内地）	
民主平等（首要观念）	个人权益（香港）			平等理性 个人权益（香港）
	从众心理（内地）	人情关系（内地）	平等理性 天地公道及良知（内地）	

下面用另一种数据统计及计算方法，展示其中的相关性。将两地学生群体根据价值取向（t10、t11 所检测的数据结论，即价值选择的转向 －、＋，与反对指数 1、2、3、4、5）的不同而分类，从不同分类的群体中寻找不同观念结构与价值取向的相关性，如图组 3-12 所示。某类别群体里，在某一种观念上会呈现出特定的群体结构分布，以重要性指数来标识，即 t7c、t7d、t7e、t7g、t8a 等，从左向右增加重要程度（0 为没有选，1 为最次要，数值越大重要性越大），如果呈现右边的数量柱（代表人数的百分比）高过左边数量柱趋势，那么该群体整体上倾向于这种观念，反之，将偏离这种观念。图中的对话框根据数量柱的高低趋势，做出倾向或偏离的判断。

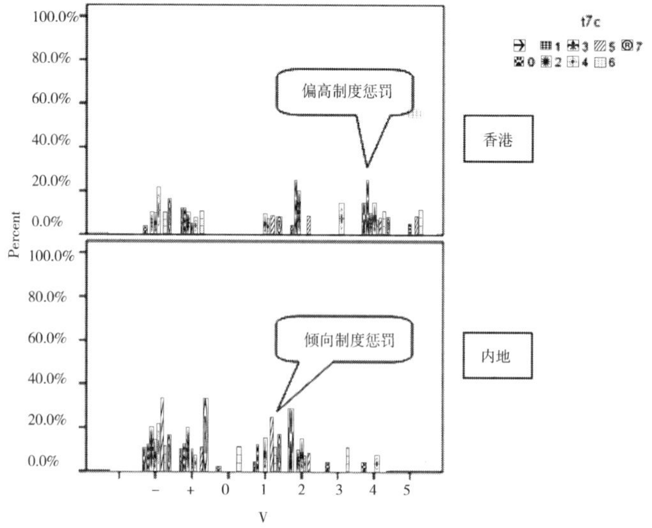
t7c
1 3 5 7
0 2 4 6
偏高制度惩罚
香港
倾向制度惩罚
内地
Percent
100.0%
80.0%
60.0%
40.0%
20.0%
0.0%
− + 0 1 2 3 4 5
V

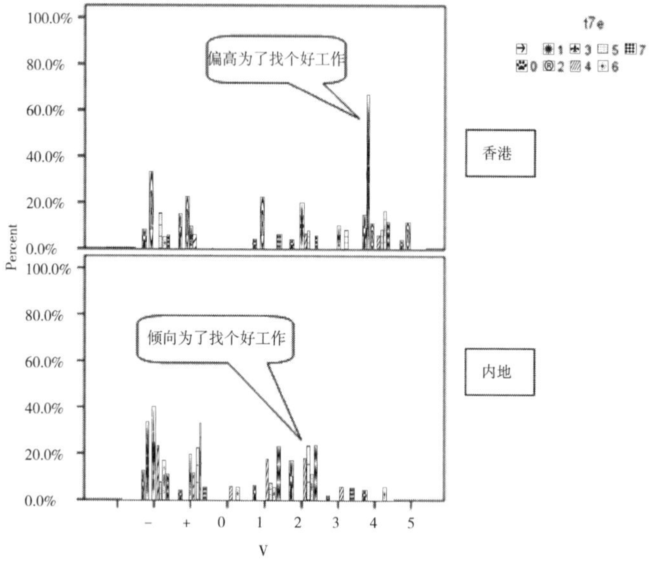
t7e
1 3 5 7
0 2 4 6
偏高为了找个好工作
香港
倾向为了找个好工作
内地
Percent
100.0%
80.0%
60.0%
40.0%
20.0%
0.0%
− + 0 1 2 3 4 5
V

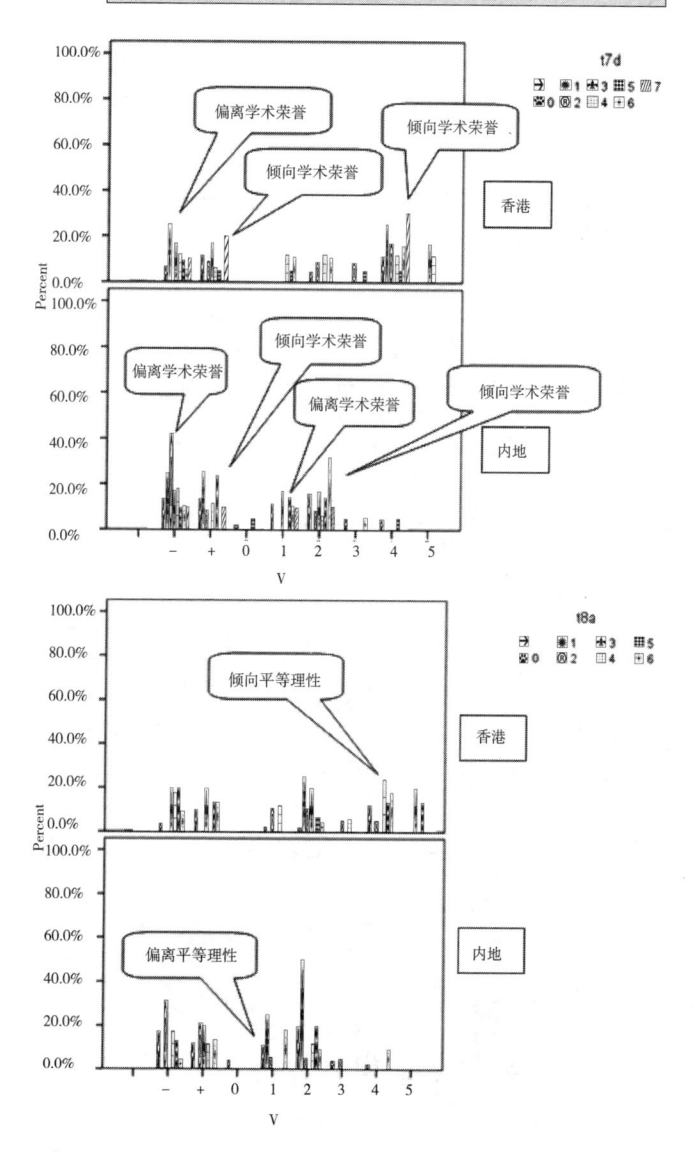

第三章 大学章程对大学组织文化的影响：……执行力

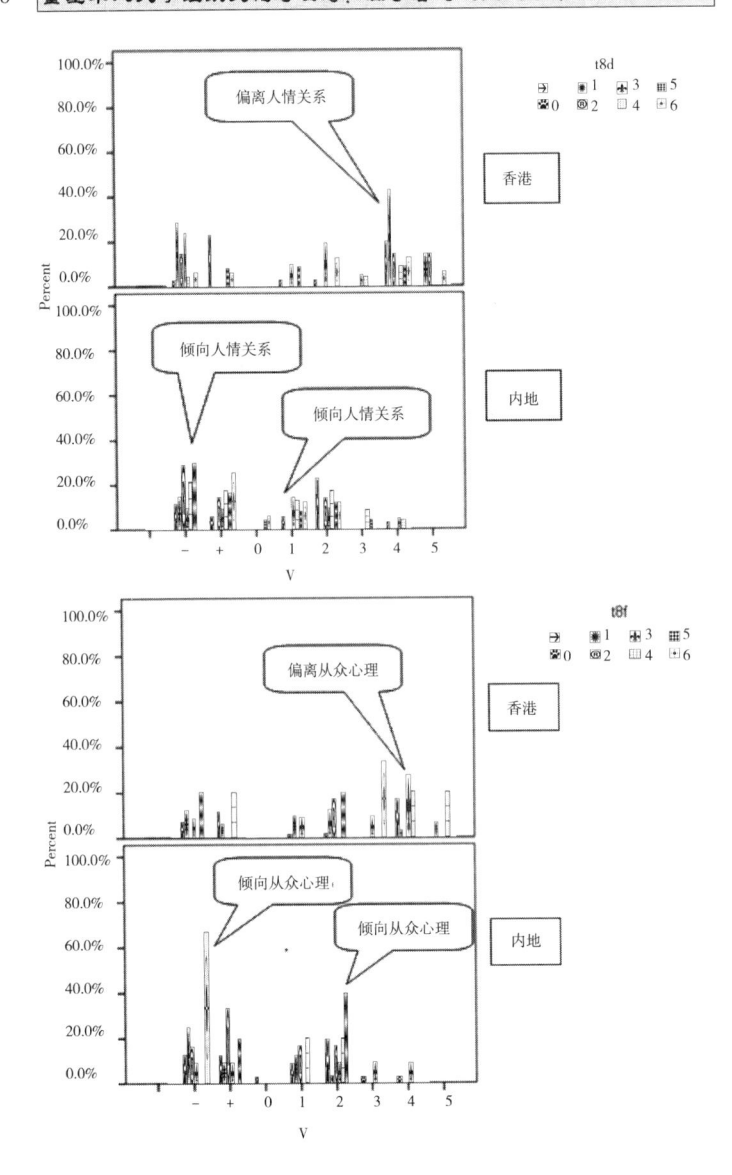

重塑华人大学组织文化与理念：基于香港地区大学章程的调查研究

图中标注：
- 香港 t8d：偏离人情关系
- 内地 t8d：倾向人情关系、倾向人情关系
- 香港 t8f：偏离从众心理
- 内地 t8f：倾向从众心理、倾向从众心理

第三章 大学章程对大学组织文化的影响：……执行力 219

```
             倾向群体习惯                    香港

             偏离群体习惯                    内地
```

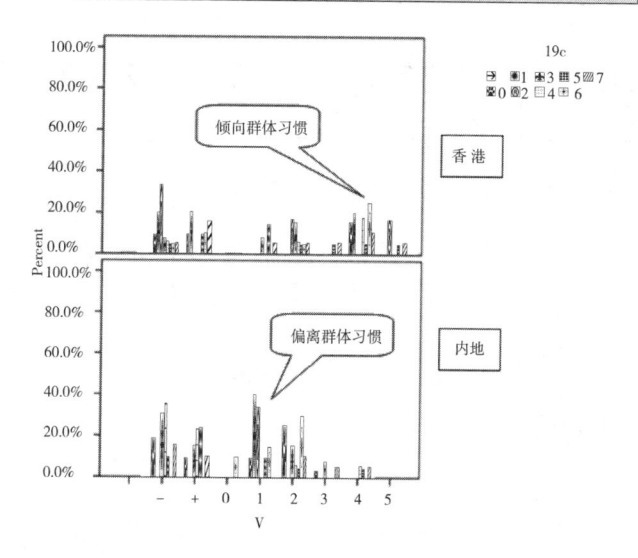

图3-12 不同价值取向的观念因素偏离或倾向

根据图3-12中的所有对话框做出的判断，归纳出偏离或倾向的相关性，如表3-11所示。

表3-11 价值取向与观念结构的相关性

相关项目	-	+	1：坚持认同	2：坚持容忍	4：坚持反对	地区
学术求真	偏离学术荣誉	倾向学术荣誉			偏离制度惩罚 倾向学术荣誉 偏离为了找个好工作	香港
	偏离学术荣誉	倾向学术荣誉	倾向制度惩罚 偏离学术荣誉 倾向为了找个好工作	倾向学术荣誉		内地

续表

相关项目	−	+	1：坚持认同	2：坚持容忍	4：坚持反对	地区
民主平等					倾向平等理性 偏离人情关系 偏离从众心理	香港
	偏离平等理性 倾向人情关系 倾向从众心理		偏离平等理性 倾向人情关系	倾向从众心理		内地
良好行为规范					倾向群体习惯	香港
		偏离群体习惯				内地

从表中可以发现价值取向与观念结构的相关性，实际上主要也是香港与内地两地在价值取向与观念结构的两类差异，如图3-13所示：

表3-12　两地大学生观念结构两种分析结果
（关注度与重要性指数）的差异重叠部分

地区 项目	香港	内地
学术求真	制度规定	为了找到好工作
民主公平	平等理性	天地公道及良知、人情关系和谐
良好行为规范	群体习惯	个人觉悟

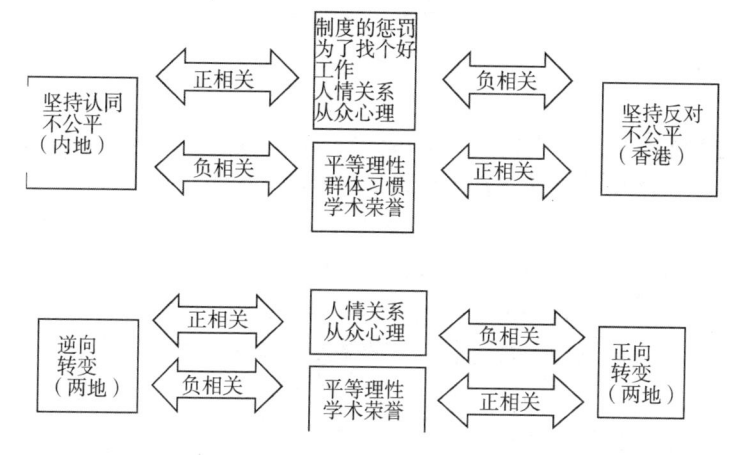

第三章 大学章程对大学组织文化的影响：……执行力 221

```
┌──────┐   ⇔正相关⇔  ┌──────────┐  ⇔负相关⇔  ┌──────┐
│坚持认同│             │制度的惩罚  │            │坚持反对│
│不公平  │             │为了找个好  │            │不公平  │
│(内地) │             │工作        │            │(香港) │
│        │   ⇔负相关⇔  │人情关系    │  ⇔正相关⇔  │        │
└──────┘             │从众心理    │            └──────┘
                      ├──────────┤
                      │平等理性    │
                      │群体习惯    │
                      │学术荣誉    │
                      └──────────┘

┌──────┐   ⇔正相关⇔  ┌──────────┐  ⇔负相关⇔  ┌──────┐
│逆向    │             │人情关系    │            │正向    │
│转变    │             │从众心理    │            │转变    │
│(两地) │             ├──────────┤            │(两地) │
│        │   ⇔负相关⇔  │平等理性    │  ⇔正相关⇔  │        │
│        │             │学术荣誉    │            │        │
└──────┘             └──────────┘            └──────┘
```

图 3-13　两地的价值取向与观念结构之间的差异及相关性

（四）调查数据分析的理论意义：制度伦理及其执行力

1. 调查数据分析的总结论

通过以上不同方法、不同角度的数据分析，综合图 3-13 及表 3-12、表 3-3 与表 3—4 可以得出的总结论是：平等理性、群体习惯及坚守公正规则、学术信念是香港地区学生观念结构的显著特征，人情关系、功利性趋利（为找个好工作所反映的），以及轻视规则的从众心理是内地大学生观念结构的显著特征。

根据数据分析的结果来看，内地某大学的大学生群体的观念结构处于一种不良的状态，一是他们对制度规则持消极态度，因为内地大学的许多制度规则并没有发挥本来应有的作用，使学生们不得不持有消极的态度。如果这一推理成立的话，根据上文论及的"双向变动"理论，内地的大学制度及各种规则并不够健全合理，导致组织结构的畸形，群体观念结构由此对组织规则持消极态度，带给个人诸多不良的思想观念影响，使他们背弃公正原则而趋向功利，从众心理导致的"羊群效应"固化了原来的观念结构，出现恶性循环的趋势；香港地区的大学生群体与内地恰恰相反，由于良性的制度环境带来的群体观念结构，对制度持积极态度，价值取向比较正面。这种群体氛围及其习俗惯例促使所有的组织成员积极向上，追求公平合理，正反馈效应加固了原来的观念结构及制度逻辑，出现了良性循环的趋势。

2. 理论意义：制度的伦理及其执行力

制度本身是一种规则体系，同时也涵盖这套规则体系的运行机制所体现的伦理评价，即是否公平合理，其价值如何。[①] 制度可分为正式的制度安排与非正式的制度安排，正式的制度安排一般来说表现为具体的规则，非正式的制度安排一般来说表现为一种习惯、风俗等，而这两者都有价值属性，是否公平合理，表现为伦理反思，以此成为制度的基石。此外，正式与非正式制度之间并没有严格的界限，往往是融合在一起呈现一种现实，而这些都内在地存在于群体及每个人的观念结构之中。那么，上文的数据分析由此具有了一定的理论意义，观念结构一定程度上反映了某一群体的制度伦理。

首先，平等理性、群体习惯及学术信念（或坚守公正规则）的这种观念结构特征外显为对公平制度的遵守，平等理性反映了制度中的规则性，群体习惯与学术信念（坚守公正规则）反映了特定的制度伦理；同理，人情关系、功利性趋利（为找个好工作所反映的）及轻视规则的从众心理外显为对公平制度的消极态度，人情关系中的人情逻辑反映了某种制度的一种潜在规则，功利与从众心理反映了另一种制度伦理。

其次，从上文的调查数据统计结果来看，"坚持反对"与"正向转向"的人群多为原则性强，对规则及其所指向的价值信念能够忠诚地坚守的人，这种选择的平衡点是公共利益对个人私

[①] 倪愫襄：《制度伦理研究》，人民出版社2008年版，第8—13页。

利的超越;"坚持认同"和"逆向转向"的标志是私利重于公共利益,即偏重私利导致违背规则的现象出现。这两种趋势分别体现在香港地区与内地某重点大学的大学生群体的观念结构中,而两地大学生群体的观念结构迥然不同。

由此出现两种大学生群体观念结构类型,一种是以平等理性为主要特征的坚守规则类型(香港地区的大学生群体),另一种是以人情关系为主要特征的背离规则类型(内地某重点大学的学生群体)。那么,对规则的坚守或背离,与两地的制度伦理有什么样的关联性,这是规则的一个"内隐性"问题。

坚守规则,作为一种坚定的信念,往往来自传统惯例,如家庭教育、社会教育。这种潜在的信守观念,实际上在历史的传统中形成不成文的规则,其有时被称为"潜规则"。"潜规则"在当前的新闻语境里,多为贬义的,代表腐败的、不合理的逻辑,而在语义上,"潜规则"应是中性的,潜在的或不成文的规则,或"公开的秘密",不过是制度中的习俗。当然,在正当性、合理性、合法性上来讲,分为两层意思:一是暗箱操作、违背明文规定、损害他人或公共利益,是明知道不合理、不合法、不正当,依然为个人私利自愿或是违心地去做;二是不成文的"约定俗成",让组织所有成员默许认同的某种习性,这种习性在逻辑上形成了规则性的表达,能够指导人们的行为。因此,在一个发达的制度文明社会环境里,潜规则是合乎法律制度或章程所指向的目的、价值。那么,这种潜规则便是一种惯例、习俗,在潜意识领域,以文化的形式规范或引导人们的思想行为,遵守成文的规则,并且能够为制度发展、变革或创新奠定"路径"基础,这是一种无形的心理软力量,是一种制度赖以生存的伦理,即制度伦理。

从制度理论上讲,路径依赖成为制度变迁、发展的重要环节。制度有惯性或黏性（stickniss），这是制度存续的原因，[1] 制度也由此有特定的稳定性，正如诺斯所言：

> （制度）具体的短期发展路径是无法预测的，而总的发展趋向……却是能够预测且很难被扭转的原因。[2]

难以被扭转的原因，具体来说是多方面的，这与制度的本质有关，不同的制度理论有不同的认识。理性制度主义认为制度源于人的理性选择及在群体中的博弈，文化制度主义认为制度是社会习俗、文化传统的发展成果，而历史制度主义对以上二者加以整合，认为制度是在历史过程中，理性选择与文化习惯相互作用形成的社会形态。这其中以历史的关键环节为制度变迁的突破，如突发事件、强势行动者（powerful actor）等，但"路径依赖"的惯性仍是突变力量所不能彻底超越或摆脱的，其原因是回报递增效应与正反馈效应自我强化这种制度的原初模式：理性选择或文化习惯。由于不同的民族及其历史过程，总是在制度的原初状态下循行而下，路径特征明显。那么，某一民族共同体的制度体系中难以撼动的本质力量到底是什么，有学者认为是神秘的观念及仪式，John W. Meyer 和 Brian Rowan 认为制度化的组织结构正被个体化及其活力所减弱，而原来维系这种组织结构的合作、监管和评价，已被信任和宗教信仰的一种逻辑所代替。[3] 制度现象本质上与特定人群的灵魂归宿有关，具有神秘主义的伦理色彩，

---

[1] [美]凯瑟琳·西伦：《制度是如何演化的》，王星译，上海人民出版社2010年版，第23页。

[2] 同上。

[3] John W. Meyer, Brian Rowan, Institutionalized Organizations: Formal Structure as Myth and Cermony, *The American Journal of Sociology*, Vol. 83, No. 2. (Sep., 1977), pp. 340 – 363.

比如西方资本主义制度文明里的新教教派及其伦理便有此种力量，正是韦伯论证过的，禁欲伦理所表现出的冷静理性：

> 然而行会本身自然不能孕生出近代市民——资本主义的风格，因为此种风格的经济的"个人主义的"动力，并非行会所能而唯独禁欲教派的生活方法论才能够使之获得正当性且带上光环。①

对东方的中国而言，也是存在制度伦理意义上的神秘观念的。一般来说，中国传统社会结构与制度是以儒家伦理的纲常为依据的，是一种以血缘为纽带的等级制度伦理，讲究亲缘关系与人情关系。当然，在历史发展中儒家伦理也受道家、佛家思想的影响。

可见，中西方的社会制度的发展所围绕的核心伦理观念与"宗教式"信仰或某种信念有关，伦理对制度的发展至关重要。如儒家的"仁""义""礼"等，西方的"God""Right""Trust"等，这些词语在伦理认识上，有先验性和遗传性。虽然它们遗传于不同历史境遇的东、西方社会，但都富有"人性"的光环，以审美的形式浸入习俗、传统、惯例的理念内涵中，而习俗的外显形式就是如尊敬长者、诚信原则、信托责任等，以既定的不成文规则出现。由此可见，宗教的或神秘的观念，对制度伦理有巨大作用，而中西方的民族文化差异，决定了制度伦理的巨大差异。

如果说伦理是一种"心理软力量"的话，良好的制度伦理将产生巨大的制度力量，具体而言，就是制度的执行力。因此，

---

① ［德］韦伯：《新教伦理与资本主义精神》，广西师范大学出版社2007年版，第221页。

不同性质的制度伦理将产生不同程度的制度执行力，中西方之间的制度伦理差异也体现了这一原则。原因是，西方的制度伦理更多地由理性规则来支撑其牢固性，而中国传统的制度伦理主要靠道德伦理来维系，很多时候在某些领域①因为缺乏一定的理性规则而走向"自我异化"②式的崩溃。

综上所述，两地大学生群体观念结构分别体现了不同的规则价值，由此背后的制度伦理也存在巨大差异，香港地区倾向于西方制度伦理的平等理性，而内地倾向于儒家制度伦理的人情关系，从而决定了两地大学组织文化的不同特质。然而，良好的制度伦理在现实生活中，能够表现出恒久、坚韧的制度执行力，即对制度规则的坚守与执行，形成组织实体的行为力量。香港地区大学在这种制度伦理形成进程中，实际上是大学组织文化爆发出的一种"心理软力量"，这种软力量作为一种信仰式的执着，从潜意识层面规范着个体行为，最终形成大学组织成员基于追求大学组织目标的制度执行力。

---

① 往往在缺乏足够的血缘关系所维系的公共领域发生，如国家与社会，而家庭与族群（村舍等）一般因为血缘关系的黏性而不会走向这种崩溃。

② 表现为在利益追逐中的道德的虚伪性，以及这种虚伪性在名义上的正当化，并形成有强制意义的理性暴力。

第四章 香港地区大学的章程及组织文化的启示

第一节 香港地区大学的章程及组织文化是塑造华人大学理念的典范

一 香港地区大学章程执行中的组织文化特质：中西合璧

(一) 中西方制度文化差异的背景

韦伯在其名著《新教伦理与资本主义精神》一书中阐明了新教伦理在近现代社会发展中所发挥的伦理或文化上的作用。他认为西方近现代社会的精神特征，如以理性为内涵的科技、工具、资本积累等在某种程度上源于新教的变革，使教徒的思想观念产生了"祛魅"的过程，开始理性、冷静、公正平等地处理世俗事务。同时，将这一切的思想行为的价值及终极目的归于对上帝的信仰，从而在世俗事务的理性过程中形成的各种规则、制度能够被众人忠诚地遵守。在这种思想变革背景中，社会发展的职业分工情景出现，信仰新教的人们以忠诚于这种世俗事务，实际上是职业事务，而表示对上帝的忠诚，以此作为职责及自认为天赋职权，而诚实地劳动工作。

个人思想观念在结构上的这种异化，出现了职业或志业的信念意义上的心理追求，而且这种带有忠诚守则的"志业"精神，有组织上的保障，就是教派作为组织对教徒在志业行为上是否敬业守规进行监督或控制。民族国家在资本社会高度发展的背景中得以建立，使以宪政为特征的社会制度体系得以建立，而这种"法制"的法理根源是天赋人权，正如法国大革命时期所提出的理念，和美国宪法写明的"天赋"权利与对上帝的信仰有密切的关系。至今，在西方的法庭上、婚礼上仍要面向《圣经》向上帝发誓，以示对法律和婚姻的忠诚。可见，以新教为主流的宗教信仰成为西方制度文明的伦理基础，是西方制度体系及其伦理信念体系的根基。

概而言之，西方制度文明的基点是由"法"与"宗教信仰"共同支撑的。而其中的法治精神被英国殖民者带到了中国香港，正如本书第一章所分析的，这种法治精神贯穿于香港的社会管理及大学治理中。香港地区的大学组织文化由于这种外来因素（法治）的巨大影响力而具有平等理性色彩，注重公平竞争及其规则。

中国的文化特质，正如一些学者认为的，带有实用主义风格，有人也指出儒家思想是现世的，是一种重视等级秩序的处世哲学，是实用主义的。由于中国主要的地理环境是由大海与高原合围的，内部有一定封闭性的平原，其社会形态是农耕式的。"重农轻商"是古代社会政策的主要论调，直到清朝后期仍然坚持"闭关锁国"的政策。这种文明特质中，以"礼"为标志的等级秩序或制度，规范着社会的政治、经济、文化制度，"礼法"成为东方制度文明的线索。而这种"礼法"重视等级上的尊卑，在管理上表现为顺从与专制的统一体，没有基于事务之方便的具体规则或理性方法，尤其在社会事务和人员组织上。在这种"礼法"逻辑下，表现出的更多是人情面子，以及带有灵活性的无确切原则的实用主义风格。在信念或信仰上，以"孝"为标识的忠诚意识正是中国人的核心信念，但不能称作宗教信仰，"孝"是对君主、祖先及长辈的遵从与敬仰的信仰之心理状态。这也正是"礼法"所要实现的主要价值内容。

而包括"礼法""孝"在内的观念，并不是最高理念，最高的理念是"仁""义"。对儒家道德伦理而言，仁的理念是超越其他观念的，如果脱离农耕社会的封闭形态，"仁"的伦理态度是面向天下人，具有朴素的平等主义的精髓，是泛天下的人人平等，这种平等只存在于处世态度上，而不是存在于社会地位、血缘人伦上的。"己所不欲，勿施于人"便是这种在事务上的人人平等的"仁"精神之表达，具体而言，这种平等精神的形式就是"义""勇"之举，正如孔子曰："见义不为，无勇也。""义气用事"便指这种状态下的行为，虽然以现代语境而言，"义气用事"有违背法制规则之嫌，但在传统社会，由于制度规则的不完备或不具体，使"义气用事"在行为中"立法"，以"仁义"作为自然权利为行为创立合法性，这是在"礼法"社会的语境下处理宗族事务时所依据的制度伦理。当然，这种理解是含混不清的，倾向于以"道德荣誉"为依归的行为心理。

虽然道教、佛教作为宗教也深深地影响中国人的生活，但这种宗教信仰不同于西方的宗教信仰。中国人的宗教信仰是服务于世俗之现实生活的，不同于西方宗教伦理的世俗服从神。从中国人的信仰与社会治理两点上来看，农耕社会的生产生活方式，使以宗族为血脉的儒家伦理具有敬上、遵从的"父道主义"特点，又有"仁义"而勇为的朴素的平等信念。在没有西方那种近代化过程的演化中，一直缺乏建立于城市的市民组织的公共精神，更多的是国君的，以及宗族的、宗派的集体主义意识，而在现实利益上，个人遵循的是现实主义的实用原则，而并无流行的信仰或信念上的追求，其现实的利益在社会结构上是围绕家庭的，这正是中国的家庭关系比西方更加亲密的原因之一。西方的公共精神是城市的公共空间及上帝与子民间的公共空间，而中国的公共精神局限在以血缘为纽带的以宗族、乡党、家庭为核心的空间范围内。

香港地区作为以华人为主体的社会，儒家伦理仍然融于社会空间中，只不过已被西方的公共精神所冲击及改造。香港市民在公共事务上，完全被西化为平等理性，而在公共事务之外的私人领域，不论是在家庭的、乡党的场合还是在宗族的场合，儒家伦理关系仍然很发达，如香港的华人家族企业，而且传统文化的浓郁程度几乎甚于内地。这种状况，同时也出现在大学组织中，公共领域与私人领域比较分明，公共领域实行严格的法治，私人领域的人情关系照常存在。在大学文化上，香港各知名大学均重视传统民族文化的传承，如香港大学的校训是"明德格物"（出自《大学》），体现了儒家"格物、致知、修身、齐家、治国、平天下"的思想；极具人文气质的香港中文大学，以"博文约礼"（出自《论语》）为校训，即"君子博学于文，约之以礼，亦可以弗畔矣夫"，以反殖民化的双语教学政策，凸显其不屈抗争，弘扬民族文化的精神，香港中文大学还设立了中国文化研究所和当代中国文化中心，以"融会中国与西方，结合传统与现代"为发展使命。从整个香港社会的文化心态来看，香港仍然是以中华文化为根基的文化区域。

(二) 中西方制度文化差异的核心要素：契约观念与人情观念

通过上述的东西方文化比较，两种文明特质里分别具有不同的核心观念，在西方是契约观念，在中国是人情观念。就西方近代文明而言，契约所蕴含的意义是权利、平等与民主。契约论思想早在古希腊智者派那里萌芽，盛行于西方近代，以自然法学说为理论基础，认为人与人之间在政治与经济上都以协议或合同的形式订立契约，并忠诚地遵守，以平等自由与公平合理为原则，以维护个体的权利为特征，这一观念成为西方近代社会制度建构的主流意识和主导精神。契约思想在思维方式上，重视法律理性，与人情观念注重血缘身份的远近迥然相异。社会学家费孝通曾认为：

> 血缘是身份社会的基础，而地缘却是契约社会的基础。契约是指陌生人中所作的约定。在订立契约时，各人有选择的自由，在契约进行中，一方面有信用，一方面有法律。法律需要一个同意的权力去支持。契约的完成是权利义务的清算，须要精密的计算，确当的单位，可靠的媒介。在这里是冷静的考虑，不是感情，于是理性支配着人们的活动——这一切实现代社会的特性，也正是乡土社会所缺的。①

契约思想不但体现为法律权利意识，在宗教伦理中也有所体现。韦伯对新教伦理的阐述切入点之一就是，上帝与子民在信仰的忠诚上是一对一的，不存在教徒臣服教主的伦理，子民之间相互平等，都是上帝的选民。在这个意义上，没有人拥有特权。这种平等伦理使教徒在处理世俗的事务中，能够以民主的方式，表达各自的意见及权利需求，在利益交换或利益分割的时候，能够以契约的形式来实现。可见，契约的伦理前提是身份平等意义上的交涉及讨价还价。契约的精神不但较早体现在法律权利和商业交易上，还体现在政治运作的机制上，英国君主立宪制便是君主与臣民之间达成一定的带有妥协性质的契约，从而实现政治上的分权。依据条文来行使权力和承担责任。卢梭在《社会契约论》一书中，就阐明政治关系是一种建立在自由平等意愿上的约定，而不是强权约束。

人情观念对儒家伦理来说，是社会权力关系得以运行的承载体，这源于农耕式封闭性质的乡土社会结构分布，具体而言源于儒家宗族的血缘伦理及等级社会的双重结构。

---

① 费孝通：《乡土中国》，生活·读书·新知三联书店1985年版，第7页。

首先，人情的"情"是建立在亲人、同学、同乡等宗派观念上的，这是语言、血缘、地域上的认同，如有人将老乡观念结构分为语言认同、文化认同、情感认同、习俗认同、地域认同五项因子，并通过数据验证性分析，认为该理论结构合理。[1]这种认同感、归属感构成了人们的人际交往的审美感，具有较高的内部凝聚力和亲和性，带来较大的情感支持，充实群体的感情空间，有利于社会群体的团结稳定；但是，这种人情观念排斥外来的文化及观念，具有一定的封闭性和排他性，甚至有贬低外部群体的倾向，其群体的观念结构呈现出感性倾向，不够客观理性。

其次，当今中国内地城市化率不够高，并没有形成建立在城市公共空间基础上的主流文化。在此背景中，人情关系某种程度上将西方的契约意义的平等关系替代了，尤其在社会权力关系上，人情关系维系其中。人情关系之所以能够在权力关系上施加重大影响，很大程度上与等级化的社会结构有关，即与以君臣、父子等纲常为观念的社会形态有关。这种等级结构实质上是权力的等级结构，这种组织的机构构造在形式上由等级性的权力结构来决定，从内涵上来说是带有君臣、父子等传统观念结构特征，这是中国乡土文化的突出特征之一。就形式与内涵这两方面而言，人情关系的等级结构形成是观念与实体同构的社会积淀过程。虽然中国社会在一定程度上进入了现代工商业文明社会，但是社会组织的运作机制并没有建立在足够的城市平面空间上的流动性，从而实现公平民主的机制。然而，这种"平面流动性"不可能到达社会的每一个组织体内，特别是最基层的社会组织单位，其平面流动性很弱，人情关系充斥其中。在港台地区经济高速上升时期，发展迅速的华人家族企业就是一个典型的例子。因

---

[1] 姜永志、张海钟：《老乡观念的结构及问卷编制》，《心理研究》2010年第4期。

此，家庭及家族企业这一类的社会单位，仍然处于人情关系结构中，具有内在的合理性；而在此类单位外部的公共空间，需要以平等理性为特征的平面流动性，如人才的市场流动（自由聘任），资源的市场配置（物品的公正评估）。

人情关系这种权力性质，正如黄光国所言，人情是权力的游戏规则。他认为：

> 社会资源支配者根据公平法则、人情法则、需求法则来支配资源，而受中国文化影响较大的社群更加强调人情法则，讲究社会关系的"差序格局"，根据"关系"的性质和远近的判断采用相应的法则来做出决策；公平法则、人情法则、需求法则分别对应工具关系、混合关系、情感（亲情）关系三种人际关系。[1]

工具关系讲究公平原则，有实证性研究显示，中国人与陌生人交往时，往往体现出这一原则，倾向于斤斤计较而尽量做出理性的行为，甚至为公平而容易发生冲突。而在带有情感关系的团体中，会为了维护团体内的利益而对外采取工具性和公平性的态度，为捍卫所在团体的利益而发生过度激烈的冲突，甚至相互攻击；同时也会为维护团体内部的人际和谐关系而压制相互间的利益冲突行为。[2]

可见，这种关系判断理论模型，在团体内部判断为情感关系，而在团体外部判断为工具关系，在内外之间的模糊领域会判断为混合关系模式，采取人情原则，讲究差序格局，人情远近，将情感与工具相互混合，公平依据情感的浅薄而定，甚至将情感

---

[1] 黄国光、胡先缙：《人情与面子：中国人的权力游戏》，中国人民大学出版社 2010 年版，第 4—7 页。

[2] 同上书，第 10—11 页。

沦为工具，导致情感虚伪（阿谀奉承等）。人情关系，往往是邻居、老乡、同学、同事、朋友等身份关系，如果人情法则应用在这些私人领域，有使人际关系灵活顺畅的优势，如果人情法则应用在公共领域，就会可能出现徇私舞弊的腐败行为。

人情由于带有工具性成分，所以成为可资利用的资源，并以身份序列格局作为判断标准，形成身份的等级体系。人治的基本机制，就是建立在这种身份等级的基础上（如人事任免）。而人情因此在人治的决策中发挥非常重要的影响力，如果人情原则的应用违背了公共领域的公平原则，那么人治便出现徇私情的风险，尤其在法制不健全、组织运行过程不透明、法治精神不彰的环境条件下。况且，人情关系的惯性容易固化人治的权力格局，扩大人治的范围，导致人治的无限扩张，超越法治领域的界限。

契约与人情比较而言，各有其特点，代表了东西方不同的文化特质。从组织文化的角度来讲，组织结构与组织文化是同构的，其文化特质亦与这种组织结构有关。在香港地区，中西方文化交融、国际化的大都市使社会组织的结构，一方面具有西方现代特色的"平面流动性"特性，另一方面有"血浓于水"的各种血缘关系及其衍生出的地域文化的认同感、归属感。基于这样的人际群落，使香港地区的组织文化具有中西合璧的独有特质。香港社会的组织文化汇集了契约、人情两种观念，并使之发生"化合作用"。然而，两者在组织管理上各有其长处与短处（见表4-1）。

香港社会所遗留的人情关系特征，尤其在以家族企业文化为代表的组织文化中有所体现。华人家族企业文化就组织文化、组织治理的研究而言，有理论和实践上的研究价值。有研究者认为，华人家族企业的内部权力、责任、利益的约定，及分配机制，其决定因素是"关系"，即人情关系。① 在企业外部的交易行为中，该研究认为存在关系市场：

> 中国社会中，任命不同程度地是依靠关系在进行交易的，这也就是一般所观察到的华人市场中的关系网络，而且，这种关系网络与西方法律制度的引入并行不悖。随着市场经济的发展，我们研究的华人社会引入了大量的西方法律，但是关系在交易中更加发达，这在中国香港和台湾地区东南亚华人社会中可说是莫不如此。黄绍伦在对香港的法制建设与关系在交易中的作用进行的实证调查中发现，一方面，香港人对法律的法律公正，对法官的公正有很高的信任度，在发生商业纠纷时，也主要是听从法律的裁决，但是在商业交往中，无论是信贷、交易、劳动雇佣、项目合作、投资决策咨询等等各个方面，仍然主要是依靠私人关系网络，而不是西方式的普遍主义意义上的市场。也就是说，对华人来说，关系网络就是市场，我们可以把这称为关系市场，现实中的华人是在关系市场中进行交易和协作的。②

表4-1　　　　　　契约与人情在组织上管理上的长处与短处

性质 项目	长处	短处
契约	1.平等理性的对话；2.对事不对人，公正客观；3.更好地发挥被授权者的才能；4.倾向于"独立"人格	1.不能及时沟通；2.容易造成上下级之间的隔阂、争执；3.决策成本比较高

---

① 徐华：《华人企业中的家族主义：港台地区华人企业组织结构、原则分析》，博士学位论文，中国社会科学院研究生院，2000年，第16—17页。
② 同上书，第17页。

续表

性质项目	长处	短处
人情	1. 上下级之间容易信任；2. 沟通便利；3. 可能有相同的认同感、归属感	1. 容易形成小集体私利；2. 容易任人唯亲，感情用事；3. 容易排斥公共利益；4. 上级容易轻易干涉下级，容易出现"奴化"人格

华人企业的外部是市场环境，市场交易本身是私人之间的交往事件。因此，作为讲究关系的中国人很容易将人情关系作为维系市场关系的纽带，其中包含着情感、归属的认同感，以及人格上的信任感。但是，市场规则本身却不是私人性的，而是社会公共性的，具有法律强制性质，以保障公平公正价值的实现，这也是香港社会重视法治和公平规则的原因，它防止或惩戒了某些人以欺诈、徇私舞弊的方式侵害他人的利益的行为。

就管理模式而言，人情关系以家长式的权威来维系垂直管理体系，是华人家族企业治理的主要方式，而西方企业的主流是以平等竞争条件下订立契约为决定因素。西方的这种治理方式在华人家族企业中，并不起决定作用，仅仅发挥有限的辅助性作用。事实证明，华人的这种家族治理方式，在国际上也是有竞争力的。由此可见，人情关系在私人部门或组织体系内所具有的活力和灵活性，以规则的富有变化性而变得有生命力，并且在决策、协调、组织、控制、反馈等管理环节上有效节约了时间和成本，提高了管理的效力及效益。

这种组织绩效一定程度上是产生于人情关系的信任成本、信托成本、决策成本、控制成本、监督成本及内部交易成本的节省，并表现出创业的热情，决策的灵活性与实用主义的特征，以及管理控制的直接性、基于人情关系的协作亲和性。

但是，这种以家族关系为主导的治理模式，在私营的企业组织里，由于本身的特质而限制企业的大规模的、国际化的、专业化的、多元化的发展，仍然只能停留在较小规模的、劳动密集型的企业中。由于国际经济形势的变化，华人家族企业也在国际化过程中，改良原来的组织模式，尤其香港社会的经济结构调整，由劳动密集型向技术创新型企业升级转型，组织治理的权威开始以公司股份制的模式分散，即由集权向分权的转变，但是这种转变仍然保留了华人家族的家长式权威的某种影响力，这种影响力是儒家思想观念中的责任意识。这种责任意识某种程度上可以被认为是韦伯所称谓的"卡里斯玛"型的精神气质，以超人的道德和能力上的魅力，来团结治理层面上的权力集团。

这种组织规则的变迁是从人治到法治的融合，由私利向公共利益的转变与分离。香港社会在私人领域以人情关系为情感上的、文化上的维系物，而在公共领域完全是西方式的公共精神的法治、民主、平等，遏制了徇私情的任何机会。

之所以深入探析香港社会及家族企业组织的人情关系状况，是因为香港地区的大学有公立和私立两种类别，主要的大学都是由政府举办的，并资助有办学经费的几所研究型大学，如香港大学、香港中文大学、香港科技大学等，这些公办的大学在组织运作中如何处理人情关系，是一个比较耐人寻味的问题。

(三) 香港地区大学组织文化的中西合璧特质

香港地区公办大学所循行的原则是西方现代大学制度，但办学人、大学师生主要由华人组成，并且作为华人组织实体在微观的东方儒家组织文化环境里克服了"各为私利，拉帮结派的"不团结现象，避免了人际关系在组织力量上的内耗，其原因是复杂而值得探究的。这个问题也是香港科技大学学术副校长孔宪铎关心的问题，涉及了东西方之间的文化融合：

因为内地和台湾都是百分之百的东方世界,香港不是。香港是东方和西方各占一半。这个优点,也为科大带来了前所未有的吸引人才的良好机会。①

科大在开创初期是一所在英国学制之下,完全采用美式运作的大学。科大的行政和教学人员,有80%以上是从美、加礼聘回来的。所以,在行政组织、管理操作、教学方法、考试制度,以及学生生活上,都采用美洲运作方式,这在香港还是很新鲜的。②

很自然的,这些名校的水准,就成了他们了解、习惯、认可和追求的水准。③

能在很短的期间把任用、升迁和续约的规章及程序建立起来,并能有效有序地执行,连在校中例行验查的廉政公署人员都赞不绝口。④

可以发现,香港科技大学的组织运行,有一套完全西化的规章程序,而且执行人多有西方生活经历。由此创造了公平竞争的学术生态和环境,从而引进了优良师资,制度的关键点在于人事制度的公平合理:

在系里、院里、校里成立了不同级别、不同人员、不同职责的委员会。在系里这一级有聘任、续约和升级等不同的委员会,有时也会合而为一。这些委员会都由三至五人组成,成员们只能在同一职别或低于你的级别的案件上投票,

---

① 孔宪铎:《我的科大十年》(增订版),北京大学出版社2004年版,第6页。
② 同上书,第10页。
③ 同上书,第12页。
④ 同上书,第73—74页。

助理教授无权在副教授聘任和升级上投票，而副教授也不能在正教授的聘用上投票。投票采取秘密方式，结果交由系主任处理。转呈到院里，院里有一个审核委员会，由每系选一位委员参加，依据上述规章行事。其结果是作为院长的参考。院长在根据系里、院里两个不同的委员会，以及系主任的独立评审报告作决定之后，再交到学术副校长办公室。继而转去校级的聘用和实任审核委员会，委员会员来自四个不同学院，每院两人，由八人组成，其审核的意见，名义上是供我参考，实质上有决定性的力量。[1]

在同行评议时……在一般的个案中，至少要有五六封评议的信。为了避免瓜田李下之嫌，合作的同事、伙伴和昔日的导师都不能包括在写推荐信的人群里。[2]

从以上述说的人事制度及评鉴的制度安排中，可以发现带有很明显的分权特征，其目的是最大限度地消除人情关系对人事决策公正性的影响。这种规则的程序很繁杂，费时费事，如一个正教授的聘任，校长需要6份审核评议报告书：3份来自系、院、校级的主管，3份来自系、院、校级的3个审核委员会，前后有不同专业的20位以上的正教授和三位行政主管参与其中。[3] 审核委员会作为核心部门，以"铁面无私、唯才是用"的精神，确保了香港科技大学在国际上的最高学术水准。[4] 香港科技大学通过以上公平竞争的制度安排，竭力祛除人情关系的负面影响，保障了引进人才的学术水准。但是，香港科技大学创校初期，在

---

[1] 孔宪铎：《我的科大十年》（增订版），北京大学出版社2004年版，第20页。
[2] 同上书，第19页。
[3] 同上书，第75页。
[4] 同上书，第77页。

引进人才的过程中，尤其是在人事聘任审核前的搜寻人才过程中，却充分利用了各种各样的人情关系（尤其是教授之间的私人沟通、推荐方面），来寻找、劝说国际上的知名教授，在学术人才市场中充分发挥了"关系"市场的正面功用。

资本多元化、公共化、股份制化的华人家族企业需要摆脱家族独资或独裁体制的"专制"治理模式，而转向有凝聚力的"公共"治理模式及相应的组织文化形态。公办的研究型大学正如同华人家族企业一样，在内部组织管理上需要公共治理精神。香港政府举办的研究型大学已经走向国际化竞争、专业化发展的道路，这就需要将科技上的研发与应用作为组织管理绩效来实施公共治理。这种做法将大学组织的所有组织权力机构及其属下的成员团结起来，协调性地实施组织管理或控制，实现高效的组织绩效。这是华人组织在追求组织绩效时的共同考验。其中的要点除了成文的规章制度，就是组织文化的某种有凝聚力的特质。那么规章的规则力量与组织文化上的凝聚力，成为香港地区大学组织文化的两大基点，而组织的主体是以儒家文化为主要特征的华人群体。

由此从理论上可以定义一种理念：华人大学组织文化，是以华人文化为组织心理力量的大学制度现象，而这种文化现象所引领的理念，在世界文化视野里是独特的，这种理念就是"华人大学理念"。就香港地区大学的华人主体性、现代性、国际性及其先进性而言，中西合璧是其大学组织文化的特质，主要体现在国际化的规则力量与华人文化的凝聚力两方面。和上文所论及的理论推理一样，该特质就是"契约"与"人情"的有机合理的融合形态，换句话说，也是法治与人治的有机融合形态（如图4-1所示）。这种有机融合，足以创立一种先进的大学理念。当然，较为先进的华人大学理念的创立不但要有香港地区的成功实践，还需要坚实的理论来支撑。

华人大学组织文化

西方:新教伦理、契约观念、法治

中华:儒家伦理、人情观念、人治

中西合璧

华人大学理念

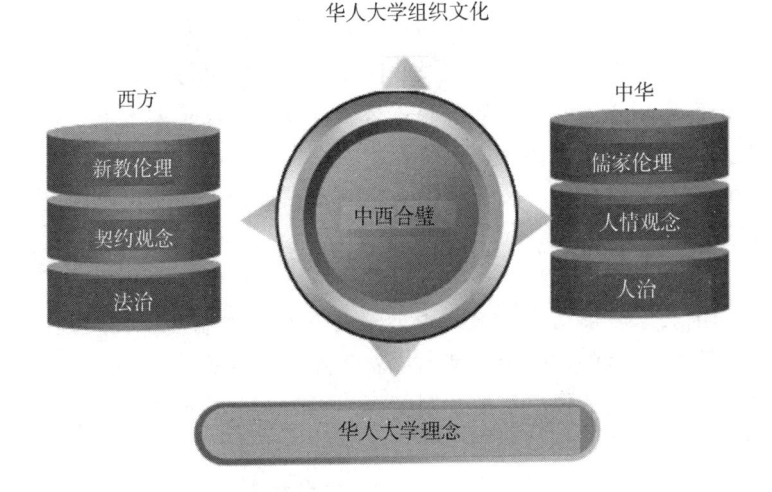

图4-1 华人大学组织文化

二 大学制度的三元建构：章程、组织文化与理念

香港地区的大学制度，以源自英国古老惯例的章程为主线，在华人的文化土壤中产生了香港地区特有的大学组织文化氛围。在这种带有本土民族性格的组织文化特质中孕育着新的大学理念。况且，为振兴中华民族也需要崭新而先进的大学理念产生，正如金耀基教授所言：

> 大学越变得重要，就越需要对大学之理念与功能作反思。何谓反思？知识是否只是一种或一型？大学又是否只是求真，而与美、善无涉？不夸大地说，大学之发展方向关乎到一个国家的文明之性格。[①]

[①] 金耀基：《大学之理念》（增订版），生活·读书·新知三联书店2001年版。

他强调大学不仅是研究知识、创新科技的场所，更是关涉文化特质的领地。因此大学的民族文化性格在此显得尤为重要，这正是提出华人大学理念的核心意义，并以此来反思大学理念这一重大课题。基于上述认识来研究华人大学理念的理论和实践两个方面的意义及价值，最终获得大学制度在理论上的结论及相应的政策性建议。

大学制度先于理念产生，这是从历史的角度得到的结论。以英国的大学发展历史为例，中世纪的学院自治制度、舍堂制度，还有延续至今的导师制，都围绕着教师与学生的学习生活而设立的各种习俗化的惯例及规章制度而产生。无论外界的政治、社会环境如何变化，如何给大学的自治制度带来多大的压力，甚至威胁与镇压，大学的教师与学生最终在卓绝的抗争、时而的妥协中，完好保存了以上各项制度形式，为培养成为一个有德性的、有才智的绅士而展开各种研习活动。大学的风格和气质正是从自治的高雅、尊贵、自立自律的追求中得以实现。虽然在历史上也曾受外界影响或其他因素的影响，出现过不尽如人意的腐朽状态，受到思想家及外界的严厉批判，然而大学古老的基本制度在某种程度上是大学内部传承下来的习俗、惯例、风尚，为大学理念的形式提供了养分和土壤并得到了传承。纽曼正是在这种已有的基础上，提出了较早的以"博雅"教育为特征的大学理念，而且，这一时期的大学理念顺应了当时的社会发展潮流和社会文明风气的时代步伐。

从本文第一章、第二章的论述中，可以得出的基本认识是：中世纪的英国大学为现代大学的发展提供了历史传统上的宝贵资源（惯例与章程），并且以某种理念的形态散播于人们的思想观念中，在香港殖民化的进程中，这样的过程同样地发生了，并且以中西文化交融的形态得以展现。香港大学移植了这种来自中古世纪的大学制度，同时也相应地继承了大学理念及衍生的各种理念，如办学理念、管理理念、学术理念、组织理念等。香港大学作为大学制度及理念由英国到中国本土的跨文化传播的起点，所带有的英国气质是十足的，某种程度上与当地的中华文化保持着一定距离，既带有殖民色彩的族群偏见，又有脱离社会基层民众和社会发展需求的倾向。这与香港大学开创之初的目的及制度设置有关：开展面向社会精英以利于殖民统治的教育。

直至香港中文大学的成立，才改变了这种大学理念及其制度。香港中文大学从讨论是否成立时，就以给香港基层的华人民众创造更多的高等教育机会作为出发点。香港社会为基层华人提供教育机会，也是源于传承中华文化的考虑，因为这些基层华人在语言能力上英文较差，往往与以英文为教学语言的香港大学无缘。在殖民化的环境里，在英文、中文的语言选择上，其成为香港本土社会传承传统民族文化的焦点，从而在大学制度上使传统民族文化成为核心内容，体现了大学理念的民族主义色彩。华人的高等教育由此得以成立：以中文为教学语言的教育，将华人子弟培养为社会人才的教育。

中文大学的制度虽然仍然是英式的，其内涵却融进了中国传统文化及教育制度，那就是书院制度与"汉英双语"教学制度，其大学理念也因此而显得特别，具有中华传统文化色彩，从"博文约礼"的校训中也可以看出其中的端倪。事实上，香港中文大学以"结合传统与现代，融会中国与西方"为创校使命，其中贯彻了"华人"观念的大学理念：探问华人如何置身于世界文明之中。中文大学的这种人文追求孕育了华人要办一所什么样的大学的理念，最终铸就了新型的大学理念，这其中所蕴含的中西方文化要素、大学制度要素，盘根错节地产生新型组合，它孕育了"华人大学理念"的各种性质。

随着香港在政治上的回归进程，于1991年建立的香港科技大学在去殖民化的社会环境中，尤其是在1997年后的港人高度自治的社会环境中，卓越发展，短时间内成为世界一流大学。用事实证明了，中国人或华人完全有能力、有实力办好世界最好的大学，其中体现的民族文化意识是显而易见的。香港科技大学的《大学条例》及组织管理模式、组织文化特质，以及其在此基础上取得的成绩，一定程度上说明了华人大学的独特性和先进性。华人大学理念由此萌生出特别的、具体的现实含义，其理论意义对亟待发展的中国内地大学来说是重大的。

从上述的简要历史分析中，可以发现其中的两条线索：一是英国现代大学制度及理念的移植，二是中西文化的交融创新。第一条线索是以大学制度，尤其是大学章程的文本为媒介，这主要是逻辑上的规则，以及一些英国的传统习俗与惯例；第二条线索是以香港人和海外华人为主体的华人如何移植那些大学章程的文本逻辑，这同时涉及如何运用或运行章程文本的机制及程序。华人采用"西法"，是不能照搬的，也不能"照用"，只能因地制宜，有所选择地运用，尤其体现在组织运行及组织成员行为上。在这一过程中，大学组织文化自然而然地作为规则运行的结果而产生、发展及变迁。大学组织文化成为大学发展、制度变迁或移植、传播、大学理念演变的心理观念软力量和实实在在的规则动力（力量）。在这场历史变革中，以传统民族文化为基本的华人组织文化是尤为关键的变量，成为香港地区大学制度及理念演变的决定性要素之一。

由此可见，从香港社会的历史变迁和大学制度及理念演化中，可以归结出一个大学制度的本土化理论，即香港地区大学制度的三元建构，如图4—2所示。

对于现代大学制度来说，总是先进的大学理念引领大学制度的变革。但是从历史发展的视角来看，大学理念在大学诞生之初，是由特定的大学制度预设了的。延续至今的大学理念不是一

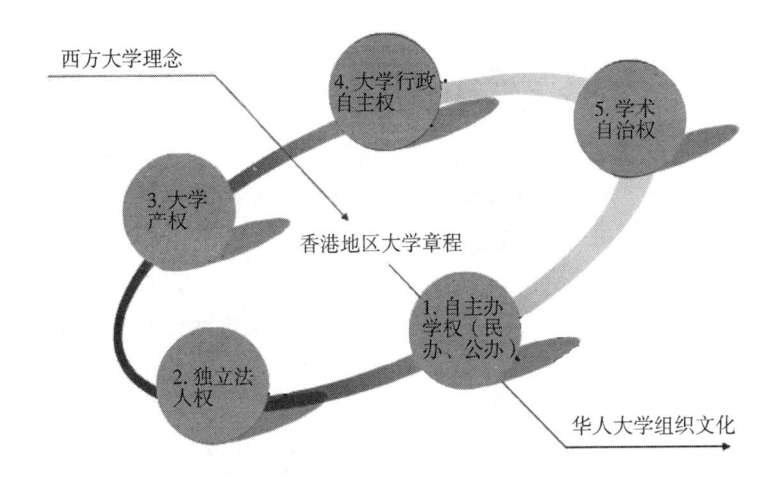

图 4-2　大学制度的三元建构

[图中文字：西方大学理念；4.大学行政自主权；5.学术自治权；3.大学产权；香港地区大学章程；1.自主办学权（民办、公办）；2.独立法人权；华人大学组织文化]

成不变的，而是随着社会发展的需求而变化的。

从全球化的今天以及大学的世界性来看，各民族的文化软实力的竞争，与各国之间的经济、政治、科技、军事等实力的竞争一样不断加剧，大学在社会发展、国际竞争中越来越成为重要动力源。同时，大学成为各民族间、国家间进行文化交流、技术知识传播与融合、制度借鉴与创新的重要场所，大学汇集了越来越多的外来因素，在外部变量的作用下，大学组织实体必然要发生内部的量变和质变，经济利益、政治诉求、制度模式、精神理念、文化魅力及竞争力等都可以成为组织结构变革的影响变量。

某一特定地域的大学，从理念、章程、组织文化各方面都会发生连带性的反应，三者相互影响、相互作用，在历史的时间维度上发生变迁与演化，不论是大学理念，还是大学章程及其组织文化。

对香港地区的大学来说，西方制度文明的影响与植入，使得大学组织作为一种华人组织的实体，在文化上发生着历史性的变化，借用达尔文的理论来说，是文化基因的"变异"，从中优胜劣汰，产生新的优势功能。大学组织在文化上的变异及"适者生存"式的进步，从另一侧面反映了大学制度的变迁及进步，同时也孕育了新的大学理念。大学理念的演变随着地域的特殊性及周围形势或环境的特殊压迫而产生，大学理念从纽曼的博雅教育到洪堡的学术研究，再到美国新型大学的诞生，无不是遵循此原则。那么，香港地区及中国内地同样面临着这种历史的机遇与挑战。因此，对中国大学的发展要认识到其中的机制与历史经验。基于香港地区大学制度的跨地域移植属性，从时间上说，大学制度（章程）影响大学组织文化，大学组织文化孕育先进的大学理念，先进的大学理念引导大学制度（章程）的变革，如此循环，周而复始，如图4-3所示：

大学理念：
学术求真、民主平等、诚信守则等

大学章程：
大学自治、学术评价与竞争机制等

大学组织文化：
组织化的认识、组织观念、观念结构、信念、伦理、委员会、师生关系等

图4-3 三元结构运行

从同时态的视角来看，大学理念、大学章程、大学组织文化是大学组织实体的不同层次的表现形式或不同侧面的内涵，三者

缺一不可，共同作用实现大学实体的运行，如图4-4所示。

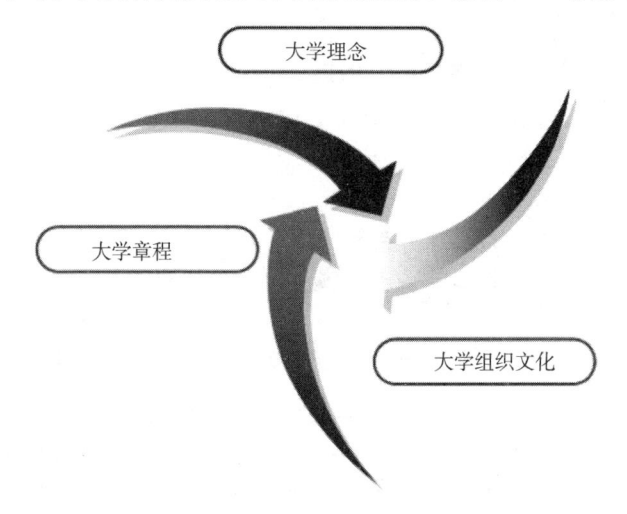

图4-4 大学实体的软件要素

那么，在上述的理论模型中，如何找准合适的切入点来推动这种机制的运行，是很重要的、具有现实意义的问题。除了政治、经济、文化等宏大外部环境外，推动这种制度变迁的大学组织发展机制的关键因素是什么呢？根据新制度主义理论，关键人物的影响力和推动力较为重要，因为大学组织文化说到底其根本是人，尤其人的思想观念是最为基本的因素。像校长这样的组织领导者，是推动大学制度变迁的至关重要的人物，这是由其在组织中的地位决定的。特别对现代大学而言，校长是大学内部承上启下的枢纽机关，校长负责制驱动这一机关功能的发挥。

由新制度主义理论的"强势行动者"到香港地区大学治理模式、管理模式及其组织绩效来看，分别能从理论上和实践上说明校长及"校长负责制"在大学制度"三元"理论模型中的重要地位及适用性。进一步而言，这要从校长引导大学组织文化的制度意义及理念功能来详细论证。

三 "华人大学理念"的提出

美国社会学家 W. 理查德·斯科特给制度做了一个综合性定义：

> 制度包括为社会生活提供稳定性和意义的规制性、规范性和文化—认知性要素，以及相关的活动与资源。①

制度中的规制性、规范性和文化—认知性要素，作为一种理性（知性）的表达，涵盖着逻辑属性。② 制度支撑起组织，其表现的文化形式隐含了制度意义，即制度理论中的习俗与惯例，在领袖的推动下，贯彻出规则的"理性牢笼"，强化了这种文化意识（观念结构及其中的认知—认同机制）。"卡里斯玛"型领袖在制度理想建构与实施（实践建构）中发挥引领作用，尤其以校长（思想家或教育家）为典型，既敢于冲破体制障碍，同时又受制于群体理性（民主权威）的控制，以及学术职业精神的兴起（教授团体、教师行会、专业协会等）而带来的良好学术风气。由此，领袖人物及其执行的规则、组织文化中的思想观念成为大学理念的源头，如纽曼、洪堡、蔡元培、张伯苓等在大学发展中所做出的卓越贡献。

可见，校长等领袖人物对大学组织文化一定程度的引导与塑造，使他们成为大学组织文化的重要孕育者，他们使惯例、习俗

---

① [美] W. 理查德·斯科特：《制度与组织——思想观念与物质利益》，姚伟、王黎芳译，中国人民大学出版社2010年版，第56页。
② 牟宗三先生将 logic 翻译为理则学，更能表达 logic 论证、推理的理性思维过程，更能切合 logic 的英文定义和拉丁文的词源。

等潜在规则发挥出正面的决定性作用。在此基础上,校长能够对大学制度的修正起到推动作用,引发制度变革,而且,这一推动过程依据校长头脑中的思想观念而进行,尤其以卓越的大学理念为目标。以香港科技大学为例来看,创校校长、学术副校长都是在美国大学经历了长期学术研究生活和组织管理工作的,深浸美式大学制度和大学组织文化,但是他们是地道的中国华人,都有在中国出生长大的生活经历,早期接受的学校教育和社会教育都具有华人文化教育性质,他们这种中西结合的制度经历和文化经历,有利于他们对大学理念及其办学理念、组织管理观念的塑造,他们根据现实需要,因地制宜,引进西方先进制度与理念,创新出了新型的以华人为组织主体的大学制度,并获得成功。这种成功固然与其他因素有关,如公平民主的遴选和聘任的大学人事制度,也与大学组织成员,包括广大师生、行政人员,以及社会人士、政府的努力分不开,但是校长们的卓越领导是非常重要的。他们在特殊的经历和工作中塑造了面向世界的华人形象和卓越的华人理念,进而有力地引导和影响了华人的组织及文化,大学组织的新成员必然在这种新型的华人组织文化里被社会化,学习了或被灌输了新的文化观念及大学理念。

因此,具有领袖人物的权威风格的校长是组织规则及其文化的承载者和守护者,因为这些规则、文化不是静止的,是创新变化了的,而破除陈旧的规则,需要许多挑战及突破。这种创新的思想观念作为智力上的知识力量及信念上的心理力量,推动着组织实体实现大学理念及其功能。

权威人物的风格与信念就个人来说是可以无限扩张的,但是权威人物毕竟在组织的框架内,并且以章程为最终的权威与目的。因此权威人物,如校长是在问责的体制规限下,发挥个人的超常能力与威望的。吴家玮校长常抱怨香港地区各种法律制度的束缚,虽然有个人主观偏见之嫌,但这证明:在香港,法治的理论可以控制权威人物的无节制性权力膨胀,以及带来的不良影响和作用的限度,哪怕这种法治有时候从某种角度来说是有点僵化的。此外,他们也受到群体理性(民主规则)的控制与职业道德或伦理(理想型官僚制下的职责或志业精神)的规限。

这种外在的制度约束,是传统华人社会文化所不具备的外在条件。传统华人往往更多地重视人情关系的规则作用,社会等级伦理及其权力结构维系了的基本秩序,其"人治"模式的不可控与徇私舞弊之缺点显而易见。因此,华人理念在此已是新型的面向世界文化的华人,而不是仅限于传统社会文化中的华人之定义。如同金耀基教授所言:

> 在"全球地方同在性"的概念框架下,我们可以想象华人族群所建立的现代性,一方面应该是有全球性的;另一方面,亦应该是华人的文化特性的,这也就是说全球社会实际上是一多元现代性,是一多元文明的结构。一个有生命力的全球社会,它必须有一些共同的价值观,但也必须同时包容文化上的差异性或多元性。从这个观点来说,在现代性的全球化趋势下,华人族群自然地会寻求建立一个华族的现代文化的身份与认同……高等教育,像京剧一样,已形成一种国际体系……但高等教育对华人的族群的文化身份与认同之建立,有重大关系,因此,华人的高等教育……在传承和发展华族文化上扮演一个角色,乃至于对建构华族的现代文明秩序有所贡献,实在是对今日从事华人高等教育者的智慧与想象力的重大挑战。[1]

---

[1] 金耀基:《大学之理念》(增订版),生活・读书・新知三联书店2008年版,第155页。

金耀基教授提出的华人大学的使命，正被香港中文大学所实践，实行双文化、双语言的政策，实现对中国文化的传承与创新。

鉴于此种华人大学应有的使命，中国大学中的华人领袖以华人文化为成长背景的、带有世界视野的教育家或思想家，应当能够创设新型的华人理念，推动西方大学制度的本土化演变，孕育出中西交融的大学组织文化，进而树立新型的华人大学理念。华人教育领袖以华人文化为基本，塑造出中华文化观念及华人大学理念，正如金耀基校长（曾任香港中文大学校长），他就是这种意义上的杰出代表者。他以教育实践、著书立说的中西思想文化研究等形式从事这一事业，实现他对香港地区大学理念的引领与影响，也对内地的高等教育界产生了重大影响。

香港地区的大学在上述的发展机制中，形成稳定的组织文化氛围，而这种组织文化与香港地区的经济社会发展、大学实力及国际影响力有着密切的关系，从而孕育出华人大学的理念。针对香港地区的发展优势、创新优势和国际影响力，世界高等教育的困境，以及科学主义的危机等多方面的发展形势，可以适时提出"华人大学理念"这一概念，具体而言，其理由及内涵有如下几点。

1. 香港地区的大学在国际上是比较成功的，引领了华人大学的潮流，为华人大学理念的产生奠定了实践基础，开拓了思路。
2. 香港社会传承并创新了优良的传统民族文化，呈现中西合璧的融合趋势，符合华人教育面向世界、融合现代与传统的潮流。
3. 现代大学发展的"人文—科学"融合潮流。斯诺的"两个文化"命题，揭示了大学科学主义与人文主义分裂的倾向，尤其对急速西化（或科技化）的中国社会及大学来说，需要重拾人文教育，中华文化从而成为重要的人文资源。
4. 西方大学发展的危机与困境，以及中国大学发展面临的机遇。西方大学出现了"迷执技术"与"反技术"两种相对立的狂热运动，以及被政治化、商业化、社会化大潮所威胁，出现了克尔所言的"综集大学"的种种危机。① 而中国正处于现代化、科技化的初始阶段，既充满着超越西方危机与困境的机遇，又存在着重蹈西方覆辙的危险。超越的关键点，是要传承并创新我们的传统民族文化，即华人的古老文化，包括艺术、文学、伦理等方面的文化资源。
5. 香港社会的文化资源有限，需要整个华人地区的文化资源整合，尤其内地的丰富传统文化资源为华人文化的创新与振兴提供强大支持。这对两岸四地的文化认同、民族团结有着重大的政治意义。

第二节 基于香港经验对构建中国现代大学制度的设想

一 香港经验：大学章程是构建现代大学制度的基石

通过研究香港地区大学的章程及其组织文化现象，可以发现香港地区大学能够卓越发展的基本经验：完善而得到有效执行的大学章程，使大学组织文化明确了方向，并获得制度上的保障，从而产生较高的组织管理绩效。那么，大学章程在大学制度中的作用，就显而易见了。香港经验表明，大学章程是构建现代大学制度的基石，这主要体现在大学领导体制、大学组织运行架构、

---

① 金耀基：《大学之理念》（增订版），生活・读书・新知三联书店2008年版，第9—24页。

大学组织文化三个方面。

(一) 大学领导体制

领导权力要有过渡进程。大学章程对大学最高权力机构的规定，首先体现在政府权威对校董会成员的委任上，这体现了政府权威进入大学内部的"权力过渡"原则。当然，政府委任的董事会成员在数量上应当比较有限，占比至少要低于全员的半数。这样，不同意见的力量对比才具有制衡性，以防止政府权力的过度集中及对大学内部事务干涉的倾向（如图4-5所示）。

```
              校董会
                ↑
                |
  政府  ← 大学章程 → 大学内部组织
                |
                ↓
              司法部门
```

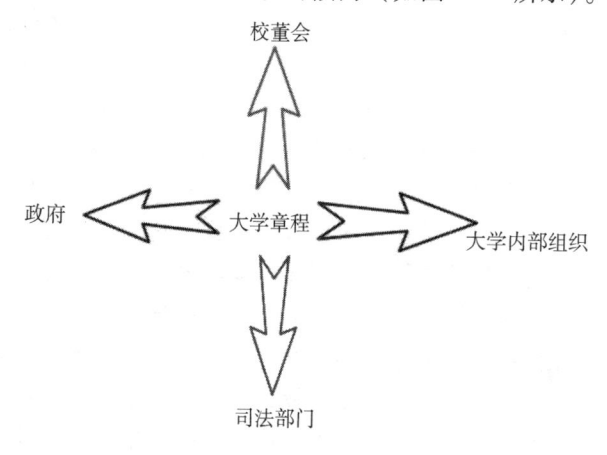

图 4-5　大学章程下的领导体制

领导机构能够"照章办事"。依照大学章程的权力运行规则办事，这是大学章程对大学领导体制的有力支撑。在这种"照章办事"的体制中，体现了董事会的辩论与商议的民主决策意识，防止出现"长官耍权"的意识。

"司法独立"环境中的领导体制。既然大学章程是大学组织之所以成立的法律依据，那么在领导大学发展的过程中，必然依照章程对大学价值目标的规定来执行，而且在组织程序上要严格依法办事。但是，由于各种主观的或客观的原因，往往有些领导者会越权干涉自身权责之外的事务，甚至造成侵权，受侵害者这就需要"法律的救济"。实践证明，没有"司法独立"，无法形成真正的法治环境。因此，大学章程必须在"司法独立"的外部法治环境中才能得到有效执行，大学领导体制才能得到有效运行。

（二）大学组织运行架构

香港地区大学章程以各大学条例的法律形式作出规定，虽然不同的大学有不同内容的规定，但是大学组织运行架构的框架是相似的。整体来看，主要体现了三个特点：决策与执行相分离、学术权力与行政权力相互制衡与协调、校院系三级分权管理。

大学的最高决策机构是校董会，其只负责重大事务的决策，不干涉大学内部组织机构的具体事务；负责执行的最高行政人员是校长，校长在一定的任期内享有非常自主的权力，可以灵活执行经过校董会批准的学校政策，在很多情况下，校长可以在校董会中依据实际情况提出相反的意见。不但在学校一级是这样的决策权与执行权或行政权相分离，学院一级与学系一级也遵循此原则，院务会、系务会作出民主决策，由院长、系主任等行政主管人员负责具体执行，院长、系主任在民主决策过程中并没有过多的权威。两种权力相分离的原则，体现了大学民主管理的理念，防止个别行政主管人员滥用权力或徇私舞弊。

在校院系三级决策机构中，学术决策与行政决策既有明确的界限，又有相互协调的机制。通过设立专门的学术委员会、评鉴委员会等来排除行政权力的干扰。在香港地区，除了最高决策机构校董会以外的低层级决策机构，如教务会、院务会、系务会，组成这些委员会的成员多数是来自教师群体的教授，其与行政主管人员形成制衡，同时也可以通过辩论和商议的方式达到协调与沟通的目的。

最后一个特征是校院系三级分权管理，校级管理机构充分向下放权，尤其在学术权力方面，院级管理机构同样也是这样的。在充分放权、分权的同时，也要保证上级部门对下级部门的有效管理和监督，防止下级部门权力失控的风险，不论是英式的香港大学、香港中文大学还是美式的香港科技大学，都是通过上下级部门之间的人员交叉任职和制定及贯彻各种规章制度的方式来实现的。

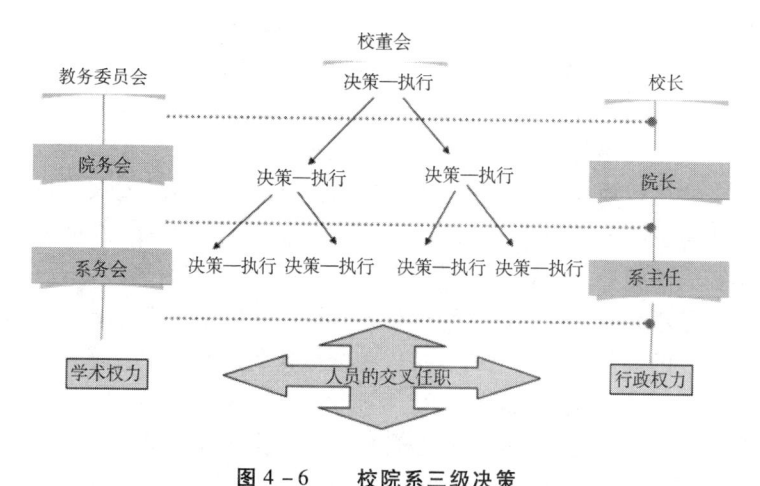

图 4-6　校院系三级决策

（三）大学组织文化

第三章的研究表明，香港地区大学组织成员非常重视现有的惯例，而且对大学章程等规章制度非常认同并忠实执行，形成了人与人之间相互信任、诚实守信的组织文化环境。而这一切都与大学章程的"正当性"有关，具体体现为教育活动的"正当性"，通过章程中的各种规则产生行政管理方面的问责压力与教学科研方面的工作压力，从而以带有"强制"色彩的规范性来约束人们的行为；而且，学术活动或教育活动的优良传统所蕴含的信念，通过长期的人文积淀在教师这种特殊的群体中形成卓越的人文气息；在以上两种因素的同构下，形成大学群体认同的各种良好惯例、习惯及其风尚，最终形成独特的大学组织文化。可见在这一同构过程中，大学章程的规则属性发挥了重要的支撑作用，促进了大学组织文化的生成。可以说，没有一套行之有效的大学章程来规范大学组织机构的运行，很难生成引领大学组织成员追求卓越的大学组织文化，相反，只能以"劣币淘汰良币"的形式产生不良的、缺乏"正当性"的大学组织文化。

二 香港经验的可取之处及其困难

中国内地社会经济的巨大发展为大学的跨层次的发展提供了必不可少的经济资源，同时内地经济发展模式的转型，社会的管理模式的转型，都需要大学提供必要的智力支持。内地的经济、社会矛盾，以及提升社会管理能力、转变政府职能都需要大学提供必要的人才与智力上的支持。在全球化的趋势下，全球化已经上升为文化问题。Anthony R. Welch 在 Rui Yang 所著的《东亚：历史、政治、历史、文化》序言中认为，全球化推动了族际间的文化互动与知识联系，全球化不仅仅给个人造成了知识的困扰，而且知识的教化涉及政治权力的结构问题，因此在全球视野中，跨越民族的知识传播成为高等教育必须面对的问题。[①] Rui Yang 在书中论述到：外在的全球化趋势实际上是以效率为名的经济利益诉求，有些证据被忽视。不同环境下的国家教育政策，忽视了当地的环境，很多人不顾中国本土的环境而判断国外经验，这种现象没受到足够的注意，他还举广州的例子，来说明当地的经济随

---

① Rui Yang, *East Asia: History, Politics, Sociology, Culture*, London: Routledge, 2008.

着当地大学的本地化进步而取得发展（如中山大学的发展、南方科技大学的尝试和紧邻香港地区的优势）。① 此外，Su-Yan Pan 认为中国大学的发展继承了两种文化遗产：一个是清王朝政府引进的西方大学理念，以及许多像蔡元培这样的在西方大学接受高等教育的学者；另一个是建立在儒家价值上的高等教育传统，采取"中体西用"原则，通过加强高等教育来实现民族的发展。② 他还认为"学而优则仕"的传统文化遗产解释了学术与政治的关联如何形成中国大学与政府的关系；在促进经济现代化的诉求中，"中国的学习是为了学习本身，西方的学习是为了应用"的文化差异解释了政府在处理学习西方进程中所遇到的矛盾时，所采取的原则。可见，中国内地在全球化时代，应当面对社会的变化，以发展和变革的思想来处理上文所陈述的矛盾，尤其在文化方面，这主要表现在传统民族文化、社会主义精神文明、西方文明三者之间的竞争与融合上，体现在不同的层面。

在社会层面：

1. 在国家的政治领域，应积极寻找社会主义政治文明创新的突破点。

2. 在公共领域的公共政策方面，西方的理性制度文明值得借鉴。

3. 在私人领域，应当重构传统道德伦理体系。

在大学层面：

1. 大学外部的治理要处理好政治领导体制的民主与集权。

2. 大学内部的治理、管理方面，借鉴西方官僚制（科层制）

---

① Rui Yang, *East Asia: History, Politics, Sociology, Culture*, London: Routledge, 2008, p.10.

② Su-Yan Pan, *University Autonomy, the State, and Social Change in China*, Hong Kong: Hong Kong University Publiser, 2009, p.3.

与民主自治。

3. 在师生之间的人际关系方面,应兼顾传统人情观念与平等理性对话精神。

面对这种竞争与融合的形势,大学日益成为社会发展及转型的重要"动力源",大学组织文化观念,从以上几个方面分别不同程度地影响政治、经济。德国、美国的历史经验证明,大学影响国家与社会的发展方向,而我国大学能否成为社会转型的突破点,可以从当前中国大学的现实处境上来分析。

虽然政府对大学有一定的放权,给予自主办学权,但是大学仍然处于计划体制内,没有形成责、权、利相统一的治理格局,大学组织及其成员的积极性、创造性、竞争力仍然没有被合理地激发出来。大学的知识创新潜力被隐藏起来或被不合理的制度安排所压制,因此我们需要现代大学制度的本土化构造。"对现代大学制度诉求的背后,隐含着深刻的对现代大学理念的诉求,我国现代大学制度的缺失,在本质上是大学理念的缺失,现代大学制度构建的迷茫,其实是大学理念的迷茫。"[①] 可见,我们首先需要树立正确的大学理念,以引领现代大学制度的构造,基于香港地区大学制度在世界范围上的前瞻性,其大学理念可以成为内地大学借鉴的对象,以实现大学理念的本土化塑造,如图4-7所示。而且,内地大学及内地社会拥有一定的未来发展优势,制度拓展及构造的余地比较大:经济的快速发展,为大学提供了充裕的经济资源;社会成熟度提高,制度变革进入快车道;改革进一步深化,已进入深层次阶段,从根源上、顶层设计上为大学制度的变革提供了良好的机遇。

两地的高等教育合作有以上所分析的合理性依据,也符合两

---

① 邬大光:《论建立有中国特色的现代大学制度》,《中国高等教育》2006年第19期。

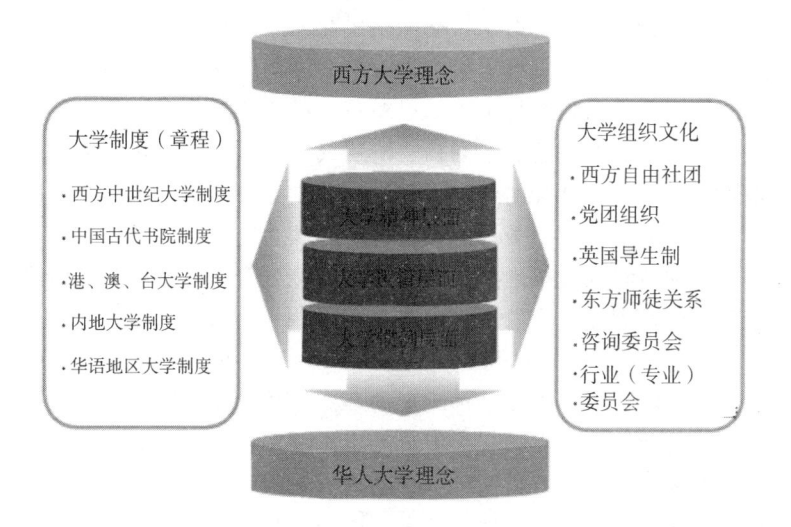

第四章 香港地区大学的章程及组织文化的启示

```
         ┌─────西方大学理念─────┐
┌──────────┐                    ┌──────────┐
│大学制度（章程）│   大学精神      │ 大学组织文化 │
│·西方中世纪大学制度│ 大学规章层面 │·西方自由社团 │
│·中国古代书院制度│  大学器物层面 │·党团组织    │
│·港、澳、台大学制度│              │·英国导生制  │
│·内地大学制度   │               │·东方师徒关系 │
│·华语地区大学制度│              │·咨询委员会  │
│              │               │·行业（专业）│
│              │               │  委员会    │
└──────────┘                    └──────────┘
         └─────华人大学理念─────┘
```

图4-7　　中国大陆与香港寺区的大学理念

地社会的需求，而大学的开放性、世界性更是大学发展的必然条件，如丁学良所言，大学应当跨地域发展，要走到跨地域的世界交流中去。[①] 内地与香港的合作有先天的优势和便利，地缘上、文化上都有亲和性，并在"一国两制"的政治框架下获得法律上的保障，经贸合作交流的繁荣为高等教育合作提供了经济上的动力。

然而，大学的制度安排，从根本上说有政治意识形态上的根据，特定的政治意识形态对大学内部的组织运行安排有着巨大的决定性影响力，比如大学教师的权利及学生团体的自治权及政治表达权。因此，政治意识形态对文化的影响是深刻的，往往通过政治意识形态对大学制度安排的影响而最终反映在大学组织文化中。

---

① 丁学良：《什么是世界一流大学？》，北京大学出版社2004年版，第26页。

显然，香港社会由于长期的殖民化驯服，当地的民族意识已经发生了分化，其民族国家意识及对中国的国家认同感并不是理想的。这不但反映在每个人的思想观念结构差异中，而且民族国家的意识形态在香港的不同社会阶层或政治派别中存在着更大的差别。基于香港社会的这种特殊性，其制度传统与内地社会制度传统有明显的差别，两地的大学合作必然在制度惯性上存在着冲突。为创造华人大学理念，需要施行的教育合作，必然要认识清楚跨越两种制度差异的现实困难与风险。

1. 香港大学作为向社会开放的组织，受香港社会政治文化的巨大影响，大学也以某种无形的姿态潜移默化地影响外部社会的政治文化，那么大学在多大程度上影响了社会，社会又在多大程度上影响了大学。这两种力量的高低对比，是比较复杂的，甚至无可比性。这是香港地区大学与内地大学合作，或由内地引进香港地区大学模式所应当评估的问题，否则，将会存在大学与社会不协调的风险，内地社会及政府管理能否及时调整政策以积极应对，这是关键问题。

2. 香港地区大学的成功，在某种程度上是建立在自治的制度基础上的，甚至这种自治是政治观点上的自治。[①] 大学在政治观点上的自治限度，处于什么样的水平，仍然是香港乃至其他西方国家争论的理论焦点，而其自治水平的高低多大程度上影响一

---

① 从香港地区的大学自治程度，可见其学术自由的程度。《羊城晚报》（2010年9月2日）曾如此报道香港的学术自由程度：尽管完全是"政府掏钱"，却是绝对的"教授治校"。大学的自主权是得到宪法式的高度保障：各个大学在办学理念、专业设置、课程制定、人才引进等方面都有着绝对的自我决定权，大学"学术自由"在香港政治生活与社会中成为绝对的"政治正确"，来自政府部门的任何微小干涉都会引起媒体与社会的指责，而涉及的政府官员大都会在此"壮烈牺牲"。参见《羊城晚报》，2010年9月《香港的"教育特区"之路》（http://www.ycwb.com/ePaper/ycwb/html/2010-09/02/content_915152.htm）。

所研究型大学，其创新能力和大学组织自发的生命力，仍是个疑问。内地政府多大程度上给予政治宽容，允许上述的自治水平，也是决定两地合作能否成功的重要因素。

总而言之，"一国两制"的两地内部隔阂，成为合作办学的根源性障碍。如何突破这种障碍，消除隔阂，两地政府都需要在权力机构或立法机构的制度创新和突破方面有所努力和建树，从而实现上述目标。

目前两地已经开启了这种合作，目前有两种主要形式。[①]

> 一是与内地高校和研究机构的合作交流增加。香港高等院校在深圳市及内地其他地方设立研发中心，仅在深圳就有10余家。中国科学院、中央教育科学研究所及其他高校不仅与香港多家大学有频繁人员交流，其中一些还建立稳定联系，积极推动双方科研力量的合作、联合组建研究所。
> 二是双向相互招生。内地招香港的学生，香港也可以招内地学生。20世纪80年代香港高校开始在内地招收研究生，1998年开始招本科生，但只是作为实验教学，每年选取30人作为奖励金计划的资助者，主要通过清华、北大交换学生入学。到2002年香港大学首先向中央成功申请到自主招生和招收自费生。2005和2006年，内地考生在千军万马过独木桥的战斗中，优秀生源看好香港高校国际化教学、良好的教学设施和丰厚的奖学金，其中香港大学、香港中文大学、香港科技大学尤受青睐。目前香港在内地自主招生的省市已经扩至25个，内地大学也加快了吸纳香港尖子生的步伐。招收非本地生源发挥了促进内地与香港高校共同提高

---

① 《香港十年之教育》，2007年7月，新浪网（http://news.sina.com.cn/c/cul/2007-07-02/102112129729s.shtml）。

的效应。

此外，内地已经开始尝试香港地区的大学制度，如深圳的南方科技大学正是仿照香港科技大学的办学模式，引进香港地区及国际上的办学人才，试图在内地大学体制改革中闯出一条新路。

虽然两地的高等教育合作已经开展多年，取得了非常可喜的成效，但是，仍然仅限于一般性的教育交流与协作，没有真正进入合作办学阶段，至今没有共同成立一所大学。然而近年来，有了新的进展，香港的大学开始尝试在内地独立办学，内地的改革开放的前沿阵地深圳也开始尝试接纳外来力量在本地独立开办高等教育事业。2010年3月20日，中国教育网登载了香港高校到深圳办学的新闻：①

> 香港中文大学近日与深圳市政府签订教育合作备忘录，将按合作办学模式建立香港中文大学深圳学院。香港大学紧随其后，也与深圳市政府达成建立深圳校区的初步共识。
> 对于港方大学来说，选择合作办学院校是首先需要解决的问题。目前中国法律不允许港澳高校在内地独立办学，因而它们必须通过与内地高校合作的模式。港方大学的难题是，深圳市目前高校太少，只有深圳大学、深圳职业技术学院、深圳信息职业技术学院三所院校，后两者是香港大学希望深圳校区落成之后，港大可以大幅提高非本地学生的比例，从现在的12%，提高到20%。香港大学校长徐立之强调，港大深圳校园不是独立的分校，教学和研究仍归香港大学本部直接管辖。

---

① 《港校内地办学》，2010年3月，中国教育网（http://www.chinaedunet.com/news/gdjy/2010/3/content_ 189903. shtml）。

不过，香港大学中国事务处黎处长也对本报记者表示，关于香港大学进入深圳一事，目前仍有很多内容需要进一步协商，比如选择内地合作伙伴的问题。另外，由于香港高校是"教授治校"的体制，现阶段港大正委托首席副校长王于渐咨询学校各院系的意见，原定于3月底公布在深圳办学的详细计划将推迟出台。

据香港大学一位教授透露，考虑到港深两地在制度等方面的差异，港大可能会考虑先在深圳分校设置自然科学类专业，而相对敏感的人文类学科，则会延后推行。

尽管深港两地都在沸沸扬扬地议论香港高校即将进入深圳，但"打造深港教育圈"依然存在很多瓶颈。

首先是政策门槛。虽然教育部对香港大学入驻深圳持支持态度，但还受到一些相关法律的限制，比如不允许港澳高校在内地独立办学，这为港澳高校进入内地制造了门槛。

另外，港深两地在师资力量、课程安排、办学制度、理念和经费申请、纳税等方面都存在着很大的差别。

深圳市教育局负责人在深圳市教育工作会议上曾经表示，深圳将争取突破《中外合作办学条例》的规定，推动香港院校到深圳独立办学。据悉，深圳市已经与香港共同向教育部提出要求，争取国家给予相应政策。

分析人士认为，此举不仅对深圳教育的改革和学校培养模式的转变具有重要意义，同时还将为香港成为区域教育枢纽增添一个至关重要的砝码。

"可以预计，深圳作为高等教育改革的试验田，除了香港高校外，下一步极有可能吸引台湾地区高校入驻，因为后者与香港高校面临同样的困境，高等教育资源相对丰富，而生源及经济发展环境却制约很大。"曲建说。

新闻所提及的两地合作办学障碍，从目前的规模和形式上来看是多方面的。只是开始了浅层次的局部合作，并没有从制度上、法律上解决以上办学体制、理念与文化方面的障碍。尤其是中国内地的法律环境不够理想，法律职业缺乏独立性和专业化，法官在独立性、能力的胜任和享有足够的权力以公平合理地解决纠纷三方面都存在不足。[①] 因此，也并没有从真正意义上引进香港地区大学建立在完备法律基础上的先进制度，不像外资企业一样，带给内地的不但有资金和高新技术，而且带来了先进的管理制度和经验，并且在人、财、物的流通上实现了畅通无阻。

综上所述，两地以合作办学的形式来建设华人大学及塑造其理念，其负有共同的历史责任，并且面临着相同的挑战和机遇。所担负的责任，从两地之间的文化血脉联系来说，有着共同的民族国家利益诉求和对人类在知识探索上的共同追求。然而，两地各有各的身份体认、政治认同、社会文化传统与制度惯性，政治体制的巨大差异带来的挑战，需要两地大学在办学制度上勇于变革，以调适的姿态来取得合作的有利条件。当然，这种变革是困难的，这涉及制度创新及其风险，但是世界政治经济发展的大势，带来了制度变革、两地合作的机遇和推动力。一方面，香港经济在丧失传统竞争优势的形势下，寻求内地的合作，以保持新的竞争优势；另一方面，内地的社会转型与大学体制改革迫切需要引进和借鉴先进的大学制度及理念，而且，政治、经济条件已具备，时机已成熟。在这种形势下，唯一的选择就是开创性的实践。

"华人大学理念"理论的最终成立，需要这种合作上的实践来验证，而现有的实践经验还不足以成为有力证据，需要进行进

---

① For Lo, Shirley, and Rayne, *China's Long March Towoard Rule of Law*, New York: Cambridge University Press, 2002, pp. 280 – 343.

一步的探索与尝试，这值得期待。然而，更加需要具有"卡里斯玛"型的教育思想家或教育领导者以"大无畏"的创新勇气，敢于突破陈旧体制。

三　中国内地大学章程的"立法"之路

大学的灵魂在于"独立之精神，自由之思想"，大学章程便是这种灵魂的制度化体现。世界一流大学都有完备的大学章程，每所大学都重视章程在学校办学和管理中发挥的作用，其中的法治观念体现了大学自治、学术自由的价值。我国的大学章程建设目前已被提上议事日程，但是当前的大学章程建设仍然存在许多具体问题。经过怎样的程序才能制定出体现大学自主办学、学术自由的章程来，而不至于流于形式，程序性正义成为这个问题的关键，这也是对香港地区大学法治经验的借鉴。

（一）大学章程"立法"程序的程序性正义

我国《高等教育法》第二十七条规定，章程是设立大学的基本条件之一，并在第二十八条中规定了章程的具体事项。从这个意义上来说，大学章程作为教育法、高等教育法的延伸，上承国家教育法律、法规，下启大学的各种规章制度，具有一定的法定性。大学章程是大学的"宪法"，也是大学内部运行的自治规则。即使大学章程在我国不具备法律规范那样的法律地位，但也应具有法律的规范性和公正性。西方国家的大学章程一般是由立法机构的立法、授权或政府的授权来产生的，如英国的《剑桥大学章程》由国会立法通过，美国的康奈尔大学最初的章程由立法机构授权产生。我国香港地区的《香港科技大学条例》也是由立法机关通过的，使政府除了拨款之外，对大学的干预比较微弱。为了确保大学章程的这种法定性及一定的法律效力，与其他法律法规一样，需要有合适的"立法"程序。从法学理论上来说，正义是立法程序的道德基础，法律得以实现的价值目标。

那么这种程序性正义，就是由法定程序所要实现的终极价值，具体而言就是正义从理念形态到现实形态的转化。对大学章程而言，程序性正义就是制定或修订章程的程序所要实现的正义价值，再具体一点就是如何实现大学自治和学术自由。没有程序性正义，很难保证实质性正义的实现，这是法哲学的一个立论。因此，为了实现学术自由的价值目标，在制定大学章程的过程中，必定要关注程序性正义的问题。

学术活动不但有其天然的自由性，也有一定的限度；不论是自由度还是限度，都要在合理性和公正性的维度中体现出来，这对学术从业者和学术管理人员两方来说，都同样适用。对大学而言，领导权力（大学党委及国家权力）、大学行政权力（校长）、学术权力（教师与学生）三者之间的界限，意味着学术自由度及其限度的确立，而三种权力的对弈和协调，在大学章程中要明确规定。关键的环节在于制定章程的过程中，以什么样的立法程序来确保三方能够公正、合理地商议章程的详细规定，从而防止权力越位。立法程序的核心价值是程序性正义，具体而言也体现在合理性和公正性两个方面。学术自由及其限度，在大学章程的制定或修订过程中，体现为各种利益主体的冲突和博弈，在这个过程中，需要程序的合理性和公正性来确保学术自由这一正义价值的实现。程序的公正性主要体现为决策的客观公允、限制主观恣意，如集思广益、博采众长、征询各方意见等。程序的合理性，一般表现为程序的可预见性、形式上的逻辑性和商议的充分性，具体而言，就是在制定章程的过程中，能够使各方利益主体在规定的议事机制内，冷静地理性辩论和商谈，获得科学性的、妥协性的和合作性的集体意志，实现民主管理，防止利益冲突诱发的恶意对抗。大学章程在这种"立法"的程序上，表现为可操作性的制度形式，能够确保大学学术组织与大学行政管理机构及国家行政管理部门之间进行公平对话、协调利益冲突，充分交换意见以达成共识，形成章程的具体内容，从而使大学各组织机构在按照章程运行的时候，能够协调有序地有效进行，从而实现了大学及其章程的终极价值目标：大学自治和学术自由。

（二）程序性正义在大学章程"立法"中的实现途径

在大学章程"立法"中，要实现程序性正义的公平性和合理性，应当贯穿于制定章程的从起草到实施的整个详细过程中，这样才能使程序性正义转化为实质性正义，保障学术权力的实现。

起草、审议。对公办大学而言，由于其公益性质，因此权力意志的来源应当具有较大的广泛性。可以由教职工代表、学生代表、内部高级行政管理人员、党委会成员及党委书记、国家行政部门的官员和社会人士等各方代表组成的理事会组成，大学的党委会在理事会中可以占多数席位，如51%到60%，在议案表决中其拥有唯一的否决权，以此可以实现法律规定的"党委领导的校长负责制"，同时让更多其他各方面的代表拥有发言权和表决权，以利于集思广益、反映各方面的利益要求，还可以防止权力过分集中、党委"一把手"对权力垄断的弊端。以这种比例的成员组成的理事会实质上是大学的最高权力机构，可以负责章程的起草工作，或由理事会委任的专业委员会参与章程的起草，发挥其专业咨询功能，并经过公开、听证、征询等程序，广泛听取群众的意见，最后由理事会讨论并表决通过。当然，也可以有另一种程序性设计：由理事会（党委会成员不占多数席位）起草并审议通过的章程草案提交给大学党委会审议。

审批、生效。国家对大学的宏观管制，在大学治理方面主要体现在章程的最终审批权上，对大学章程的起草等具体事务、具体的办学方式不过多地干涉，这是实现大学自主办学、学术自由的基本前提。这种保障大学学术自治的公正性、合理性就是通过这种最高审批权来实现的。其具体程序是，大学起草章程，大学最高权力机构审议通过，然后提交给相应级别的教育行政部门，经审议核准及备案后生效；或经由教育行政部门审批后提交给相应级别的人民代表大会审议，经表决通过后开始生效。我国一流大学的章程可以提交给立法机关审批，这可以提高章程的法律效力及权威。

实施、修订。由教育行政部门责成大学实施章程，并监控实施效果及其合法性，并有权针对出现的问题，提出修订章程的意见，但要通过大学理事会的审议形成修改草案，然后再提交上一级机关审批生效。从国外大学的经验来看，大学章程修改的次数比较频繁。这是由于社会环境和大学自身状况的变化，以及章程在实施的操作过程中遇到的困难和存在不合理之处，需要及时修订，我国的大学尤为如此。因此，大学的教职工代表大会、学术组织、行政机构等组织机构在发现新问题后，经过研究可以提起修订章程的议案，并提交给理事会审议，然后执行与章程草案生效过程相同的程序。

（三）大学章程"立法"内容的两大核心要素

1. 大学的使命与定位

大学的精神或理想决定了大学所要担负的使命，但是如何选择有个性的使命，需要一个合理的定位。不论是从国家战略来说，还是根据大学的特殊历史传统而言，一所大学必须认真思考未来在教育事业上所要实现的具体使命及其定位。这个问题同时牵涉一所大学的文化建设和精神塑造，是大学一切活动的根本出发点。因此，必须在大学章程中有明确的规定。当然，对这一要素的思考和确定，需要一个谨慎严肃的考察，以确保大学战略选择的合理性。

2. 大学的权力架构

大学章程必须从权力制度设计上，规定大学的权力结构格局，即一所大学必须要有最高决策权力机构，也必须与最高执行机构在组织、管理、程序上有明确的分离，同时大学要有专门的学术权力机构。这三种性质的权力机构要明晰各自的权力与责任，同时保持协调关系。这需要灵活而又科学合理的制度设计，如人员、组织、程序、权力及职责的限定等。

此外，在严格遵守立法程序的基础上，要妥善处理大学内外部的几对关系。大学章程立法程序实际上是对大学权力进行公平、合理的分配过程，各组织机构之间既相互制衡又相互合作。在章程立法的实际操作过程中，针对各种组织管理关系和利益关系，提出原则性的柔性设置，以增加沟通渠道和对话方式，抓住关系网中的重点和关键性环节，以清晰地划分各组织机构的权利与义务，完成法律意义上的切割，促进章程立法形成集体共识。具体来说，在大学内部，学术委员会（或教授委员会）、教职工代表大会、学生会、基层党团组织、校长及行政机构、学校党委与理事会等几个不同权力主体或利益主体之间要有意见交流和汇集的协调机制；在大学外部，教育主管行政部门与大学之间也要建立有效的沟通和协商的通道。

结　　语

本书分析了香港地区大学制度的英国传统及大学外部治理结构，以发掘其中的现代大学制度特征。实际上，香港地区的大学制度传承了（或移植了）英国中世纪大学的衣钵，是以大学章程作为关键载体，并以大学条例的形式继续发挥制度功能，在华人高等教育领域获得了比较高的声誉。

香港地区的大学条例如何在华人大学组织里发挥制度功能，成为本书集中要解决的问题。内地大学在改革开放的几十年里不断地借鉴学习西方的大学制度，引进西方的大学理念，引进有西方留学经历的人才，但是，事实证明，这些"西化"措施并没有为内地大学带来革命性的转变，反而在走向日益"行政化"的困境，失去了大学的独有性格和气质。内地多数的大学制度研究者重视基本制度框架的分析，以及大学权力结构的分析，或者从大学文化精神的角度来阐释大学之独有气质的缺失。本书以制度的理性与文化的感性之间的关联性作为研究路径，来发现一所成功的、卓越的大学有什么样的灵魂来支撑。本书对这种形而上的分析与描述，不是静态的，而是超越制度框架与宏大文化环境的表层论证，从动态的内部心理机制来发现其中的本质。

这一分析过程，是利用章程文本认知机制与观念结构的方法论来进行的。

首先从大学条例文本中梳理出大学制度的逻辑，证实该逻辑是符合国际原则的大学逻辑与学术逻辑，并跟大学与生俱来的自治逻辑一脉相承。以香港中文大学为例，主要体现在大学权力的明晰界定、分权制衡机制方面，在内部治理上实行委员会制、校长负责制、学院制、书院制。而香港科技大学是典型的美式制度，实行董事会制度、校长负责制，教授治校，学校的自主权较大，而且能够内生地形成一套自律自为的组织管理规则及良好的运行绩效。

第二个问题是，良好的组织绩效究竟如何以常人无法觉察到的方式产生。这涉及组织成员的内心动机及行为方式，由此探究大学组织文化特质的内部机制成为必然选择。章程文本认知机制的研究表明，章程规则以比较严密的形式给组织成员的行为带来强大的推动力，并通过组织结构层级上的问责逐层传递心理压力或推动力。由于香港的大学组织成员的华人身份，有他们独特的心理活动及行为方式。这需要从华人大学组织文化中，发现传统因素与现代因素在组织实体中发生作用的痕迹。

通过第三章的推理和严密的调查数据分析，笔者得出一个结论：香港的华人文化特征与内地的华人文化特征有较大差异，通过香港地区的大学生群体的观念结构分析出的价值取向结论，可以看出他们的文化价值观念带有平等理性的现代性要素，并且与他们所持有的积极性规则意识和制度伦理均有密切的关系；而内地某重点大学的大学生群体的文化价值观念带有人情原则的传统性要素，并与他们所持有的消极性规则意识和制度伦理有一定的关联性。

还原社会的演变历史，香港社会包括香港地区的大学是直接移植西方的理性制度及精确的法治组织方式，这种外来力量的强力灌输，为香港地区的大学注入了平等理性等因素，重塑了大学组织文化或华人大学文化，这是本书的基本结论。

在制度变迁理论运用上，派生出的另一个结论是：平等理性对制度文化特质具有特殊影响力，以及其显著的文化观念变化机制。大学生群体的观念结构分析证明：大学章程通过组织结构对组织成员产生深刻的观念影响力，最终对大学生产生观念意义上的教育作用，从而大学生的组织文化的价值取向得以确定。大学章程的逻辑导向决定了组织文化的价值取向，在具体的组织行为方式上，形成内部的不成文的习俗惯例，这种机制过程适用于新制度理论的"理性选择—文化习俗"逻辑。

从民族文化的角度讲，华人大学组织自然带有华人文化的传统习性烙印，而香港地区的华人大学组织融合中西方文化，并取得一定的组织绩效和人文影响力，将有西方血统的大学孕育出"新的"华人大学，由此华人大学有望成为一种世界文明视野中的新型理念，打破西方大学理念一统天下的局面。

大学的章程、组织文化与理念之间的上述互动机制，成为香港地区大学制度的核心内涵及其运作形式。这是通过对大学章程的认知与观念结构的中西文化比较研究得出的理论模型，对文化上同源同根的内地来说，在大学的体制改革、制度构建、章程建设及大学文化提升方面，具有一定的适用性。

"华人大学理念"作为一个新概念，自然存在诸多困难。该理论在此仍然是一种理论猜想，其推理论证缺乏足够的国际范围上的证据。华人大学理念是否代表当前世界最先进的大学理念，值得存疑。因为，这一理念有滑向狭隘民族主义的可能，所以需要用自由民族主义理论来论证其合理性，防止该理论陷入狭隘民族主义的封闭性中，同时，要拓展其在民族主义视野里的世界开放性。

此理论的实践规模仍然很小，其普遍性较弱，制度变迁的路径仍然不能够精确把握，需要发现新的证据，以进一步评价其在实践上的未来发展方向及其风险。

参考文献

(一) 中文著作

黑格尔：《小逻辑》，贺麟译，商务印书馆2009年版。

罗素：《西方哲学史》，马元德译，商务印书馆2005年版。

［美］W.理查德·斯科特：《制度与组织——思想观念与物质利益》，姚伟、王黎芳译，中国人民大学出版社2010年版。

张磊：《欧洲中世纪大学》，商务印书馆2010年版。

金耀基：《剑桥与海德堡——欧游语丝》，辽宁教育出版社1995年版。

［英］伊丽莎白·里德姆-格林：《剑桥大学简史》，李自修译，山东画报出版社2007年版。

王英杰、刘宝存：《世界一流大学的形成与发展》，山西教育出版社2008年版。

马陆亭等：《大学章程要素的国际比较》，教育科学出版社2010年版。

［英］海斯汀·拉斯达尔：《中世纪的欧洲大学：在上帝与尘世之间》，崔延强、邓磊译，重庆大学出版社2011年版。

曹汉斌：《牛津大学自治史》，新华出版社2006年版。

希尔德·德·里德-西蒙斯：《欧洲大学史》，张斌贤等译，河北大学出版社2008年版。

丁学良：《什么是世界一流大学?》，北京大学出版社2004年版。

方骏、熊贤君：《香港教育史》，湖南人民出版社2010年版。

[英]诺曼·J.迈因纳斯：《香港的政府与政治》，伍秀珊、罗绍熙译．上海翻译出版公司1986年版。

[美]道格拉斯·C.诺斯：《制度、制度变迁与经济绩效》，杭行、韦森译，上海人民出版社2009年版。

王建华：《第三部门视野中的现代大学制度》，广东高等教育出版社2008年版。

胡建华：《大学制度改革论》，南京师范大学出版社2006年版。

湛中乐：《通过章程的大学治理》，中国法制出版社2011年版。

孙雷：《现代大学制度下的大学文化透视》，光明日报出版社2010年版。

张雁：《西方大学理念在近代中国的传入与影响》，浙江大学出版社2009年版。

樊艳艳：《双重起源于制度生成——中国现代大学制度起源研究》，华中科技大学出版社2011年版。

单中惠：《外国大学教育问题史》，山东教育出版社2006年版。

马廷奇：《大学转型以制度建设为中心》，社会科学文献出版社2007年版。

龚波：《大学组织决策过程研究》，北京师范大学出版社2011年版。

周玲：《大学组织冲突研究——角色、权力与文化的视角》，中国社会科学出版社2007年版。

潘懋元：《多学科观点的高等教育研究》，上海教育出版社2001年版。

张建新、董云川：《大学文化的传承与创新：云南大学个案研究》，云南大学出版社2006年版。

周平：《香港政治发展：1980—2004》，中国社会科学出版社2006年版。

吴家玮：《同创香港科技大学》，清华大学出版社2007年版。

刘曼容：《港英政府政治制度论》，社会科学文献出版社2001年版。

香港教育资料中心编：《香港教育面面观》，广东人民出版社1988年版。

季诚钧：《大学属性与结构的组织学分析》，人民教育出版社2006年版。

黄浩炯、何景安主编：《今日香港教育》，广州教育出版社1996年版。

香港教育资料中心编：《香港教育面面观》，广东人民出版社1988年版。

李露：《中国近代教育立法研究》，广西师范大学出版社2001年版。

刘洪一、刘佳：《走向国际化的高等教育——香港、深圳高等教育通观研究》，北京大学出版社2004年版。

张慧洁：《中外大学组织变革》，复旦大学出版社2005年版。

朱国华：《权力的文化逻辑》，上海三联书店2004年版。

杨莹：《两岸四地高等教育评鉴制度》，高等教育文化事业有限公司2010年版。

胡建华：《现代中国大学制度的原点——年代初期的大学改革》，南京师范大学出版社2001年版。

高桂娟：《现代大学制度演进的文化逻辑》，中国海洋大学出版社2007年版。

别敦荣：《中美大学学术管理》，华中理工大学出版社2000

年版。

陈弘毅、阵文敏、李雪菁、陆文慧：《香港法概论》（新版），香港联合书刊物流有限公司2009年版。

聂振光、吕锐锋、曾映明：《香港廉政》，中华书局（香港）有限公司1990年版。

香港专上学生联会、香港中文大学学生会：《香港教育透视》，香港华风书局1982年版。

[英]弗兰克·韦尔什：《香港史》，中央编译出版社2007年版。

杨东平：《艰难的日出中国现代教育的世纪》，文汇出版社2003年版。

金耀基：《大学之理念》，生活·读书·新知三联书店2008年版。

[美]詹姆斯、杜德斯达、弗瑞斯、沃马克：《美国公立大学的未来》，刘济良译，北京大学出版社2006年版。

帅相志：《市场经济与中国高等教育体制改革》，山东人民出版社2005年版。

金耀基：《行政吸纳政治：香港的政治模式》，转引自邢慕环、金耀基《香港之发展经验》，香港中文大学出版社1980年版。

[德]韦伯：《经济与社会》，林荣远译，商务印书馆2006年版。

[美]凯瑟琳西伦：《制度是如何演化的》，王星译，上海人民出版社2010年版。

于显洋：《组织社会学》，中国人民大学出版社2006年版。

[美]W.理查德·斯科特、杰拉尔德·F.戴维斯：《组织理论——理性、自然与开放系统的视角》，高俊山译，中国人民大学出版社2011年版。

孔宪铎：《我的科大十年》（增订版），北京大学出版社2004年版。

［美］埃德加·沙因：《组织文化与领导力》，马红宇、王斌译，中国人民大学出版社2011年版。

倪愫襄：《制度伦理研究》，人民出版社2008年版。

［德］韦伯：《新教伦理与资本主义精神》，广西师范大学出版社2007年版。

［英］海斯汀·拉斯达尔：《中世纪的欧洲大学：博雅教育的兴起》，邓磊译，重庆大学出版社2011年版。

费孝通：《乡土中国》，生活·读书·新知三联书店1985年版。

黄国光、胡先缙：《人情与面子：中国人的权力游戏》，中国人民大学出版社2010年版。

（二）期刊论文

姜永志、张海钟：《老乡观念的结构及问卷编制》，《心理研究》2010年第4期。

关誉纲：《香港高等教育院校之组织绩效》，《教育学报》2002年第2期。

邬大光：《论建设有中国特色的现代大学制度》，《中国高等教育》2006年第19期。

王春玲等：《美国高校教师发展的兴起及组织化》，《比较教育研究》2006年第9期。

杨锐：《当代学术职业的国际比较研究》，《高等教育研究》1997年第5期。

吴志兰：《荷兰的学术职业——最近十几年的改革与发展》，《外国教育研究》2004年第6期。

吴鹏、刘献君：《大学教师聘任制度：基于"角色"概念的研究》,《高等教育研究》2004年第5期。

陈士衡:《试述日本大学学术研究环境的特点》,《机械工业高教研究》1997年第1期。

朱文:《当前学术研究及其组织的几个问题》,《学会月刊》2000年第5期。

赵彦云、宋东霞:《提升大学竞争力 建立现代大学制度》,《中国高等教育》2003年第18期。

张宇:《浅谈教育组织中的非正式组织》,《理论月刊》2003年第10期。

杜红红:《论教育组织及其变革低效的制度根源》,《北京师范大学学报》(社科版)2002年第1期。

伍红林:《试论高等教育组织内学术决策权的分配》,《现代大学教育》2003年第3期。

眭依凡:《从宏观和微观结合上关注大学制度的创新》,《中国高等教育》2003年第23期。

朱雪梅:《学术腐败与学术制度的重建》,《社会科学论坛》2004年第5期。

杨琼:《学校效能与学校改革:对英国最新研究成果的述评》,《外国教育研究》2003年第12期。

何精华:《构建适应国际竞争的现代大学制度》,《科技进步与对策》2004年第3期。

杜红红:《论教育组织及其变革低效的制度根源》,《北京师范大学学报》(社科版)2002年第1期。

杨威:《高校内部管理体制创新需要组织文化创新》,《教育发展研究》2003年第9期。

代蕊华:《西方高校的绩效指标及其评价》,《外国教育资料》1999年第6期。

王鲁捷:《高校工作绩效评估体系研究》,《南京理工大学学报》（社科版）2001年第4期。

刘燕华：《组织文化理论探析》，《西北民族学院学报》（社哲版）2000年第2期。

龙静：《试论知识创新与组织文化变革》，《南京社会科学》2001年第9期。

樊耘等：《论组织文化的结构》，《预测》2003年第3期。

陈学飞：《面向21世纪国际高等教育发展的六大纂本趋势》，《教育研究》1996年第12期。

李守福：《日本国立大学将不再姓"国"》，《比较教育研究（京）》2000年第5期。

黄福涛：《21世纪日本高等教育行政体制改革》，《国际高等教育研究（厦门）》2000年第3期。

洪真裁：《绩效管理在高校运行过程中的价值引导》，《科学学与科学技术管理》2004年第6期。

（三）学位论文

徐华：《华人企业中的家族主义：港台地区华人企业组织结构、原则分析》，博士学位论文，中国社会科学院研究生院，2000年。

阎光才：《识读大学：组织文化的视角》，博士学位论文，华东师范大学，2001年。

周景春：《中国大学理念的文化哲学基础》，博士学位论文，东北师范大学，2009年。

朱家德：《权力的规制：大学章程的历史流变与当代形态》，博士学位论文，华中科技大学，2011年。

（四）其他资料

《教育统筹委员会第一号报告书》，1984，香港。

《教育署检讨》,1998,香港。

《一九九六年大学教育资助委员会报告》1996,香港。

《香港大学条例》,2011,香港。

《香港中文大学条例》,2007,香港。

《香港中文大学校长报告书(一九七八年至一九八二年)》,1982,香港。

《一九八六年教育大事记》之《第三间大学筹备委员会成立筹备工作已开展》,香港:香港教育资料中心整理,1987。

《香港科技大学条例》,2008,香港。

《大学教育资助委员会1998年到2001年报告》,2001,香港。

http://www.ust.hk/chi/about/governance.htm.

http://cn.reuters.com/article/hkBizNews/idCNnCH005627120091126.

http://www.chinaedunet.com/news/gdjy/2010/3/content_189903.shtml.

http://news.sina.com.cn/c/cul/2007-07-02/102112129729s.shtml.

http://www.ycwb.com/ePaper/ycwb/html/2010-09/02/content_915152.htm.

(五) 英文文献

Paul J. DiMaggio and Walter W. Piwell, The Iron Cage Revisited: Institutional Isomorphism and Collective Rationality in Organizational Fields, *American Siciological Review*, Vol. 48, No. 2 (Apr., 1983).

For Lo, Shirley, and Rayne. *China's Long March Towward Rule of Law*, New York: Cambridge University Press, 2002.

Joann Keyton. *Communication and Organizational Culture*, London: SAGE Publishlations Inc. , 2005.

Rui Yang, *East Asia: History , Politics, Sociology, Culture*, London: Routledge, 2008.

Su - Yan Pan. *University Autonomy , the State, and Social Change in China*, Hong Kong: Hong Kong University Publiser, 2009.

Mats Alvesson. *Understanding Organizational Culture.* London: SAGE publication Ltd. , 2002.

Paul DiMaggio, Culture and Cognition. Annual, *Revial of Sociology*, 1997. 23.

John W. Meyer, Brian Rowan. Institutionalized Organizations: Formal Structure as Myth and Cermony, *The American Journal of Sociology*, Vol. 83, No. 2 (Sep. , 1977) .

Edgar H. Schein, Organizational Culture and Leadership, Jossey - Bass Publish, 2010.

Alan B. Cobban, *The Medieval Universities: Their Development and Organization*, Methuen & Co Ltd. , 1975. Jeffrey, Pfeffer. Power in Organizations, Marsh - Field, Mass: Pitman Publishing, 1981.

Elinor Ostrom, *Governing the Commons: The Evolution* of Institutions for *Collective Action*, New York: Cambridge University Press, 1990.

Goodnow, Frank J. Politics and Administration: A Study in Government , New York: Macmillan, 1990.

The Chronicle of Higher Education Almanac, Vol. XLV II, Nol, September 1, 2000.

World Trade Organization, Education Services, Background Note by the Services, September 1998.

William, G., *Charging Patterns of Finance in Higher Education*, Buckingham: The Society for Research into Higher Education and Open University Press, 1992.

P. Sadler, *Managing Change*, London, Kogan Page.

Becker, Hellmut 1962, Quantitaet and Qualitaet, Grundfragen der Bilngspolitik, Freiburg I. B., p. 7.

Peter Scott. *The Meanings of Mass Higher Edueation*, Buckinggham, Open University Press, 1995.

Roger Bowen, *Born* Free but in Chains: Academic Freedom and Rights of Governance, *Academe*, Washington, 2005. 3.

Bartlett, C. A. & Ghoshal, S. Managing across Boarders: New Organizational Responses, *Sloan Management Review*, 1987, Fall.

Jonathan R. Cole, Elinor Barber and Stephen R. Graubard (eds.), The Research University in a Time of Discontent, The Johns Hopkins University Press, Baltimore, 1993.

William K. Cummings, The Service University: in Comparative Perspective, Remarks Presented at Beijing Normal University, March 2001.

Sheldon Rothblatt and Bjorn Wittock, *The European and American University since* 1800: Historical and Sociological Essays, New York: Cambridge Univ. Press, l993.

Michael Sanderson, ed. *The Universities in the Nineteenth Century*, London: Routledge & Kegan Paul, 1975.

附　录

附录1　《香港科技大学条例》

第1141章 香港科技大学条例

本条例旨在就设立香港科技大学及相关事宜制定条文。
［1988年4月10日］1988年第104号法律公告
（本为1987年第47号）

注：本条例的实施乃受《1995年香港科技大学（修订）条例》（1995年第27号）所载的保留条文［经《2000年法律适应化修改（第6号）条例》（2000年第53号）第3条修订］的影响。

"《1995年香港科技大学（修订）条例》"乃"The Hong Kong University of Science and Technology (Amendment) Ordinance 1995"之译名。

第1141章 第1条 简称
第Ⅰ部
导言
（1）本条例可引称为《香港科技大学条例》。
（2）（已失时效而略去）
第1141章 第2条 释义
在本条例中，除文意另有所指外——
"大学"（University）指根据第3条设立的香港科技大学；

"校长"(President)、"首席副校长"(Provost)及"副校长"(Vice-Presidents)分别指大学的校长、首席副校长及副校长;(由 2008 年第 24 号第 3 条代替)

"财政年度"(financial year)指大学根据第 18(3)条订定的一段期间;

"规程"(statutes)指大学规程;

"监督"(Chancellor)指大学监督,亦指凭借第 6(2)条署理大学监督职位的人;

"顾问委员会"(Court)、"校董会"(Council)、"教务委员会"(Senate)及"评议会"(Convocation)分别指大学的顾问委员会、校董会、教务委员会及评议会。

(由 1995 年第 27 号第 2 条修订)

第 1141 章 第 3 条 大学的设立及成立为法团

第Ⅱ部

香港科技大学

现设立一个英文名为 The Hong Kong University of Science and Technology,而中文名为香港科技大学的永久延续的法人团体,该法人团体可以其英文或中文名称起诉与被起诉。

第 1141 章 第 4 条 大学的宗旨

(a)透过教学与研究,增进学习与知识,尤其—

(i)在科学、技术、工程、管理及商业方面的学习与知识;及

(ii)研究生程度的学习与知识;及

(b)协助香港的经济与社会发展。

第 1141 章 第 5 条 大学的权力

大学可为贯彻其宗旨而作出一切所需或所附带的事情,或作出一切有助于贯彻其宗旨的事情,并在不损害前述条文的一般性的原则下,尤可—

（a）取得、持有与处置任何种类的财产的权益；

（b）订立任何合约；

（c）建造、提供、装备、保养、改动、移去、拆卸、更换、扩大、改善、维修与规管其建筑物、处所、家具、设备及其他财产；

（d）雇用全职或非全职的教职员、顾问及专家顾问；

（e）为其学生及雇员提供合适的适意设备（包括社交及康体活动所需的设施以及住宿安排）；

（f）以其认为需要或合宜的方式及规模，将大学的资金用于投资；

（g）以其认为合宜的方式，并以其认为合宜的保证或条款借入款项；

（h）以其认为合适或合宜的条款申请与接受任何资助；

（i）就大学所提供的课程、设施及其他服务厘定与收取费用，并指明使用该等设施及服务的条件；

（j）在一般情况下或就任何个别情况或类别的情况减收、免收或退还上述费用；

（k）不论是以信托方式或其他方式，接受与征求馈赠，以及担任以信托方式归属大学的款项或其他财产的受托人；

（l）颁授学位及其他学术名衔，包括荣誉学位及荣誉名衔；

（m）提供咨询、顾问、研究及其他有关服务，不论是否为了牟利；

（n）与任何人成立合伙或任何其他形式的联营关系；

（o）取得、持有与处置在其他法人团体内的权益，以及成立或参与成立法人团体；

（p）按大学认为合适或合宜而印刷、复制、出版或安排印刷、复制或出版任何手稿、书籍、戏剧、音乐、剧本、场刊、海报、广告或其他材料，包括影音材料及电脑软件；及

（q）以补助或贷款方式提供经济援助以贯彻其宗旨。

第1141章 第6条 监督

附注：

具追溯力的适应化修订——见2000年第53号第3条

第Ⅲ部

监督及顾问委员会

（1）大学设有一名监督。监督是大学的首长，他可以大学的名义颁授学位及其他学术名衔。

（2）监督由行政长官出任。如行政长官缺席，则由依照《基本法》第五十三条在当其时代理行政长官职务的人出任署理监督，署理监督具有监督的所有权力及职责。（由2000年第53号第3条修订）

（3）监督可委任一人为大学副监督。经监督授权后，副监督可代其行使赋予监督的任何权力和执行委予监督的任何职责。

第1141章 第7条 顾问委员会

（1）大学设有顾问委员会。顾问委员会是大学的最高咨询机构。

（2）顾问委员会的职能为一

（a）收取校长的周年报告；（由1995年第27号第3条修订）

（b）审议校董会向其做出的任何报告；

（c）讨论在顾问委员会提出的任何关于大学整体政策的动议；

（d）为大学筹集资金；及

（e）促进大学在香港及其他地方的权益。

第1141章 第8条 校董会的职能

第Ⅳ部

校董会

大学设有校董会，校董会一

（a）是大学的最高管治机构；及

（b）可行使本条例赋予大学的任何权力，亦须执行本条例委予大学的所有职责，但本条例赋予其他权力机关或其他人的权力及委予其他权力机关或其他人的职责则除外。

第1141章 第9条 校董会的成员

附注：

与《2002年成文法（杂项规定）条例》（2002年第23号）所作的修订相关的过渡性条文见于该条例第81条。

（1）校董会由以下的人组成—

（a）校长；（由1995年第27号第3条修订）

（aa）首席副校长；（由2008年第24号第4条增补）

（b）由校董会从副校长中轮流委出的副校长1名；（由2008年第24号第4条代替）

（c）由校董会从各学院院长及本科生教务长中轮流委出的成员两名；（由2008年第24号第4条代替）

（d）评议会主席；

（e）（由2008年第24号第4条废除）

（f）由教务委员会提名并由校董会委任的教务委员会教务成员不多于两名；（由2008年第24号第4条代替）

（g）既非大学雇员亦非大学生的成员不多于17名，其中—

（i）不少于10名须具有香港商业或工业经验，而不多于5名须来自香港或香港以外地区的其他大专院校；

（ii）不多于9名须由监督委任；及

（iii）不多于8名须由监督根据校董会的推荐而委任；（由2008年第24号第4条代替）

（h）由大学的全职雇员互选选出并由校董会委任的成员1名；及（由2008年第24号第4条增补）

（i）由大学的全日制课程学生互选选出并由校董会委任的成

员 1 名。(由 2008 年第 24 号第 4 条增补)

(2)(a) 监督须从根据第 (1)(g) 款获委任的具有香港工商业经验的成员中,委出 3 名成员如下——

(i) 1 名成员为校董会主席;

(ii) 1 名成员为校董会副主席;及

(iii) 1 名成员为大学司库。(由 1995 年第 27 号第 5 条修订)

(b) 如主席不在香港或因其他理由而不能履行主席职务,或主席职位悬空,则由副主席署理主席职位。

(c) 如主席及副主席均不在香港或因其他理由而不能履行主席职务,或主席及副主席职位均悬空,则众成员可在根据第(1)(g) 款获委任的成员中委出一人署理主席职位。

(3)(a)(由 2008 年第 24 号第 4 条废除)

(aa) 在不损害《释义及通则条例》(第 1 章) 第 42 条的原则下,根据第 (1)(f) 款获委任的成员——

(i) 任期为 3 年或校董会就任何个别个案所指明的较短任期;

(ii) 可不时再获委任;及 (iii) 可随时向校董会主席发出书面通知而辞去校董会内的职务。(由 2002 年第 23 号第 80 条增补)

(ab) 当根据第 (1)(f) 款成为校董会成员的人不再符合得到教务委员会提名的资格,该人即须停任校董会成员。(由 2002 年第 23 号第 80 条增补)

(b) 在不损害《释义及通则条例》(第 1 章) 第 42 条的原则下,根据第 (1)

(g) 款获委任的成员——(由 2002 年第 23 号第 80 条修订)

(i) 任期为 3 年或监督就任何个别情况所指明的较短任期,但可不时再获委任;及

(ii) 可随时藉发给监督的书面通知而辞去其于校董会内的

职务。

（由 2000 年第 53 号第 3 条修订；由 2002 年第 23 号第 80 条修订）

第 1141 章 第 10 条 校董会的会议及程序

（1）校董会会议须在主席指定的时间及地点举行。

（2）在任何校董会会议中，会议法定人数为当时的校董会成员的 50%。

（3）校董会可决定其本身的程序。

（4）如任何成员在校董会会议将予审议的事项中有任何金钱上的或个人利害关系而又出席该会议，则该成员须在该会议开始后，尽快向校董会披露该利害关系的事实及性质；如校董会提出要求，则他须在校董会审议该事项时退席，且在任何情况下不得就该事项投票。

第 1141 章 第 11 条 校董会辖下的委员会

（1）校董会可成立其认为适当的委员会，而该等委员会的部分成员可由非校董会成员的人组成。

（2）任何根据第（1）款委出的委员会，其主席及副主席均须由校董会从校董会成员中委出。

（3）除第（4）款另有规定外，校董会可将其任何权力及职责以书面形式转授予任何根据第（1）款成立的委员会，并且如认为适当，可附加或不附加限制或条件。

（4）校董会不得将处理以下事项的权力转授予任何根据第（1）款成立的委员会—

（a）批准大学雇用的人的服务条款及条件；

（b）安排拟备第 18（2）条所规定的各报表；

（c）根据第 23 条订立规程；

（d）根据第 12 条委任校长、首席副校长或任何副校长或将其免职，或根据该条批准首席副校长或任何副校长须承担的职

责。(由 2008 年第 24 号第 5 条代替)

(5) 在符合校董会的指示下,各委员会可决定其本身的会议程序。

第 1141 章 第 12 条 校长、首席副校长、副校长及其他教职员的委任

第 V 部

校长、首席副校长、副校长及其他教职员

(由 1995 年第 27 号第 7 条修订;由 2008 年第 24 号第 6 条修订)

(1) 校董会——V (a) 须按照第 (2) 款委任一名校长,校长是大学的首席行政及教务主管人员;

(b) 可按照第 (3) 款委任 1 名首席副校长及不多于 3 名副校长,首席副校长及副校长须承担由校长建议并经校董会批准的职责;(由 1995 年第 27 号第 4 条修订)

(c) 可委任其认为合宜的人为大学雇员。

(2)(a) 校长由校董会藉不少于校董会当时的成员的 3/4 投票通过的决议委任。

(b) 校长可被校董会以行为不检、不称职、效率欠佳或其他好的因由并藉不少于校董会当时的成员的 3/4 投票通过的决议而免职。

(c) 在本款中,"成员"(members)不包括根据第 9(1)(a)、(aa)、(b)、(c)、(f)、(h) 或 (i) 条获委任的成员。

(3)(a) 首席副校长及副校长由校董会根据校长的推荐而藉不少于校董会当其时的成员的 3/4 投票通过的决议委任。(由 1995 年第 27 号第 4 条修订)

(b) 首席副校长或任何副校长可被校董会根据校长的建议,以行为不检、不称职、效率欠佳或其他好的因由并藉不少于校董会当时的成员的四分之三投票通过的决议而免职。(由 1995 年第

27号第6条修订）

（c）在本款中，"成员"（members）不包括根据第9（1）（aa）、（b）、（c）、（f）、（h）或（i）条获委任的成员。

（4）（a）校董会可委任任何人在校长丧失履行职务能力或不在香港期间，或在校长职位因任何理由而悬空时，以暂时性质署理校长职位。

（b）校董会可委任任何人在首席副校长或任何副校长丧失履行职务能力或不在香港期间，或在首席副校长或任何副校长职位因任何理由而悬空时，暂时署理首席副校长或该副校长（视属何情况而定）的职位。（由2008年第24号第7条代替）

（c）根据本款作出的委任，须根据校长的推荐而作出，但如校长因任何理由而不能或无能力作出推荐，或该职位因任何理由而悬空，则属例外。

（由1995年第27号第3条修订；由2008年第24号第7条修订）

注：

＊（由2008年第24号第7条修订）

第1141章 第13条 校董会将其权责转授予校长的权力

（1）除第（2）款另有规定外，校董会可将其任何权力及职责以书面形式转授予校长，并且如认为适当，可附加或不附加限制或条件。（由1995年第27号第3条修订）

（2）校董会不得将处理以下事项的权力转授予校长——（由1995年第27号第3条修订）

（a）批准大学雇用的人的服务条款及条件；

（b）安排拟备第18（2）条所规定的各报表；

（c）根据第23条订立规程；

（d）根据第12条（第12（1）（c）条除外）作出委任或免

去职位，或根据第12条批准首席副校长或任何副校长须承担的职责。（由1995年第27号第6条修订；由2008年第24号第8条修订）

第1141章 第14条 校长将权责转授的权力

（1）在符合第（2）款的规定下，校长可将其权力及职责，包括根据第13条转授予她的校董会的任何权力或职责，以书面形式转授予她认为适当的人或委员会，并且如认为适当，可附加或不附加限制或条件。

（2）本条赋予校长将根据第13条转授予她的校董会的任何权力或职责再转授的权力，以及由任何人或委员会行使或执行校长根据本条而转授的任何上述权力或职责，均须受校董会根据第13条就该项转授而施加的限制或条件所规限。

（由1995年第27号第3条修订）

第1141章 第15条 教务委员会

第Ⅵ部

教务委员会、学院及评议会

大学设有教务委员会，教务委员会是大学的最高教务机构，它须视乎校董会是否有提供拨款而—

（a）策划、发展与检讨学术课程；

（b）指示与规管大学内进行的教学和研究工作；

（c）规管各认可课程录取学生及该等学生上课的事宜；及

（d）规管大学的学位及其她学术名衔的考试。

第1141章 第16条 学院

（1）大学设有由校董会成立的学院。

（2）每所学院均设有院务委员会。

第1141章 第17条 评议会

大学设有评议会。

第1141章 第18条 账目

第Ⅶ部

财政报表及报告

（1）大学须就所有收支备存妥善的账目及记录。

（2）在每个财政年度终结后，大学须安排拟备上个财政年度的大学收支结算表，以及在该财政年度最后一日的大学资产负债表。

（3）大学可不时订定某段期间为其财政年度。

第1141章 第19条 核数师

（1）大学须委任核数师。核数师有权随时取用大学的所有账簿、付款凭单及其他财务记录，并有权随时要求取得他们认为适当的关于上述财务记录的资料及解释。

（2）核数师须审计根据第18（2）条拟备的各报表，并就该等报表向大学作出报告。

第1141章 第20条 报表及报告须呈交监督

校董会须在每个财政年度终结后6个月内，向监督呈交一份大学校务报告，以及呈交根据第18（2）条拟备的各报表的副本及根据第19（2）条作出的报告的副本。

第1141章 第21条 关于委员会的一般规定

第Ⅷ部

一般规定

（1）顾问委员会、教务委员会及各学院院务委员会均可设立其认为适当的委员会。

（2）除非规程另有规定，否则任何委员会的主席及副主席均须是顾问委员会、教务委员会或学院院务委员会（视属何情况而定）的成员。

（3）除非规程另有规定，否则任何委员会的部分成员可由非顾问委员会、教务委员会或学院院务委员会（视属何情况而定）成员的人组成。

（4）除非规程另有规定，否则顾问委员会、教务委员会及各学院院务委员会可将其任何权力及职能转授予任何委员会，并且如认为适当，可附加或不附加限制或条件。

第1141章 第22条 大学印章

加盖大学印章须—

（a）由校董会藉决议授权；及

（b）由两名获校董会授权作签署认证的校董会成员签署认证，而其中一名成员不得为大学雇员。

第1141章 第23条 校董会订立规程的权力

（1）校董会可为更有效地执行本条例而订立规程，并在不损害前述条文的一般性的原则下，尤可就以下事项订立规程—

（a）大学的行政；

（b）关于大学成员的事宜；

（c）关于大学教务成员的事宜；

（d）顾问委员会及教务委员会的章程；

（e）学院、学院院务委员会及评议会的章程、权力及职能；

（f）对上述（d）及（e）段所提述的任何机构的议事程序作出规管；

（g）学院院长的职位，以及担任此等职位的人的权力及职能；

（h）大学学生及雇员的福利及纪律；

（i）颁授学位及其他学术名衔，包括荣誉学位及荣誉名衔；

（j）从教务委员会中提名根据第9（1）（f）条出任校董会成员的教务成员；

（k）财务程序；

（l）作为参加大学举办的考试的一项条件或为获颁授大学学位或其他学术名衔或为出席大学任何课程或为任何类似的目的而须付予大学的费用。

(2) 根据第（1）款订立的每条规程，均须在宪报刊登。

第1141章 第24条 未经授权而使用大学的名称

(1) 任何人没有校董会的书面同意，不得成立或组织—

(a) 显示本身是—

(i) 大学或其任何部分的团体（法团或并非法团）；或

(ii) 与大学有任何方面的关联或联系的团体（法团或并非法团）；或

(b) 以"The Hong Kong University of Science and Technology"或"香港科技大学"命名的团体（法团或并非法团），或以任何语文中与"The Hong Kong University of Science and Technology"或"香港科技大学"的名称非常相近的名称命名的团体（法团或并非法团），以致能误导任何人相信该团体是—

(i) 大学或大学的任何部分；或

(ii) 与大学有任何方面的关联或联系，亦不得成为该团体的董事、干事、筹办人或成员，或参与与其相关的工作。

(2) 任何人违反第（1）款，即属犯罪，一经定罪，可罚款。

第1141章 第25条（已失时效而略去）

附录2 访谈记录（五份）

访谈记录（一）

受访人：王教授

访谈时间：2011年8月18日

访谈地点：香港科技大学图书馆 下午13：00—14：40

问：在教学、科研（或学习）中，您对大学条例。大学的相关规程有什么样的感受？这种制度的作用是如何体现出来的？

答：我来香港科技大学已经一年多了，时间不是太长，对学校的一些基本规定还是比较熟悉的。学校对教师的要求是很严格的，学校有一套严格考核教师工作业绩的规定，主要包括教学、科研和学校公共管理在内的服务三个方面。我能明显感觉到学校的相关规定对我的工作有一种无形的压力。

在教学方面，定期会有学生在网上无记名地投票，每人一票，对教师的讲课进行评价，所以讲课还是要好好地讲。然而也出现一些不合理的情况，有的老师会有点讨好学生，让人感觉不好。还有的老师口才比较好，学生听了比较喜欢，而其实他的学术水平并不一定高，真正教给学生的知识和能力并不一定很强，这是我感觉不太公平的地方。但是，没有这样的考评也是不行的。只能说尽量避免出现一些极端情况吧。学校为鼓励教师好好讲课，每年对教学优秀的老师进行奖励。

在科研方面是最有压力的。我刚来这所学校，就面临着升级的事情。在获得永久职之前，有六年的临时聘用期。其中三年一续聘。我在刚来的三年里必须完成学校规定的科研任务，当然也包括教学和公共服务方面的任务，但主要是科研任务比较艰巨。如果我三年内完不成，我到时就有可能离开这里，得不到续聘，所以我的压力还是蛮大的，尤其还加上其他的工作任务，平时也比较忙。

问：从国际视野来看，您认为香港地区大学的成功与香港的大学制度，尤其是大学条例有什么样的关系？
答：就香港科技大学来说，我觉得这所学校之所以能够成功，一是香港政府投入了足够的经费，从国际上来看，它也是挺多的；再一个就是学校有严格的制度规定，根本不讲人情关系，什么事情都很公平公正，跟系主任或院长也能够很好地沟通，有什么事情可以直接去说，我觉得这个是非常重要的。如果再加上一点的话，我觉得就是香港这个地方比较自由，没有什么太大的限制，不论是政治上的还是经济上的，很多人愿意来到这样的地方生活。这样的话，这个大学就能吸引更多的人才到这里工作，做研究。拿我来说，当时我从美国读完博士要找工作的时候，就面临三个地方的选择，一个是中国台湾的大学，另一个是新加坡的大学，还有就是中国香港的科技大学。三个地方的大学都差不多，但是香港科技大学给的薪水相对来说是比较高的，我就选择到这里来，并且香港确实是一个比较自由开放的地方，应该是不错的。

除了自由开放，经济资源充足，我觉得香港的大学最大的特点就是不讲人情关系，特别是在学术成果的评审方面。比如我们要向研究资助局递交研究计划书来申报科研经费，评审的过程是绝对的严格保密，实行同行评议的制度，评审人都是匿名评议，是国际范围的随机评议，评议的内容交给香港的研究资助局，根据同行评议的意见，再进行匿名评审，最终从众多的计划书中挑选出最优秀的，水平最高的。这其中，肯定不会出现评审人与被评审人之间互相知晓身份的情况。香港的这种杜绝人情关系和公平公正是很难得的，台湾的大学就很难做到这一点，"人情包袱"很重，出现过派别问题，有的人被排挤而离开。

因为我在美国读博士，待过很长时间，我觉得香港的大学制度与美国这样的大学的制度没有太大的区别，很多做法都是形成了的国际惯例，都是"大同小异"。

问：您认为做学术研究的重要动力是什么？

答：我觉得在香港科技大学做学术研究，确实能够获得数量比较惊人的经费，我选择来香港科技大学就因为这里的薪水比较高，但我也肯定对自己的学术研究很感兴趣，很热爱这一行，很愿意投入精力做好研究。

访谈记录（二）

受访人：陈同学

访谈时间：2011年8月18日

访谈地点：香港科技大学广场 下午16：00—17：30

问：在教学、科研（或学习）中，您对大学条例、大学的相关规程有什么样的感受？这种制度的作用是如何体现出来的？

答：我是香港科技大学的本科学生，正面临着毕业。以我的感觉，大学的这些条例和规程是有必要的，在日常的课堂讨论或考试中都有体现，学校对这些规定的要求是比较严格的。如果达不到学校要求的学分或者其他的要求是很难毕业的。

问：在学习过程中，您遇到过来自学校行政权力的约束或压力吗？如果有的话，与大学条例和规程的相关规定有何关系？

答：有压力，一些上课的时间和功课的期限规定得比较严格。

问：从国际视野来看，您认为香港地区大学的成功与香港的大学制度，尤其是大学条例有什么样的关系？

答：香港的大学比较成功的地方，我认为是学校能够让学生比较自由地去学习自己喜欢的学科，但当中有一些条例规管着，以督励学生主动学习。

平时，学校和教师对我们的管理非常松散，可以自由安排时间，自己的活动很自由，没有人去管你怎么样，但是，一定要完成学校规定的学分和其他要求，还有就是不要犯一些错误，包括抄袭之类的事情。教师在课堂上，经常劝诫我们千万不要抄袭别人的文章，老师很重视这一点，因为作为学生如果抄袭别人的东西是比较严重的错误，处罚是很重的，所以老师生怕我们犯这个错误，就经常告诫我们。

教师对我们的学业成绩要求是非常严格的，一是平时的作业成绩，再就是期末的考试成绩，老师往往给我们打比较低的分数，如果稍微不努力，就可能获得不了学分，这会影响到毕业。

问：香港地区大学的学术氛围、大学理念，与大学条例、规程及其行政管理有什么样的联系？

答：这些在日常课堂或大学生活中已有实践，没有需要用特定方法来联系。努力学习，认真做研究在大学里已经形成一种习惯，大家都是这么做的，没有觉得有谁去专门拿什么规定告诉你要这么做。

问：在大学活动中，高级管理人员的个人影响力、大学师生的影响力和大学条例等制度的影响力三者相比，您认为哪个相对比较突出些？为什么？

答：大学师生是学校最有影响力的，因为师生之间在大学中的接触最多；没有特别的情况，学生经常会见到管理人员。作为我们学生来说，有学生会代表学生向学校反映我们对制度和教学理念的意见。

访谈记录（三）

受访人：尹博士

访谈时间：2011年9月23日

访谈地点：西南大学教育学院 下午17：00—17：30

问：您觉得在香港地区的大学做学术研究的动力是什么？

答：我在香港中文大学工作，做学术研究主要是为了学术兴趣，比较喜好这项工作，当然我所知道的，也有混日子的人，不是真正做学术的。不过，那也是少数，因为学校的各种规定很严格，学术任务也很重，我感觉是很有压力的，特别是三年的聘任期内需要完成一定的学术任务，这让我必须认真对待。

问：您认为香港地区的大学条例对大学的良好学术氛围有什么影响？

答：大学条例肯定对大学的运作有管理作用，制度上的安排是必不可少的，但是，大学的良好学术氛围是学校的一种惯例，好像大家一直都是这么习惯过来的。该学术该怎么做，需要注意什么，学风要怎么样，好像都是跟着别人，跟着以前的人这么习惯过来的。

访谈记录（四）

受访人：朱毅

访谈时间：2011 年 8 月 19 日

访谈地点：香港中文大学 下午 16：15—17：30

问：在香港地区的大学，大学章程对大学的发展有什么影响？

答：大学章程是现实存在的条条框框，这是可以看到的。在大学里，很多是在章程中看不到的，那就是学术氛围和教授的指导方式。这些在章程中是看不到的，都是在学校里长期形成的习惯和氛围。

制度的设计确实很重要，影响到不同人的利益，制度会形成利益导向，其中有权力问题，权力意味着地位和认可，但在香港，对权力的认识没有内地那么重要。

问：在香港的大学，学校行政与教学科研是什么关系呢？

答：在香港，大学的行政很重要，因为这是任何一个组织动作不可缺少的，但是，这里的行政是为教学和研究服务的。比如在我们系里（其他的系也是如此），行政人员的地位比研究生还低，他们的服务意识很好。

访谈记录（五）

受访人：胡小姐

访谈时间：2011 年 8 月 18 日

访谈地点：香港科技大学公共事务处 上午 10：30—11：00

问：在您的日常工作中，对事务的操作是依据什么来进行的？

答：我所从事的工作，都是非常一般性的工作，只要按照本部门程序规定认真做就行了。很多事情的办理程序，都是由部门制定的规章设定好了的,而且很多的规定比较详细,能想到的细节基本都要规定好。如果遇到什么难以解决的问题,是要请示部门负责人的,因为超出规定或自己职责的范围对事情的处理,是要承担责任的。还有一点就是,上级管理部门对工作的督促和监管是比较到位的。

附录3　调查问卷

一　问卷内容

对大学制度与大学观念认识状况的问卷调查

性别：　籍贯：　年龄：_____岁　年级：本科　硕士　博士　专业：_____

1. 您对大学章程及学校规章制度熟悉吗？　（　）（单选）
A 非常熟悉
B 熟悉
C 一般
D 不熟悉
E 非常不熟悉

2. 您对大学一些规章制度的作用有什么样的态度？
（　）（单选）
A 感觉不到作用
B 处处都有作用
C 在某些关键的地方起作用
D 只是间接使人们的行为养成良好的习惯

3. 当您的个人利益与学校的相关制度规定发生冲突的时候，有何想法？　（　）（单选）
A 我会按照学校规定来安排自己的活动，放弃个人利益的诉求，毕竟只是我一个人的小利益
B 如果我认为我的利益合情合理，我会认真思考制度是否合

理,并向相关部门反映我的想法

C 我的个人诉求可能太个人化了,学校的规定一般是合理的,否则就无公共秩序可言了

D 不愿过多想这些事情,只要自己努力学习,取得学位,在学术上取得优异的成绩就行了

4. 是否与教授发生过学术争论或其他观点争论?

（　　）（单选）

A 经常有争论

B 发生争论的时候不多

C 很少发生争论

D 没有发生过争论

5. 如果与教授有过学术争论,而且比较激烈,您怎样看待?

（　　）（单选）

A 我有辩论或言论的法律权利

B 我有追求学术自由或学术真理的权利

C 我不该与教授争论,有失和气,伤面子

D 我不该与教授争论,有失对教授的尊敬

E 我不该与教授争论,心里有数就行了,何必去争论

6. 如果您对学校有缺憾的管理不满意,将如何打算?

（　　）（单选）

A 应当采取行动来抗议或表达自己的意见,敢为人先,维护公正

B 看看其他同学怎么做再作思考,不然会比较冒失,可能做出不成熟或有碍大局的事情来

C 查询一下相关制度规定,弄清楚各方的权利义务该如何去履行,然后再作打算

D 如果可以忍受的话,就心胸宽容些,何必斤斤计较呢

7. 在研究活动中,对学术务必求真,这种理念主要源自哪

些观念？（根据重要性依次排序，由重要到次要）

（　　）（多选、排序）

A 学校制度的明文规定

B 导师的要求和以身作则

C 害怕因学术不诚实而遭到惩罚

D 为了取得学术荣誉

E 为了顺利取得学位，获得过硬的学术研究能力，以应聘较好的工作

F 一种诚实的信念

G 大家都是这么做的，氛围的影响力很大

8. 在学校生活中，民主的公平氛围，比较核心的观念是？（根据重要性依次排序，由重要到次要）　（　　）（多选、排序）

A 进行平等计算的理性

B 天地公道，出于良知

C 公共利益，公共责任

D 和谐大家庭，充满人情冷暖

E 维护每个人的权利和利益

F 大家都这么做，我不能成为例外

9. 在学校里，良好行为规范的养成（如诚信守则意识），主要源于哪方面？（根据重要性依次排序，由重要到次要）

（　　）（多选、排序）

A 大学的强制规定及其管理

B 自觉学习教师等模范人物

C 所在群体（团体）共同习惯的熏陶

D 个人的觉悟使然

E 良好的家庭教育基础

F 大学前的学校教育基础

G 良好的社会风气基础

10. 如果有许多学生（感觉只有 1/50 的学生）通过与导师的人情沟通，而获得了在某方面的稍高学习分数，而且这已经成为大家都知道的事情，您怎么认为？　　　　（　）（单选）

　　A 绝对不可以理解，如果有证据，我会举报

　　B 绝对不可以理解，非常反对，但没有办法，很无奈

　　C 难以理解，但很多人都那么做了，如果我不这么做，对我不公平，内心很矛盾

　　D 可以理解，人之常情，但我不会那么做，有失公平

　　E 可以理解，人之常情，很多人都那么做了，我会想想我该怎么办

11. 如果大部分学生（感觉至少有 2/3 的学生）通过与导师的人情沟通，而获得了在某方面的稍高学习分数，而且这已经成为大家都知道的事情，您怎么认为？　　　　（　）（单选）

　　A 绝对不可以理解，如果有证据，我会举报

　　B 绝对不可以理解，非常反对，但没有办法，很无奈

　　C 难以理解，但很多人都那么做了，如果我不这么做，对我不公平，内心很矛盾

　　D 可以理解，人之常情，但我不会那么做，有失公平

　　E 可以理解，人之常情，很多人都那么做了，我会想想我该怎么办

12. 要实现好的大学理念，大学制度与此有什么样的逻辑关系？　　　　　　　　　　　　　　　　（　）（单选）

　　A 有良好的大学制度运行，一定会实现卓越的大学理念

　　B 有良好的大学制度运行，不一定会实现卓越的大学理念

　　C 没有良好的大学制度运行，一定不会实现卓越的大学理念

　　D 没有良好的大学制度运行，不一定会实现卓越的大学理念

　　E 要实现卓越的大学理念，一定要有良好的大学制度运行

　　F 大学制度与此没有直接的逻辑关联，还有其他更重要的

因素

二 问卷发放情况

第一次问卷发放情况

时间：2011 年 8 月 20 日至 8 月 23 日

地点：香港大学、香港中文大学、香港科技大学

发放问卷数量：60 份

收回问卷数量：58 份

有效问卷数量：56 份

第二次问卷发放情况

时间：2011 年 10 月 5 日至 2011 年 10 月 11 日

地点：西南大学

发放问卷数量：80 份

收回问卷数量：78 份

有效问卷数量：77 份

附录4 图表

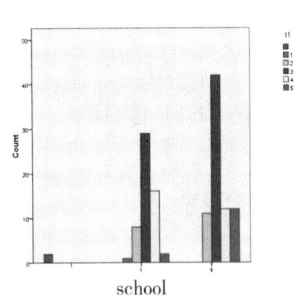

1 香港地区的大学　4 内地某大学

附图1　对大学规章的熟悉度

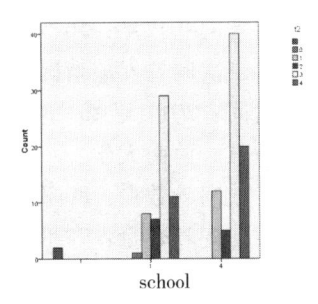

1 香港地区的大学　4 内地某大学

附图2　对大学规章的态度

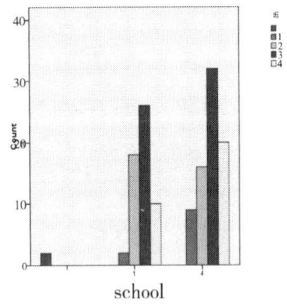

1 香港地区的大学　4 内地某大学

附图3　对大学不合理管理的态度

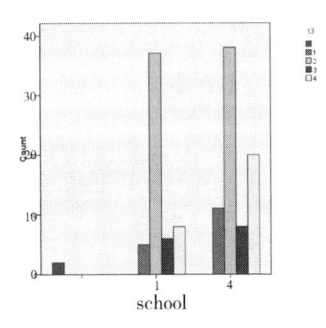

1 香港地区的大学　4 内地某大学

附图4　对不公平制度的关切度

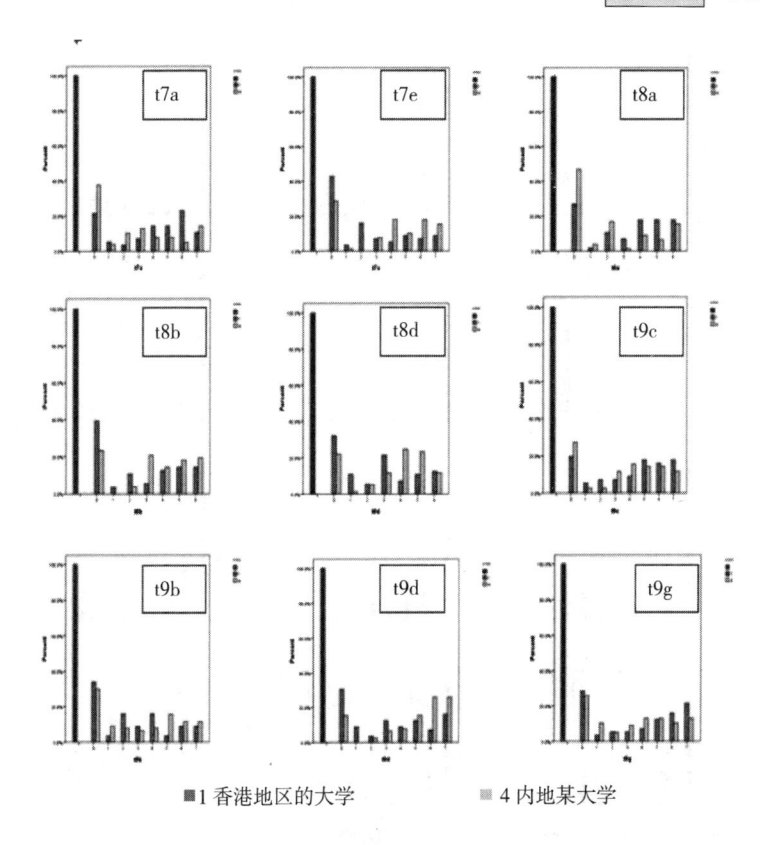

附图 5 两地学生观念存在差异的群体结构

■1 香港地区的大学 ■4 内地某大学

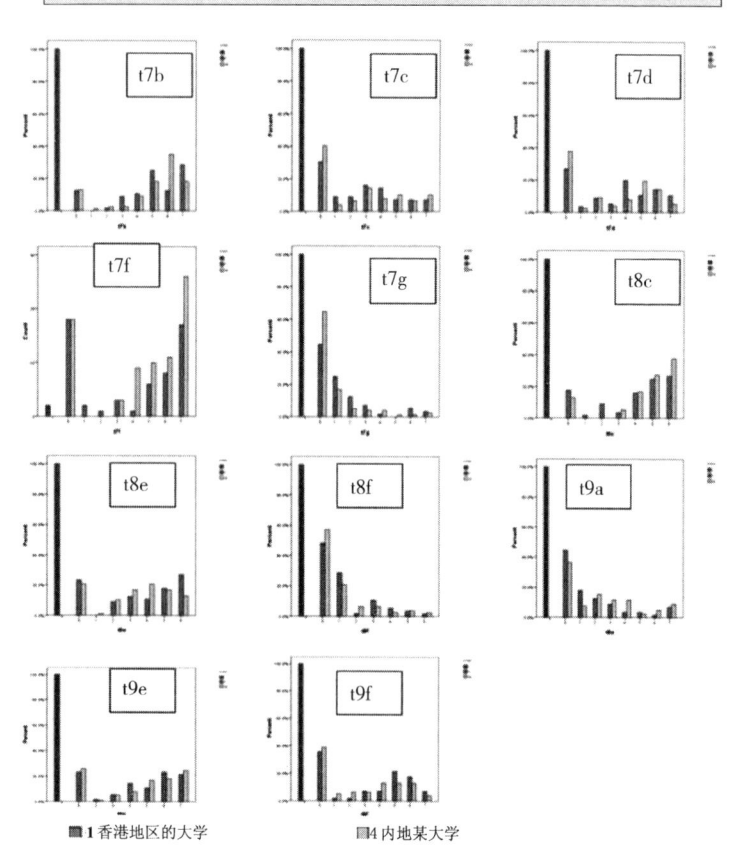

■1 香港地区的大学　　　　　■4 内地某大学

附图 6　两地学生观念相类似的群体结构

后　记

　　这本研究香港地区大学章程的著作，是在博士论文基础上修改而来的。作为学术著作，应当是围绕一个核心的理论问题而展开的，由宏观深入到微观的思维探索。这个核心问题就是香港地区的华人文化和作为舶来品的西方大学章程体系之间的内在逻辑关系。对这一问题进行思考的来源发端于整个博士研究生学习生活的思想积累。

　　一直以来，将读博士作为追求学术的一项荣耀事业。三年前，我有幸在崔延强教授的指导下开始了博士研究生的学习生活。崔老师成为我学术生涯的第一位启蒙者。因此，崔老师是我要感谢的第一位令我无比尊敬的师者。

　　不论是崔老师在课堂上的精彩点拨，还是在校园路上的闲谈、饭桌上的漫谈，都在潜移默化中赋予了我思想的力量、自我反思的能力，为我的学术之路拨云散雾，厘清了路向。尤其这篇博士论文的选题，源于崔老师三年前的一次谈话对我的启发。回忆当时的情景，竟然是在第九人民医院的床榻边，老师在输液的时候给我上了关键的一课，那就是关于香港中文大学的民族性与国际化的话题。其中关于中国传统文化与西方现代文明殖民统治之间关系的讲述，给我留下了深刻的印象，使我在一年后的博士论文选题上聚焦于香港地区的大学。我为此感到庆幸，因为在老师指导下的研究领域，对明确当代中国大学未来发展的方向是非常有价值的。

为这篇论文，我耗费了大量的心血，在多少个夜不能寐的夜晚，展开了缜密的思考。可谓一波三折，博士论文选题的过程实际上是我的思路不断变换的过程，从大学权力到大学章程，再到大学组织文化与理念，发生了多次探索角度上的转变，这同时也是一个极其痛苦的思考过程。这其中，少不了教育学院几位教授的悉心指导，如周鸿教授、易连云教授、孙振东教授、李姗泽教授等，他们在选题报告会上对我的指点，令我一一铭记在心，为我进一步调整思路提供了重要的思想资源。在此，我要郑重地感谢你们给予我的教诲和帮助。

由于选择香港地区的大学作为研究对象，在崔老师的支持下，我来到了香港的大学做实地调查。来香港之前，做了大量的准备工作，尤其要感谢香港中文大学的朱毅博士为我提供的建议和文献，包括香港地区大学的基本情况、调查问卷的设计思路和社会心理学的外文文献等。当时时间紧迫，为了查阅足够的文献资料，我每日在图书馆站立八个小时搜索各种信息，这考验了我的体力和耐力；问卷调查与访谈让我明白没有真情实感的调查，便没有学术研究的真实性。即使条件艰苦，但对未知新鲜事物的探索欲望让我忘却了艰辛，使我坚定信心，一定要彻底弄清楚香港地区大学的真实面貌和精神内容。无论如何，我始终抱着完成一篇博士论文就是成就一番光荣学术事业的决心，将博士论文作为一生比较重要的事情来做。在写作最艰苦的时期，我几度怀疑自己是否能够完成论文，也几度怀疑自己的学术能力，怀疑自己的思想是否有创意，是否能够发现新内容，而不至于写了一堆废话，制造了学术垃圾。然而，我最终坚持下来了，我深信只要有信念，只要真实和真诚地付出，必将有所收获。当然，今天看来，该论文仍然远远没有达到自己满意的水平。也许，学术的追求就是无止境的，吸引着每一个有志于学术探索的人，为探知真理，追求完美而不可自拔地努力向上攀登，而不失为人生一大快意之事。

通过多天通宵达旦的调查数据分析，发现数据分析的结论验证了我先前的理论假设，检验了我所设计问卷的合理性，我为此着实兴奋了一段时间，感受到了理性与非理性相连接的美妙，真实地体验了学术研究带来的乐趣。香港地区与内地大学生群体的观念结构与制度伦理的问卷数据分析，让我看到了理论研究的科学力量，也让我认识到学术研究要承担的社会责任。两地大学生的观念差异之大超出了我的预期，本以为香港地区大学制度在章程等规章上的规定仅限于公共领域，对学生的思想观念并没有根本性的影响，而研究结论表明，这种影响是重大的、深远的，这正是两地大学生的制度伦理存在巨大差异的重要原因。对此，我深刻地体会到学术研究要有诚实的信念，要有关心社会的情怀。只有这样，才能为社会的进步与发展提供科学正确的智力支持，否则，将适得其反，误了大事。我想，这应是一种不可或缺的学术品格。

最后，要感谢在论文写作过程中给予我莫大帮助的人们。首先，我要感谢我的父母，他们虽然不懂学术论文究竟为何物，但总担心我是否能够顺利完成，经常关切地问候，给予我鼓励，为此，我要以孝的实际行动来回报他们的恩情。

尹建锋
2015 年 3 月 30 日　重庆市渝中区